# 销售话术
# 是设计出来的

## 与客户有效沟通的N个方法与技巧

| 乔拉拉◎著 |

一线冠军业务员的**实际战例**
超级销售员的**说服诀窍**
与客户有效沟通的**详细指导**

立信会计出版社
LIXIN ACCOUNTING PUBLISHING HOUSE

图书在版编目（CIP）数据

　　销售话术是设计出来的 / 乔拉拉著. — 上海：
立信会计出版社，2014.6
　　（去梯言）
　　ISBN 978-7-5429-4241-8

　　Ⅰ.①销… Ⅱ.①乔… Ⅲ.①销售–口才学
Ⅳ.①F713.3 ②H019
　　中国版本图书馆CIP数据核字（2014）第089481号


责任编辑　蔡伟莉
封面设计　久品轩

## 销售话术是设计出来的

| 出版发行 | 立信会计出版社 | | |
|---|---|---|---|
| 地　　址 | 上海市中山西路2230号 | 邮政编码 | 200235 |
| 电　　话 | (021) 64411389 | 传　　真 | (021) 64411325 |
| 网　　址 | www.lixinaph.com | 电子邮箱 | lxaph@sh163.net |
| 网上书店 | www.shlx.net | 电　　话 | (021) 64411071 |
| 经　　销 | 各地新华书店 | | |

| 印　　刷 | 北京柯蓝博泰印务有限公司 | | |
|---|---|---|---|
| 开　　本 | 720毫米×1000毫米 | 1/16 | |
| 印　　张 | 20 | 插　　页 | 1 |
| 字　　数 | 262千字 | | |
| 版　　次 | 2014年6月第1版 | | |
| 印　　次 | 2021年2月第11次 | | |
| 书　　号 | ISBN 978-7-5429-4241-8/F | | |
| 定　　价 | 36.00元 | | |

**如有印订差错，请与本社联系调换**

# 前　言

销售是什么？直白地说，销售就是通过说服客户来达成交易。如果销售人员欠缺相应的口才技巧，就无法与客户进行有效的沟通，也就谈不上对客户的说服，进而也就无法成功地达成交易。

"交易的成功，往往是口才的产物"，这是美国的"超级推销大士"——弗兰克·贝特格近30年推销生涯的经验总结。因此，对销售人员来说，哪里有声音，哪里就有了力量；哪里有口才，哪里也就吹响了战斗的号角，进而也就有了成功的希望。

正所谓"一人之辩，重于九鼎之宝；三寸之舌，强于百万之师"。销售人员一旦具备了一流的口才，就能够顺利地约见到客户，争取到向对方推销的机会；就能够迅速地吸引客户的注意力、引起对方的兴趣，从而打开销售工作的局面；就能够一步一步地激起客户的购买欲望，并最终说服对方作出最后的购买决定；就能够妥当地处理好售后的相关收尾以及对老客户的维系工作。口才的影响力将会伴随着销售工作的整个过程，而销售口才的好坏，也将会在上述每一个环节上，对销售工作的成败产生决定性的影响。因此，可以毫不夸张地说，销售的成功在很大程度上可以归结为销售人员对口才的合理运用与发挥。

可见，口才在销售中的重要地位是毋庸置疑的，拥有雄辩的口才是每一个人都梦寐以求的，同样这也是成为优秀销售员所必备的前提条件。那么，我们

究竟该如何提升我们的口才技能呢？最好的方法是在日常生活中进行一点一滴的积累，去学习、去探索那些切实可行的沟通与口才技巧，平时多说，在实践中多练。

《销售话术是设计出来的》正是针对销售人员的这种口才上的现实需求，有针对性地对相关领域内的知识进行了优化设计与重组，在内容编排与语言表达上也更适合销售人群的需要。

千里之行，始于足下。当你通过本书掌握了相应的口才理论与技能后，就需要在销售实战中去运用它，去不断地完善它，因为你的说话能力是能够通过不断实践而练就的。正所谓，日日行，千里不在话下；天天读，万卷亦非难事；时时练，你的口才能力才能日渐得以提升！

# 目　录

# 第1章

客户通常迷信专家的话，先做专家再做销售

# 客户都有相信权威、专家或行家的心理

一个人要是地位高，有威信，受人敬重，那他所说的话及所做的事就容易引起别人重视，并让他们相信其正确性，即"人微言轻、人贵言重"。"权威效应"的普遍存在，首先是由于人们有"安全心理"，即人们总认为权威人物往往是正确的楷模，服从他们会使自己具备安全感，增加不会出错的"保险系数"；其次是由于人们有"赞许心理"，即人们总认为权威人物的要求往往和社会规范相一致，按照权威人物的要求去做，会得到各个方面的认可和赞许。

美国一位心理学家曾经做过一个实验：

在给某大学心理学系的学生们讲课时，心理学家向学生介绍了一位从外校请来的德语教师，说这位德语教师是从德国回来的著名化学家，而且说他还有很多著名的学术研究和科学发明，在化学界是相当出名的，很难得才请他来这里讲课，大家都对他表示了热烈欢迎。

在之后的化学课上，这位"化学家"煞有介事地拿出了一个装有蒸馏水的瓶子，他告诉学生，这是他新发明的一种化学物质，有一种特殊的气味，后来他让在座的学生闻到了气味请举起手来，结果多数学生都举起了手。

这样的结果是令人惊讶的，为什么明明无气味的蒸馏水，学生却可以闻出味道来呢？这是因为人们对权威的信任和遵从，使其对权威的"化学家"没有任何的怀疑，而认为蒸馏水确实有气味。

在权威面前，人们总是认为权威人物的思想、行为和语言是正确的，服从他们会使自己有安全感，增加不会出错的"保险系数"。同时，人们还有一种"认可心理"，即人们总认为权威人物的要求往往和社会要求相一致，只要按照权威人物的要求去做，就会得到各方面的认可。在这样的心理影响下，人们往往把权威说过的话、做过的事，当成是命令、榜样，而不敢轻易地去违背。即使有独立思考能力的人，也会不由自主地受到权威的影响，甚至做出一些不理智的事情来。

人们对权威的深信不疑和无条件地遵从，会使权威形成一种强大的影响力，利用这种权威效应，可以在很大程度上影响和改变人们的行为。在现实生活中，权威效应的应用很广：如许多商家在做广告时，高薪聘请知名人物做形象代言人，或者以有影响的机构认证来突出自己的产品，以达到增加销量的目的。在辩论说理的时候，我们也经常会引经据典，引用权威人士的话作为论据，以增强自己的说服力。利用权威效应能够帮助我们比较容易达到引导或改变对方态度和行为的目的。

很多人为了获得安全感，为了减少损失，总是喜欢"跟着行家走"，因为行家很少会出错，行家会给我们一个比较正确的前进方向。在权威效应的影响下，行家的引导力是非常大的。在现实生活中，人们往往喜欢购买各种名牌产品，因为它有明星的代言，有权威机构的认证，有社会的广泛认同，这样可以给人们带来安全感。还有学生们在购买参考书和练习试题时，也是选择有名的出版社，著名的教授学者出版或推荐的，因为与其他的参考资料相比，从权威这里获得的提高和好处会更多。这就是在销售与消费中，权威效应起到的巨大影响力。因此，如果销售人员能够巧妙地应用权威的引导力，则能对销售起到很大的促进作用。

小张是做防盗门推销工作的，一次他打电话约见一位客户，客户要求小张9：00准时到自己家，并带上详细的资料。从电话中，小张感到客户要求比较严格，是一个难以应对的客户，所以做好了比较全面的准备。

有了一定的心理准备，小张到了客户的家里并没有太多的紧张。在向客户作商品介绍的时候，小张长了个心眼，说得特别详细，在客户询问时也回答得比较有条理，还把客户的意见用小本子记了下来。这一点让客户很满意，觉得小张是一个细心稳重的人。

但是在交谈中，小张还是发现客户对自己的产品有很多怀疑，不能够完全相信，于是，小张就向客户提供了一份关于产品的市场调查报告。使他了解自己产品的真实销量，这一点小张很自信，因为防盗门的销量确实很好，对客户也很有说服力。此外，为了让客户深信不疑，小张更是拿出产品的认证证书，以及很多在国际上获得的奖状，还有权威专家的推荐，这一套攻势下来，客户终于消除疑虑，很放心地购买了他的产品，毕竟有那么多权威的推荐和认可，自己也没有什么不放心的。

在现实生活中，权威会对人们的言行产生很大的影响，而且权威代表着社会的认同，代表着绝大多数人的意见，这样，在其强大的影响力下，人们会变得很顺从，而不敢对权威发起挑战。在销售活动中，利用权威的威慑力和引导力，确实会对人们的消费选择产生很大的影响，销售人员要正确地、合理地应用这种优势，绝不能贪图利益，弄虚作假，以此来欺骗客户，否则必然会事与愿违。

# 专家式的销售人员受客户喜爱

顾问式营销，起源于20世纪的90年代，它是指销售人员以专业的销售技巧，向客户进行产品介绍的同时，还要运用综合的分析能力、实践能力、说服能力完成客户的要求，并且预见到客户未来的需求，提出积极有益的建议。

生活中，我们需要形形色色的产品来满足自己的需求。但作为普通消费者来说，是没办法做到精通每一个行业、每一种产品的。这时，销售人员的专业程度就变得极为重要。

销售人员需要成为客户信赖的业务顾问，为他们排忧解难，提供一切咨询。比如，你卖香水，就要了解这瓶香水的制造过程，原材料，香味的作用，品位和寓意，要让消费者在使用香水的同时，得到很多受益匪浅的知识，提高自己的格调，你卖一台空调，就需要你能够根据客户的居住空间，提供最合适的空调机型，并且解决客户的一切技术需要。

消费者喜欢专家、顾问式的销售人员。对销售人员来讲，你所掌握的知识及信息，与客户对比起来，是极为不对等的，你的专业程度远远超过客户。所以，你需要向客户提供的帮助，并不仅仅是卖掉产品这么简单，而是应该让产品在客户的生活和工作中发挥最大限度的作用，并且让客户感觉到这笔付出是物超所值。

有一家手表公司，随着人们的生活水平逐渐提高，他们的业绩十多年来也飞速地发展。但是随着经营规模的扩大，公司发现以前屡试不爽的经营策略，好像一夜间就失灵了，产品销售越来越吃力，就像掉进了一张渔网。

症结出在哪里呢？新上任的销售部经理经过仔细的调查和分析，发现问题出在老化的销售方式上：

（1）销售人员的角色定位，依然停留在销售员和促销员的层次上，卖掉产品就当完成了任务；

（2）现场销售技能不足，言行不专业，没有统一的培训和产品讲解规范；

（3）销售人员的队伍不稳定，缺乏一个专业的能为客户服务到位的团队。

针对这三个问题，他提出了解决方案：为公司建立顾问式营销策略，让客户得到专家式的服务，提高产品满意度，进而推动销售，提升品牌形象。销售人员的专业水平提高了，在手表的形象设计上，加入了更多深层次的内涵，经过一系列的广告投放，用了两年的时间，该公司的手表就成为了全国知名品牌。

大多数客户购买手表的时候，并不仅仅是想拥有一个计时的工具，而是在寻求一种身份和地位的象征，想满足精神上的需求。如果销售人员只是针对手表的使用性能大加宣扬，效果往往不理想。顾问式的营销人员，则很擅长利用消费者的精神需求，对产品进行高层次的包装，影响客户的理性决策。

比如，男性适合戴什么样的手表，它的品牌选择，外形，颜色，功能，质地，寓意，最适合女性的手表又是什么样的，今年的流行时尚与去年有什么不同，颜色有什么讲究。还有像装饰品、电脑、手机等各种产品，客户都需要销售人员给予全面而专业的讲解，让客户感觉到，自己不仅获得一件产品，更重要的是获得了一种品位，一种全方位的服务。

顾问式销售的好处：

（1）最直接的益处，就是让客户在收集信息、评估选择和购买决定这三个过程中，得到顾问与专家式的帮助，减少了购买支出，少走弯路；

（2）由于可以面对面地交流，体贴入微，服务周到，给客户带来了情感收入，留下良好的服务印象；

（3）为企业带来无穷的利益，最大限度地引起消费需求，增加企业的消费机会，树立优秀的品牌形象；

（4）让客户产生好的购后反应，企业与客户之间建立双赢的销售关系。

一个满意的客户，是企业最好的广告。专家、顾问式销售的目的，就是让客户成为企业的最佳宣传员。通过一种全方位的专业化服务，无形中让客户与企业建立了一种情感关系，将产品形象深植于客户的心中。像惠普电脑公司的"金牌服务"，让用户得到专家品质的免费的售后服务，这在很大程度上提高了公司的品牌，赢得了消费者的信赖。

怎样让自己成为顾问式销售人员呢？

第一，深入了解产品和技术，可以随时为客户提供正确的支持，这是基本素质；

第二，了解你的目标客户，具备甄选与分析客户的能力，根据客户不同的类型，自如地提供合适的服务方案；

第三，增加与客户的亲近感，消除陌生客户的抗拒心理，把握最适当的时机，说服客户主动购买；

第四，销售时，做到有效的开场，有条理的询问，真诚的倾听，专业的介绍，策略性的谈判，能够与客户坦诚相对；

第五，不仅能成为客户的顾问，还能成为客户的朋友。

如果你能领会这些，并掌握相关的销售服务技能，你就会无往而不胜。


# 扮演好专家的角色


销售不是简单地卖东西，销售人员也不是简单地卖东西的人。一流的销售人员会把自己定位为顾问、医生、专家，只有平庸的销售人员才会说自己是个

"跑腿的"。

销售人员是顾问。销售人员是用产品与服务来解决问题的人，而不是去找产品买主的人。销售人员不应该走到客户面前，摆出一副希望能做成生意的样子。相反地，在拜访客户的时候，一定要以顾问身份去解决问题或帮助客户达到目标。

只有成为客户的顾问，才会站在客户的一边，为客户的利益出谋划策，才能得到客户的信任与尊重。

销售人员是医生。在任何情况下，医疗过程都会遵循以下三个步骤：检查、诊断、开处方。医生如果没有经过这三个步骤，就是不合格的。销售人员也和医生一样，应遵循同样的职业道德规范。

把自己当作客户的医生，把自己的产品和服务当做是最好的药方。在"诊断"的过程中兼顾客户的整体利益，找到最妥善的解决方案，这就是最伟大的销售之道。

销售人员是专家。优秀的销售人员能够让客户明白从他手中购买产品而不是从竞争对手处购买产品的好处是什么；优秀的销售人员懂得更多的专业知识，他可以给客户更多的建议、更好的服务；优秀的销售人员明白客户的心声，了解客户的真实想法；优秀的销售人员让客户感觉良好，好到让客户觉得如果不从他那里购买产品就会有负罪感。

# 成为产品专家

商场里出现了这样一幕：

"小姐，这台冰箱为什么比那一台贵那么多钱？"一位家庭主妇问道。

"因为这台比另一台要好一些。"售货员小姐答道。

"这个我清楚，可是我想知道的是，究竟好在哪里？它有什么突出的优点，要值那么多的钱？"顾客不依不饶。

"嗯，这个我不清楚，我只负责卖。"

对于销售人员来说，仅仅博得客户的好感是不够的，更重要的是赢得客户的信任，使其最终购买你的商品才是最终的目的所在。因此，有关商品的专业知识是销售人员必须掌握的。业务素质应该是销售人员的基础"硬件"。

要想成功地打动顾客，销售人员就要将产品的优越性以最吸引人的方式或语句展示给顾客，因而销售人员自己应先对所推销的商品有一个正确的、透彻的认识。以拥有百年历史的"雅芳"公司为例，这个业务遍布五大洲120多个国家和地区，营销代表逾200万人，年销售额达几十亿美元的公司，对旗下的销售人员有一条不成文的规定，即每个推销"雅芳"产品的人都必须是"雅芳"产品100%的用户。切身体会无疑是销售人员最具说服力的底牌，只有亲身试用，以一个消费者的角度去品评自己的产品，才会获得最可靠的第一手资料，才会对产品真正拥有信心，并把这种信心带到每一次营销中，用这种信心去感召每一位顾客。也只有真正了解了产品，才会对顾客所提出的与产品本身紧密相关的问题心中有数、应对自如。

如果说，销售95%靠的是热情，那剩下的5%靠的就是产品知识。销售人员成为产品专家后，就能够回答客户提出的任何问题，毫不迟疑并准确地说出产品的特点，熟练地向客户展示产品。只有具备了专业的丰富的产品知识，才能信心十足，才能产生足够的热情，成为销售专家。现在，许多顶尖销售人员最引以为傲的，不是自己的销售业绩，而是他们在其产品或服务方面的渊博知识无人能及。

因此，销售人员在进行推销之前，一定要对产品的以下基本特征有充分的了解。

### 1. 产品的名称

有些产品的名称本身就具有特殊的含义。这些名称就包含了产品的基本特征，有可能也包含了产品的特殊性能等，所以销售人员必须充分了解这些内容。

### 2. 产品的技术含量

产品的技术含量指的是产品所采用的技术特征。一个产品的技术含量的多少，销售人员应该心知肚明。在销售时，要扬长避短，引导消费者认识产品。

### 3．产品的物理特性

产品的物理特性包括产品的规格、型号、材料、质地、美感、颜色和包装等。

### 4．产品的效用

销售人员应该知道产品能够为客户带来什么样的利益，这是应该重点研究的内容。因为消费者之所以选择购买某种产品，正是因为该产品能够给消费者带去他所需要的效用。因此，销售人员应该注意以下几点：

（1）品牌价值：随着现在人们的品牌意识的提高，对于很多领域内的产品，消费者比过去更加注重产品的品牌知名度。

（2）性价比：这是理智的消费者会着重考虑的因素，在购买某些价格相对比较高的产品时，这种考虑会更加深入。

（3）特殊卖点：这指的是产品蕴含的新功能、是其他产品所无法提供的功能等。

（4）服务：现在人们越来越关注产品的售后服务，但是，产品的服务不仅仅指的是售后服务，还包含销售前的服务和销售中的服务。

# 用权威的数字来说话

拿破仑有一次检阅军队。按照惯例，指挥官跑步到拿破仑跟前，以非常清晰的口齿报告："报告将军，本部已全部集合完毕。本部官兵应到3 444人，实到3 438人。请你检阅。"

拿破仑非常满意地点点头，说："很好！"回头对他的参谋说："记住这个指挥官的名字，数字记得这么准确的人应该受到重用。你们以后也得向他学习，给我汇报时尽量用精确的数字说话。不要用大概、可能、也许、差不多这样的话。"

这位博得拿破仑好感的指挥官，干脆利落地说出了部队官兵应到与实到的人数，显得非常专业和细致。用数字说话，既显得专业，又能给人以最基本的信任感。

销售人员："您好，请问，王经理在吗？"

王经理："我就是，您是哪位？"

销售人员："我是公司打印机客户服务部的，我这里有您的资料记录。你们公司去年购买了公司打印机，对吗？"

王经理："哦，对呀！"

销售人员："保修期已经过了7个月，不知道现在打印机使用的情况如何？"

王经理："好像你们来维修过一次，后来就没有问题了。"

销售人员："我给您打电话的目的是，这个型号的机器已经不再生产了，以后的配件也比较昂贵，提醒您在使用时要尽量按照操作规程，您在使用时阅读过使用手册吗？"

王经理："没有呀，不会这样复杂吧？还要阅读使用手册？"

销售人员："其实，还是有必要的，实在不阅读也是可以的，但机器的寿命就会降低。"

王经理："我们也没有指望用一辈子，不过，最近业务还是比较多，如果坏了怎么办呢？"

销售人员："没有关系，我们还是会上门维修的，虽然收取一定的费用，但比购买一台全新的还是便宜的。"

王经理："对了，现在再买一台全新的打印机什么价格？"

销售人员："要看您要什么型号的，您现在使用的是公司3800型号的，后续升级的产品是5800型号的，不过要看一个月的打印量。"

王经理："最近的打印量开始大起来了，有时候超过10 000张了。"

销售人员："要是这样，我还真要建议您考虑5800了，5800的建议使用量是一个月A4正常纸张15 000张，而3800的建议月使用纸张是10 000张，如果超过了会严重影响打印机的寿命。"

王经理："你能否给我留一个电话号码？年底我可能考虑再买一台，也许就是后续产品。"

销售人员："我的电话号码是8520转123。我查看一下，对了，您是老客户，年底还有一些特殊的照顾，不知道你何时可以确定要购买，也许我可以将一些好的政策给您保留一下。"

王经理："什么照顾？"

销售人员："5800型号的，渠道销售价格是10 100元，如果作为3800型号的使用者购买的话，可以按照8折来处理，或者赠送一些您需要的外设，主要看您的具体需要。这样吧，您考虑一下，然后再联系我。"

王经理："等一下，这样我要计算一下，我在另外一个地方的办公室添加一台打印机会方便营销部的人，这样吧，基本上就确定了，是你送货还是我们来取？"

销售人员："都可以，如果您不方便，还是我们送过去吧，以前也去过，容易找的。看送到哪里，什么时间好？"

……

后面的对话就是具体落实交货的地点、时间等事宜了，这个销售人员只是打了一个电话，用了大约30分钟，就完成了一台打印机的销售。在这段对话中，销售人员在介绍打印机时，没有离开过数字，从非常专业的角度为客户介绍新的打印机，并提示公司的优惠政策，因而成功是非常自然的事。

卡耐基的一次经历，可以说是用数字说话的一个典范。他是这样说服一家旅馆经理打消增加租金的念头的：

卡耐基每季度均要花费1 000美元在纽约的某家大旅馆租用大礼堂20个晚上，用于讲授社交训练课程。

有一季度，卡耐基刚开始授课时，忽然接到通知，要他付比原来多3倍的租金。而这个消息到来以前，入场券已经发出去了，其他准备开课的事宜都已办妥。怎样才能交涉成功呢？经过仔细考虑，两天以后，卡耐基去找经理。

卡耐基对经理说："我接到你的通知时，有点震惊。不过这不怪你。假如我处在你的地位，或许也会写出同样的通知。你是这家旅馆的经理，你的责任是让旅馆尽可能多地赢利。你不这么做的话，你的经理职位就难以保住，也不应该保得住。假如你坚持要增加租金，那么让我们来合计一下，这样对你有利还是不利。"

"先讲有利的一面。"卡耐基说，"大礼堂不出租给讲课的而是出租给办舞会、晚会的，那你可以获大利了。因为举行这类活动的时间不长，每天一次，每次可以付200美元，20天就是4 000美元。租给我，显然你吃大亏了。

"现在，来考虑一下'不利'的一面。首先，你增加我的租金，也是降低了收入。因为实际上等于你把我撵跑了。由于我付不起你所要的租金，我势必再找别的地方举办训练班。

"还有一件对你不利的事实。这个训练班将吸引成千的有文化、受过教育的中上层管理人员到你的旅馆来听课，对你来说，这难道不是起了不花钱的广告作用了吗？事实上，假如你花5 000美元在报纸上登广告，你也不可能邀请这么多人亲自到你的旅馆来参观，可我的训练班给你邀请来了。这难道不合算吗？请仔细考虑后再答复我。"讲完后，卡耐基告辞了。当然，最后经理让步了。

卡耐基之所以获得成功，只是因为他站在经理的角度想问题，把增加租金与保持租金的好处用数字一个个清楚地表达出来而已。

# 多谈产品的价值，尽量少谈产品的价格

有关讨价还价的问题，心理学家曾做过调查，认为客户讨价还价的动机有以下几种情况：

（1）客户想买到更便宜的商品；

（2）客户知道别人曾以更低的价格购买了你推销的产品；

（3）客户想在商谈中击败推销员，以此来显示他的谈判能力；

（4）客户想利用讨价还价策略达到其他目的；

（5）客户怕吃亏；

（6）客户想向周围的人证明他有才能；

（7）客户把推销员的让步看作是自己身份的提高；

（8）客户不了解产品的真正价值，怀疑产品的价格与价值不符；

（9）客户根据以往的经验，知道从讨价还价中会得到好处，且清楚推销员能作出让步；

（10）客户想通过讨价还价来了解产品真正的价格，看推销员是否在说谎；

（11）客户想从另一家买到更便宜的产品，他设法让你削价是为了给第三者施加压力；

（12）客户还有其他同样重要的异议，这些异议与价格无关，他只是将价格作为一种掩饰。

任何东西都有人嫌贵，嫌贵只是一个口头禅。这是推销员最常见的客户异议之一，遇到这种异议时，切忌回答"你不识货"，或"一分钱，一分货"，在解决这个问题时，推销员应遵循以下原则：

（1）先发制人，不等客户开口讲出来，就把一系列客户要提出的异议化解。

（2）在商谈中尽量先谈产品价值，后谈价格。

（3）在交易中，价格是涉及双方利益的关键，是最为敏感的内容，谈论价格容易造成僵局。化解这一僵局最好的办法是多强调产品对客户的好处与实惠。因此，要多谈产品的价值，尽量少谈产品的价格。

（4）把客户认为价格高的产品跟另外一种产品作比较，它的价格可能就显得低些。要经常收集同类产品的价格资料，以便必要时进行比较。

（5）在可能的情况下，尽量用较小的计价单位为客户报价，如火柴每包售价1.00元，将报价单位缩小到每盒0.10元。将交易总额细分为许多小数额，会使你的客户比较容易购买。

（6）从产品的优势，如商品的质量、功能、声誉、服务等方面引导客户正确看待价格差别，指明客户购买产品后所得到的利益远远大于支付的货款，客户就不会再斤斤计较价格了。

（7）把高档产品与一些劣质的竞争产品放在一起示范，借以强调所推销产品的优点，并教客户辨别产品的真伪，经过一番示范比较后，客户就价格所提出来的异议会马上消失。

在推销活动中，无论客户提出哪种价格异议，推销员都应认真加以分析，探寻一下隐藏在客户心底的真正动机。只有摸清了客户讨价背后的真正动机，推销员才能说服客户，实现交易。

# 通过专业性的话语来吸引客户

一位电子产品推销员在推销产品时，与客户进行了这样一番对话：

推销员："您孩子快上中学了吧？"

客户愣了一下："对呀。"

推销员："中学是最需要开启智力的时候，您是不是很想提高孩子的智力呢？"

客户："是啊，但是不知道怎样做才有效。"

推销员："我这儿有一些游戏盘，对您孩子智力的提高一定有益。您肯定认为给孩子买游戏盘会耽误她的学习是吧？"

客户："呵呵，是这么想的。"

推销员："我的这个游戏盘是专门为中学生设计的，它是数学、英语结合在一块儿的智力游戏，绝不是一般的游戏盘。"

客户开始犹豫。

推销员接着说："现在是一个知识爆炸的时代，不再像我们以前那样一味从书本上学知识了，现代的知识是要通过各种现代的方式来汲取的。您不要固执地以为游戏盘是害孩子的，游戏卡现在已经成了孩子的重要学习工具了。"

接着，推销员从包里取出一张磁盘递给客户，说："这就是新式的游戏盘，来，咱们试一下。"

果然，对方被吸引住了。

推销员趁热打铁："现在的孩子真幸福，一生下来就处在一个良好的环境中，家长们为了孩子的全面发展，往往在所不惜。我去过的好几家都买了这种游戏卡，家长们对于这种有助于孩子成长的产品都感到非常满意，而且还希望以后有更多的系列产品呢。"

客户已明显地动了购买之心。

推销员："这种学习型的游戏盘是给孩子的最佳礼物！孩子一定会高兴的！您想不想要一个呢？"

后来的结果是，客户心甘情愿地购买了几张游戏盘。

在这里，推销员巧妙地运用了提问的艺术，一步一步，循循善诱，激发了客户的购买欲望，使其产生了拥有这种商品的感情冲动，促使并引导对方采取了购买行动。

# 专业化演示产品可给客户带来利益

专业演示产品是一种比较传统的销售方法，是指推销人员用实际操作的形式说服顾客购买的一种产品介绍方法，如果在这个过程中能够再配以专业化的语言，就会收到更好的效果。演示成交法通过实际动作示范向顾客展示了产品的优异与可给顾客带来的利益，会产生很好的直观效果。

在现代推销活动中，有些场合仍然可以用演示的方法接近顾客。

例如，一个营销员进入顾客的办公室后，彬彬有礼地向主人打过招呼，然后指着一块粘着污垢的玻璃说："我们公司新投放到市场上一种玻璃清洁剂，让我用它来帮你擦一下这块玻璃吧。"果然，涂上这种清洁剂可以毫不费力地把玻璃擦洗干净。这一番表演立即引起了顾客的兴趣，纷纷上前了解推销员手中的新产品。

"我可以使用一下您的打字机吗？"一个陌生人推开门，探着头问。在得到主人同意后，他径直走到打字机前坐了下来，在几张纸中间，他分别夹了几张复写纸，并把它们卷进了打字机。

"您用普通的复写纸能复写得这么清楚吗？"他站起来，顺手把纸分给办公室每一位，又把打在纸上的字句大声朗读了一遍。毋庸置疑，来人是上门推销复写纸的推销员，疑惑之余，主人很快被这复写纸吸引住了。

这是出现在上海浦东新区某家打印社的一个场景。不言而喻，推销员当场就获得了这家打字社一份数额可观的订货合同。

# 以专家的眼光来介绍产品

有一位客户到家具店购买一把办公椅子，推销员带客户看了一圈。

客户："那把椅子价钱怎么算？"

推销员："600元。"

客户："这一把为什么比较贵，隔壁有一把和这个看起来差不多，只要250元。而且从我们外行看来觉得这一把应该更便宜才对！因为那一把确实比较漂亮。"

推销员："这一把进货的成本就快要600元了，只赚您50元。"

客户："为什么这把椅子要卖600元？"

推销员："先生，请您坐下来亲身体验一下。"

客户依着他的话，坐了一下，感觉比250元的那款稍微硬一些，坐起来还蛮舒服的。

推销员看客户试坐完椅子后，接着告诉客户：

"250元的那把椅子坐起来较软，您觉得很舒服，而600元的椅子您坐起来却觉得不是那么软，这是因为椅子内的弹簧数是不一样的，我们这款椅子由于弹簧数较多，绝对不会因变形而影响到坐姿。不良的坐姿会让人的脊椎骨侧弯，很多人腰痛就是由长期的不良坐姿而引起的。而且就这把椅子来说，光是弹簧的成本就要多出将近100元。同时这把椅子旋转的支架是纯钢的，它比一般非纯钢的椅子寿命要长一倍，不会因为过重的体重或长期的旋转而磨损、松脱，这一部分坏了，椅子也就报废了，因此，这把椅子的平均使用年限要比那把多一倍。

"另外，这把椅子虽然看起来不如那把那么豪华，但它完全是依人体工程科学来设计的，坐起来虽然不是软绵绵的，却能让您坐很长的时间都不会感到疲倦。一把好的椅子对成年累月坐在椅子上办公的人来说，实在是非常重要。这把椅子虽然不是那么显眼，却是一把精心设计的椅子。那把250元的椅子很好看，但是质量就差了一点。"

客户在听了这位推销员的说明后，心里想：还好只贵350元，但是为了保护我的脊椎，就是贵800元我也会购买这把较贵的椅子。

消费者喜欢专家、顾问式的销售人员。对销售人员来说，你所掌握的知识以及信息，与客户对比起来，是极为不对等的，你的专业程度远远超过客户。所以，你需要向客户提供的帮助，并不仅仅是卖掉产品这么简单，而是应该让产品在客户的生活与工作中发挥最大限度的作用，并且让客户感觉这笔付出是物超所值。

# 第2章

知己知彼，猜透"上帝"的心思好说话

# 及时搜集客户的信息

中国有句古话：知己知彼，百战不殆。做销售也是同样的道理。当销售人员接近一个客户的时候，要做的第一件事情就是搜集相关信息。收集客户信息就像作战时收集情报一样，它直接影响到后面的销售决策。

杰克逊是某保险公司的销售人员。有一次，他乘坐出租车，在一个路口遇到红灯停了下来，跟在后面的一辆黑色轿车也与他的车并列停下。从窗口望去，那辆豪华轿车的后座上坐着一位头发斑白但颇有气派的绅士正闭目养神。

就在一瞬间，杰克逊的潜意识告诉他：机会来了。记下了那辆车的号码后，他打电话到交通监理局查询那辆车的主人，事后，他得知那辆车是一家外贸公司总经理科比先生的车子。

于是，他对科比先生进行了全面调查。随着调查的深入，杰克逊又知道了科比先生是加州人，于是他又向同乡会查询得知科比先生为人幽默、风趣又热心。最后，他终于很清楚地知道了科比先生的一切情况，包括学历、出生地、家庭成员、个人兴趣、公司的规模、营业项目、经营状况，以及他住宅附近的情况。

调查完毕之后，杰克逊便开始想办法接近科比先生。由于先前的信息搜集工作做得好，杰克逊早已知道科比先生的下班时间，所以他选定一天，在这家外贸公司的大门口前等候。

下午5点，公司下班了。公司的员工陆续走出大门，每个人都服装整齐、精神抖擞，愉快地在门口挥手互道再见。公司的规模看来不大，但是纪律严明，而且公司的上上下下充满着朝气与活力。杰克逊把看到的一切立刻记在资料本上。

5点半，一辆黑色轿车驶到公司大门前，杰克逊睁眼一看车牌号——正是科比先生的座驾。很快地，科比先生出现了，虽然杰克逊只见过他一次，但经过调查之后，他对科比先生已经非常熟悉，所以一眼就认出来了。

万事俱备，只欠东风。后来，杰克逊找了一个机会与科比先生攀谈起来，科比先生很惊讶于杰克逊对他的了解，而且对杰克逊的谈话也表现得很感兴趣。

接下来的事就顺理成章了，杰克逊向科比先生销售保险时，他愉快地在一份保单上签上了名字。

后来，两个人成了很好的朋友，科比先生在事业上还给了杰克逊不少的帮助。

对于销售人员来说，客户信息是一笔财富，应该把对客户的调查看成是销售的一部分，磨刀不误砍柴工，情报信息工作对于未来的销售价值是会不断增大的。

搜集客户的相关信息和资料可以帮助你接近顾客，使你能够有效地跟顾客讨论问题，谈论他们感兴趣的话题。有了这些材料，你就会知道他们喜欢什么，不喜欢什么，你可以让他们高谈阔论，兴高采烈，只要你有办法使顾客心情舒畅，他们就不会让你失望。销售之路顺畅，必然给你带来更多的客户资料，这就要求你必须建立客户档案，否则，单凭记忆是无法准确地装下如此之多的客户资料。建立客户档案的好处在于，能够掌握客户的一般情况，也便于对客户的使用情况进行统计。手头上有了客户的技术性数据，当然可以判断出客户的更换期限，这样也会为你的销售工作带来很大的方便。

一般情况，完整的客户信息包括以下几点：

（1）客户基本信息：客户编号、客户类别、客户名称、地址、电话、传真、电子邮件、邮编等。

（2）联系人信息：联系人姓名、性别、年龄、爱好、职务、友好程度、决策关系等。

（3）客户来源信息：市场活动、广告影响、业务人员开发、合作伙伴开发、老客户推荐等。

（4）客户业务信息：所属行业、需求信息、价格信息、客户调查问卷等。

（5）客户交往信息：交往记录、交易历史、服务历史等。

（6）客户价值信息：客户信用信息、价值分类信息、价值状况信息等。

此外，销售员在收集客户信息时，不仅要了解客户的兴趣、爱好，同时也要了解他的家人、亲戚朋友的兴趣爱好，这对销售成功至关重要。

完整的客户信息可以帮助销售人员更好地开展业务，建设完整客户信息的基础是建立相关的业务规范，在业务过程中不断收集、整理和完善客户信息。总之，你对客户的情况了解得越透彻，你的销售工作就越容易开展，你就越会得到事半功倍的效果。

# 敏锐地判断对方是不是潜在客户

推销员刘丽觉得自己太缺乏观察力和判断力了。以前的刘丽只是凭侥幸，一味追求成功。在坐禅修行期间，她就想培养自己对客户的观察力和判断力，可是这是需要从磨砺中总结的。

有一天，她盲目地来到一家住户，什么也没观察，推门就进，滔滔不绝地向人家介绍保险知识。结果，被人家骂了个狗血喷头。缘自何故？原来这户人家穷得连锅都揭不开，怎么会关心什么保险呢？这样做不但打扰了别人，也浪费了自己的时间。

从此以后，刘丽努力改造自己，努力培养自己敏锐的观察力和判断力。她检讨自己，总结出拜访前首先应观察：

门前卫生的清洁程度；

院子的清理状况；

房子的新旧；

家具如何；

屋里传出的声音；

整个家庭的气氛。

然后，发挥判断力，作出判断：

此户人家有无规律，是严谨还是松散呢？

此户人家经济情况好吗？

家庭中的气氛明朗健康吗？

家庭中是否有病人呢？

假如经济情况良好，那么对人寿保险有兴趣吗？

若因经济拮据或家中有病人而无法投保，那么将来的发展又如何？

具备了这两种能力后，刘丽如虎添翼。

# 对客户的了解，要像了解老朋友一样

世界最顶尖的推销员，在做任何事情之前，都要做非常充分的准备，因为他们都知道：成功总是降临在那些有准备的人身上。

在与准客户见面之前，必须把对方的情况了解得一清二楚，否则就绝不与他见面，这就是汽车业推销冠军乔·吉拉德推销的原则之一。与客户见面之前，他会根据所有可以收集到的详细资料，描绘出客户的形象，同时想象站在客户面前与客户谈话的情景，如此演练数次之后，他才会真正地去拜访客户。

乔·吉拉德说："对准客户的了解，起码要达到10多年的老友那样。"

一个顶级的推销员在推销前的准备是非常彻底的，包括事前资料的收集、模拟演练、角色扮演，一切都要熟练，他们有备而战，该带的辅助用具，如计算机、梳子、名片、笔、记事本、手帕、打火机、价目表、契约书、订货单、目录、样品……都会一一带齐。

做大量的事前准备是推销员轻松签约的第一步。

假如你用9小时去砍一棵树，你就要花6小时磨利斧头。

访问客户前，推销员要对自己的仪容、仪表、头发、皮鞋、穿着、精神面貌一一检查，看是否合乎标准。

除了对本公司的产品、服务有了解外，推销员对竞争者也应该相当了解，对一般有关法律知识、票据知识、同行业知识及一般常识都要有所掌握。

乔·吉拉德提醒推销员在初次拜访客户前要检查以下准备：

（1）使用能吸引准客户的名片；

（2）列出准客户能立即获得的好处；

（3）准备好请教准客户意见的问题；

（4）能够解决准客户尚待解决的问题；

（5）告诉准客户重要的信息；

（6）一定要复习产品的优点，熟悉公司产品的特色与功能；

（7）了解竞争对手产品的缺点及不足之处；

（8）一定要掌握客户的需求及详细情况。

# 满足客户的自尊需要，然后得到与之相关的生意

著名的业务员齐格·齐格勒在《销售成交秘密和120个秘诀》中，谈到了他当顾客时的一次经历。

那次，齐格勒为了换乘飞机在圣路易斯机场下了飞机，他看自己的皮鞋又该擦擦了，便来到他常去的那个地方让人给他擦皮鞋。

那天，为他提供服务的是一个新手。他走到齐格勒的身旁说："是擦一般的油吗？"

"没有料到你会让我擦一般的。为什么不让我擦最好的，而偏要建议我擦一般的呢？"齐格勒盯着那笨小子说。

"下雨天擦皮鞋，难免要弄脏，所以很多人舍不得花两美元擦最好的啊！"

"给我的皮鞋擦最好的，不正是为了在下雨天保护皮鞋吗？"

"是这样的！"

"那你刚才为什么不建议我擦最好的呢？"

"在下雨天擦皮鞋，还未曾有人舍得花两美元呀！"

"如果擦最好的，能够在保护皮鞋上起到最有效的作用。而且在下雨天，你能多挣下多少钱？为了多擦几次最好的，我想你大概会拼命干吧。"

"完全是这样的，我也是这样想的。"

"你想让我教你几句能够使你擦最好的活收入增加两倍的推销语言吗？"

"先生，我从心底里想要向您请教，希望您把那些能赚钱的语言教给我。"

"当下一位顾客来时，一旦坐在椅子上，你首先应该做的事情就是注意那个人的皮鞋，然后再看着那个人的眼睛和颜悦色地说：'如果我估计得不错的话，顾客先生，您一定是来让我给您的皮鞋擦最好的油。'"

在这里，笨小子的第一句问话是不合适的，因为它容易伤人自尊。齐格勒教给他的话则恰好相反，它能满足顾客的自尊需要，面对这样的问语，恐怕不会有人拒绝擦最好的。

# 先了解客户再去"攻城"

一些销售人员在接近客户前，从不有计划地收集客户的资料、了解客户的情况。他们总是匆匆忙忙地敲开一位客户的家门，急急忙忙地介绍产品；遭到顾客拒绝后，又赶快去拜访下一位客户。他们整日忙忙碌碌，所获却不多。聪明的推销员知道与其匆匆忙忙地拜访10位客户而一无所获，不如认认真真做好准备打动一位客户。

在一些销售人员眼里，接近客户，只是跟客户聊聊天、吃吃饭而已，没有必要做什么准备。这是那些没有经验的销售人员常有的心态。他们往往很自信，觉得自己完全有能力使客户驯服。其实，这是一种错误的想法。如果不了解客户，不做必要的准备，当接近客户时就有可能不知所措，使自己与客户的见面成了一种尴尬。比如说，当你推销化妆品时，提到某一明星，而这个明星正是这个客户讨厌的人，那么，推销的结果可想而知了。

不知道该客户的家庭情况，也就不知道客户家里的真正需求。销售人员可能会向家庭并不富裕的客户介绍一些价格偏高又没有太大实用性的产品。也可能客户正想买一些护肤品，可是销售人员却向其介绍家居用品，客户没有需求，当然不会购买了。所有这些，归根结底都是因为销售人员事先没有收集客户的资料，了解顾客的需求。

推销员扮演着资讯传达者的角色，就像一个导体一样，串联着公司业务和终端使用者。只有事先了解了客户的情况，才会知道客户所在的行业，所从事的工作或者受教育的程度，才可以根据相应的情况准备几套不同的解说词，以适应不同层次的客户，提高他们的兴趣。

所收集的资料往往会决定整个推销过程的成败。有些推销员倒是知道收集客户的资料，却不知道收集其他竞争者的资料。在推销过程中，有的顾客会向销售人员提出一些有关竞争对手的问题，比如他们会问到其他品牌产品和这个产品相比有什么劣势。这个时候，推销员因没有收集相关资料，只能保持沉默或敷衍了事，这样做的最终后果就是白白失去了成交的机会。

# 让客户感到你的关心

在销售过程中，销售人员必须认识到客户渴望得到关注的心理，并且要在沟通过程中适时适度地表达对他们的关心和体贴。

《世界上最伟大的销售员》一书中有这么一段话："我要爱所有的人。仇恨将从我的血管中流走。我没有时间去恨，只有时间去爱。现在，我迈出了成为一个优秀的人的第一步。有了爱，我将成为伟大的销售员，即使才疏学浅，也能以爱心获得成功；相反的，如果没有爱，即使博学多识，也终将失败。"

可见，销售成功并不完全取决于技巧，有时，只要你拥有一颗爱人之心就可以了。

有一位销售人员经常去拜访一位老太太，打算以养老为理由说服老太太购买股票或者债券，为此，他就常常与老太太聊天，陪老太太散步。

经过一段时间，老太太就离不开他了，常常请他喝茶，或者和他谈些投资的事项。然而不幸的是，老太太突然死了，这位销售人员的生意泡汤了，但他仍然前往参加了老太太的葬礼。当他抵达会场时，发现竞争对手另一家证券公司竟也送来了两只花圈，他很纳闷："究竟是怎么一回事呢？"

一个月后，那位老太太的女儿到这位销售人员服务的公司拜访他。她表示，她就是另一家证券某分支机构的经理夫人。她告诉这位销售人员："我在整理母亲遗物的时候，发现了好几张您的名片，上面还写了一些十分关怀的话，我母亲很小心地保存着。而且，我以前也曾听母亲谈起过您，仿佛跟您聊天是生活的快事，因此今天特地前来向您致谢，感谢您曾如此关心我的母亲。"

夫人深深鞠躬，眼角还噙着泪水，又说："为了答谢您的好意，我瞒着丈夫向您购买贵公司的债券。"然后拿出40万元现金，请求签约。

对于这种突如其来的举动，这位销售人员大为惊讶，一时之间，无言以对。这是发生在销售界的一个真实的故事，有些人可能认为这份合约来得太突然、太意外，其实不然。老太太的女儿之所以会这样做，就是因为被他的爱心所感动，才买下该公司的债券。

一名好的销售人员在天性上就倾向关心他人，也一直在试图让别人快乐。如果你能让顾客或潜在顾客感觉到，你是真心喜欢他们，关爱他们，也很敬重他们，那么你的销售将会无往而不胜。

乔·吉拉德是世界上最伟大的销售人员，他在15年里卖出13 000辆汽车，最多的1年竟卖了1 425辆，他的成功，应该归功于他用关怀温暖了每一个人。

有一次，一位中年妇女走进他的展销室，她说想在这儿看看车打发一会儿时间。闲谈中，她告诉乔·吉拉德她想买一辆白色的福特车，就像她表姐开的那辆一样，但对面福特车行的销售人员让她过一小时后再去，所以她就先来这儿看看。她还说这是她送给自己的生日礼物："今天是我55岁生日。"

"生日快乐！夫人。"乔·吉拉德一边说，一边请她进来随便看看，接着出去交代了一下，然后回来对她说："夫人，您喜欢白色车，既然您现在有时间，我给您介绍一下我们的双门轿车——也是白色的。"

他们正谈着，女秘书走了进来，将一束玫瑰花递给他。他把花送给那位妇女："祝您长寿，尊敬的夫人。"

显然她很受感动，眼眶都湿了。"已经很久没有人给我送礼物了。"她说，"刚才那位福特销售人员一定看我开了部旧车，以为我买不起新车，我刚要看车他却说要去收一笔款，于是我就上这儿来等他。其实我只是想要一辆白色车而已，只不过表姐的车是福特，所以我也想买福特。现在想想，不买福特也可以。"

最后她在乔·吉拉德这儿买走了一辆雪佛兰，并写了张全额支票，其实从头到尾乔·吉拉德的言语中都没有劝她放弃福特而买雪佛兰的词句。只是因为她在这里感受了重视和关心，于是放弃了原来的打算，转而选择了乔·吉拉德的产品。

可见，销售人员付出真诚，让客户感受到你的关心，就能赢得客户。所以，任何一位不愿意失去成交机会的销售人员都要拥有一颗爱人之心，努力营造彼此友善相处的良好沟通氛围，这样才会在销售中战无不胜。

爱是这个世界所有人都无法拒绝的。销售人员在事业的拓展中，对待客户要有爱心，也许客户会拒绝你的产品，但不会拒绝你的爱心和关心。人们常说："爱心有多大，事业就可以做多大。"所以说，销售人员必须是充满爱心的人，你要爱你的产品、爱你的客户，这样你才能得到客户的回报。对客户和周围事情冷漠、无动于衷的人，是当不了销售人员的。人人都需要关心，如果你还没有开始关心客户，那么就从现在开始吧，因为关心永不言迟。


# 猜透客户对稀少的东西想占有的心理

鲁迅先生曾在《藤野先生》一文中说过这样一段经典的话："大概是物以稀为贵罢。北京的白菜运往浙江，便用红头绳系住菜根，倒挂在水果店头，尊为'胶菜'，福建野生的芦荟，一到北京就请进温室，且美其名曰'龙舌兰'。"这反映了一个亘古不变的道理，即物以稀为贵。

从心理学的角度看，短缺因素对商品的价值会起到很大的影响。人们总是害怕失去或得不到，对稀罕物品有着本能的占有欲，反应在消费购物方面，越是稀少的东西，人们就越想买到它。在现实生活中，销售人员可以使用"数量有限"的策略，当销售人员告诉客户某种商品供应比较紧张，不能保证一直有货的情况下，就会促使客户及早地采取购买行动。

杰克是位很出色的销售人员，他在向客户推销产品时，总是能够巧妙地运用短缺原理来促使客户尽快作出决定。

杰克先后推销过十几种商品，虽然面对的客户有所不同，但是不管推销哪种商品，都能够取得不错的业绩。他总是和客户这样说：

"先生，这种引擎的敞篷车在本地是绝不会超过10辆的，而且，工厂里已经不再生产了，错过了这次机会的话，以后想买，恐怕也买不到了。"

"这种厨具就剩下两套了，而另一套您肯定是不会选择的，因为它的颜色是大红色，很不适合您，所以我觉得这套厨具非您莫属。"

"您也许应该考虑一下多买一些，最近这种商品很畅销的，工厂已经积压了一大堆订单，我不敢跟您保证下次再来的时候还会有货。"

这样的说辞无疑是十分有效的，客户在其影响下，为了使自己不至于因为买不到而后悔，总是会果断地作出选择，先将自己喜欢的商品占为己有，这样才能够安心。

这就是杰克的成功之处。

数量有限的信息确实会对消费者的购买决策产生影响。因此，如果销售人员能够将这种策略合理地应用到销售过程中，则会有效地促进销售。当销售人员发现客户对某种商品很感兴趣的时候，如果能够对其进行巧妙地引导，在说明商品质量可靠、价格实惠的同时，不妨再加上这样一个善意的提醒："这款商品刚刚卖出去一套，这恐怕是我们这里的最后一套了，机不可失，如果错过了，就需要等到下个月再来了。"客户听到这种话，往往会在害怕买不到的心理作用下，迅速地作出决定，先买回家再说，不能让别人抢了先。因为拥有它的机会变少了，而其对顾客的重要性就相对提高了。

销售人员小汪在销售某种高档工艺品时，因为善于营造卖方市场氛围，调动起客户"怕买不到"的心理，结果其产品不仅卖得快，而且价钱卖得高。

在向客户销售产品时，小汪总是不忘向客户强调："我们公司总共才生产了1 000套产品。在未上市前，就有很多客户预订了一些。现在，已经剩下不多了。这是我们公司发出的最后一套产品，其余有少量产品是留着做纪念的。我很有幸向你介绍这最后的一套产品。你可以考虑一下，自己究竟需不需要。要真心需要的话，给一个合适的价格，我就把产品卖给你。否则，过了这个村就没有这个店，以后想买都买不到了！"

有些客户认为，小汪是在故意制造卖方市场气氛，开始并没有过多的在意。不过，小汪转身就走，摆出一副不愁买主的架势，结果那些有购买意向的客户很快意识到小汪不是在跟他们玩虚的，这样的工艺品今后可能真的买不到了，便不再犹豫，赶快与他签下订单，买下产品。

在销售过程中，销售人员也应从中得到一些启发。为了争取到更多更有分量的订单，销售人员适当地制造一些让客户"买不到"的氛围，给客户制造一些"购买产品的最后机会"，往往更有利于争取到订单。例如，在销售过程中，销售人员可对客户说："这种产品只剩最后一个了，短期内不再进货，你不买就没有了。"或说："今天是优惠价的截至日，请把握良机，明天你就买不到这种折扣价的产品了。"一些有购买意向的、尚在犹豫的客户听到此话时，往往会下决心购买，并迅速签单。

机不可失，时不再来。在销售领域中，这种利用"怕买不到"的心理促成订单的方法叫做最后机会成交法。这种销售技巧是通过缩小选择的时空来促成订单的。上面提到的几个事例，都是这种成交技巧的巧妙应用，销售人员可以从中得到不少启示。

不过，销售人员利用客户"怕买不到"的心理，制造"成交的最后机会"时，需要注意以下三个问题，否则就很难起到促成订单的效果。

（1）要让客户确实感觉到这是最后的机会。要想争取到订单，销售人员不管推销的产品是否是绝无仅有的产品，都应该让客户切实感觉到这是最后的购买机会。只有这样，才能促使客户尽快作出购买决定，迅速签单。

（2）要把握准客户的心理。如果客户本身对产品的兴趣并不大，采用这种技巧来促成订单显然是无效的，因为即使真的是最后的机会，买和不买对他的影响都不会太大。因此，销售人员只有把准客户对产品有浓厚兴趣、志在必得时，才能够运用这种最后机会成交法。

（3）不要用语言恐吓客户。有些销售人员在使用最后机会成交法促成订单时，往往喜欢使用一些语言恐吓客户，例如"再不购买就没了"等话。这类话，销售人员不是不能说，而是要少说，因为说多了容易让客户感到厌烦，从而产生抵触情绪。因此，在使用最后机会成交法时，销售人员不要用语言恐吓客户，而要明确告诉客户购买该产品的机会不多就行了。

在销售过程中，最后机会成交法是一种奇妙的技巧。销售人员只要抓住了机会，巧妙地营造卖方市场的氛围，让客户感觉到"购买产品是最后的机会"，往往容易引导客户迅速签订订单。在销售过程中，销售人员一定要仔细体会最后机会成交法，从中找到争取订单的秘诀。

# 猜透客户的贪便宜心理

有人做过这样的实验：

首先采集第一组实验数据，实验人员在大学的校园食堂为学生们提供两种包装的饮料，易拉罐包装的可口可乐，每听售价3元，另外提供一种用小纸杯盛放的散装本地汽水，每杯售价为1元，然后实验人员记录学生们的选择情况，根据实验统计，有79%的学生在午餐购买饮料时选择了品质更好的罐装可口可乐。只有21%的学生选择了那种虽然更便宜但看起来品质明显要差一些的杯装汽水。

第二组实验开始了，罐装可口可乐的价格降到了每罐2元，而杯装汽水为免费提供，对于经济效用而言，两者是完全相当的，学生们无论选择哪一种饮料，所节省的均是1元钱。但选择的结果却和上一次的统计发生了根本性的变化，超过90％的人选择了喝免费的杯装汽水，而放弃购买品质更好的可口可乐。仅仅是因为免费的缘故，让大部分人放弃了原来对品质的重视，而改为接受散装饮料。

再接着，罐装可口可乐的价格被调整为1.5元，纸杯装汽水仍然免费提供，这一次情形没有发生大的改变，大部分人仍然钟情于免费饮料，即便买罐装可口可乐所能得到的经济效用更高。

追求物有所值、物美价廉是消费者普遍的心理，贪图便宜是消费者的本性。销售人群中流传着这样一句话：客户要的不是便宜，而是要感到占了便宜；客户不是要便宜的商品，而是要让他占了便宜的商品。占便宜是一种心理上的感觉，销售员要学会满足客户的这种心理需求，让客户有了占便宜的感觉，客户就容易购买你的产品。

销售的本质就是让客户有一种占便宜的感觉，没有什么能比优惠、便宜、免费更能引起客户的注意，激起客户的兴趣。销售高手总能利用人们的这种心理，总能找出借口卖出东西，并让客户觉得占了便宜。

有的销售人员为了让销售额增加，推出一些免费体验服务，或者找出一些免费的东西来作为招徕客户的噱头。

在一次规模宏大的玩具展览会中，C玩具公司不幸被安排在展览会馆最偏僻的地方——8楼，由于地方偏僻，人们不愿意上那么高的地方，C公司的玩具参展一个星期也没几个人来看一眼。C公司的负责人急中生智，在第二个星期一的早晨，他就在展会一进门的地方撒下一些别致的名片，名片的背面写着"持有这张名片可以到8楼C玩具公司领取玩具1个"。仅半天的时间，8楼就被人们围得水泄不通，这种状况一直维持到C公司参展结束，人气也为C公司聚集了不少财气，C公司以给人优惠的方法把营业额提到了最高。

C公司之所以取得了高营业额，原因就在于它抓住了人们想得到优惠的心理，以小恩惠为公司带来了大利益。销售人员很多，但真正懂得抓住客户心理的销售人员并不多，如果想做一个成功的销售人员，你就得学会利用人们的各种购买心理达到销售的目的。

优惠说到底是一种手段，其本质是用小利益换来大客户。当然，在优惠的同时，还要给客户占便宜的感觉。

在销售过程中，应学会将产品的利益用数字具体说明，不要用"节省""便宜""赚钱""降低成本"等概念来介绍产品，要用具体的数字。比如说，告诉产品便宜，究竟便宜多少钱，也只需要算笔账。清清楚楚、实实在在的几个数字就足以打动客户。例如：

"张先生，您算一算，我们第一年、第二年的贷款利率足足低了3%和2.15%。以您现在还有320万元的余额计算，我们第一年就可以帮您省下10万元，第二年还能省6.48万元，两年加起来就已经帮您省了16.48万元。"

"我们净水机的价格是很经济合算的。您算一下，一般的品牌每半年就要换两支滤芯，每次收费5 000元，5年就要5万元；而使用我们的机器，你5年才需要1.25万元。所以，我们机器的价格虽然是6 000元，但是，这样算一算您还是省了3.75万元，不是吗？"

一个销售网络广告的销售人员要客户在网上放广告。客户问他，在网上放广告我能得到什么好处？销售人员就给他算了一笔账：投资1 450元放一个广告，每天至少产生100个以上的访问，以500天计算，每个访客成本为3分钱。以每30个人中有1个人成交，每天能赚多少钱呢？于是，客户签单了。

"便宜"是客户把同类商品比较后得出的一种自我判断，消费者不仅想占便宜，还希望"独占"，销售人员可以利用客户这种想独占便宜的心理，学会满足客户的这种心理需求，而不是一定要把产品卖出低价。例如："今天刚开张，图个吉利，按进货价卖给你算了！""这是最后一件，按清仓价卖给你！""马上要下班了，1分钱不赚卖给你！"便宜都让一人独占了，这么便宜，有谁不会心动呢？

# 猜透客户的从众心理

客户在购买产品时，往往不愿意尝试冒险。凡是没经别人试用过的新产品，客户一般都持有怀疑态度，不敢轻易选用。而对于大家认可的产品，他们则容易信任和喜欢。尤其是看到大家抢购某种产品时，他们往往会表现出非常强烈的购买欲望，也会跟着去抢购。这是一种从众心理。在销售中，销售人员要想促成客户购买签单，利用这种从众心理促成订单，也是一种不错的选择。

"从众"是一种比较普遍的社会心理行为和现象，也就是人们常说的"人云亦云""随大流"。大家都这么认为，我也就这么认为；大家都这么做，我也就跟着这么做。从众心理在消费过程中是十分常见的。因为人们一般都喜欢"凑热闹"，当看到别人成群结队、争先恐后购买某种商品时，也会毫不犹豫地加入其中。

在销售过程中，销售人员也可以运用客户的从众心理，促使客户下定决心购买产品，从而获得订单。一些成功的销售人员在争取客户的订单时，往往就喜欢利用这种技巧促使客户下决心签单。

一位销售人员在向一家公司推销产品时，看到对方迟迟不肯签单，就说："贵公司旁边的政府大楼使用的就是我们公司的产品。他们最初只是购买了以下部分产品。后来，他们觉得我们公司的产品非常放心可靠，又相继购买了一些产品。到现在，他们与我们公司已经建立了5年的长期合作关系。只要他们有这方面的需要，都会与我们公司联系，我们也会以最快的速度为他们提供最满意的服务。贵公司也可以先购买一小部分产品，如果觉得满意咱们就增加合同分量，您觉得怎么样？"

那家公司的负责人听了这话，想了一会儿就与销售人员签订了单子，从他们公司购进了一小批货。

在购买产品时，许多人都不愿意"第一个吃螃蟹"，他们往往在看到别人购买后才会放心购买。对此，销售人员何不利用他们的从众心理，向他们展示"别人已经买了"或"别人已经信任我了"呢？

一名销售人员在向一供货商推销产品时，由于是首次与该代理商合作，代理商对其产品有疑虑，虽然想进货，但是迟迟不愿意与该销售人员签单。此时，销售人员就对代理商说："您一定知道甲公司一向对供货商要求严格吧，我们公司就是甲公司的供货商。甲公司经过很长一段时间的考察，最终选择了与我们公司进行合作。现在，我们已经与甲公司合作5年了，这次虽然是第一次与贵公司合作，不过我相信我们以后肯定也会保持长期合作的关系的。"

结果，代理商与销售人员签订了合同，购进了一批货。

销售人员适时地向客户展示"别人已经买了""别人已经信任了我"是促使陌生的客户信任自己，说服陌生客户购买产品，签订订单的有效技巧。在销售过程中，销售人员使用这种技巧，往往比较容易突破客户的警戒心理，最终说服客户下定决心签单。

小王是某病毒防火墙公司的销售经理。公司今年分配的销售任务大幅增加。小王感到压力非常大。去年，小王在政府行业中了几个标，今年，政府行业的单子应该问题不大，但是，要完成任务，还必须开拓新的市场。为此，小王决定开拓教育行业的市场。

不久，小王从一个代理商那里得知A大学准备进行网络升级和改造，病毒防火墙就是其中的一项。小王认为打入教育行业市场的机会到来了，便直接去找代理商老李。

但是，了解到具体情况后，小王才发现事情并没有那么简单。老李说，A大学对产品的质量和性能要求都十分高，而且目前已经有几家国外知名病毒防火墙厂商介入了这个单子，竞争十分激烈。小王虽然对自己公司的产品十分有信心，但是考虑到本公司产品在教育行业的市场上还没有成功的案例，在竞争中很难取得用户的信任。

果然，在与A大学的负责人面谈时，对方就对小王公司产品在教育行业市场上成功的案例太少提出了质疑。无论小王如何努力争取，对方就是不信任其产品。

为了此事，小王想了很久，也没有找出说服用户的办法。正在他苦恼时，某位使用X公司软件的客户给小王打来电话反馈使用信息。小王见客户的反馈情况良好，便灵机一动，想出了一个办法。小王请示老总后，便将公司的软件送给A大学试用，并附带给了以前客户的联系方式。

开始，A大学婉言谢绝试用。但是，经过一番公关和其他一些老客户的介绍后，A大学最终同意了试用×公司的产品。过了不久，一些学校的电脑系统感染了震荡波病毒，而A大学的电脑却安然无恙。经过实践证明，×公司的电脑软件无论是在服务和产品质量方面都是非常可靠的。A大学决定一次性购买一大批×公司的软件。小王由此获得了一张价值不菲的大订单。

由于小王给A大学提供了优质的服务，更由于×公司产品的出色表现，A大学的相关负责人不仅非常信任×公司，而且还在一次教育行业的信息化交流会上作为使用者向其他学校大力推荐×公司的产品。通过A大学这个"证人"的推荐，小王又获得了许多订单。

客户在购买一种新产品，或者是自己不了解的产品时，往往心存疑虑，害怕买错了产品，或者怕被销售人员骗了。此时，无论销售人员怎么介绍和解释，都很难获得他们的信任。而此时，一旦他们听说有人使用过这种产品，而且效果不错的话，他们就会改变对产品的看法，转而信任产品。

某位客户要购买燃油锅炉。一些销售人员闻讯后，都纷纷来向客户介绍自己公司的产品。这让客户感到很为难，自己以前没有与这些公司打过交道，究竟信任谁呢？

这时，有一位销售人员在他的产品介绍材料里面夹了一份有关客户联系方式的单子。其中，有一个就是客户的邻居，而且还是为人不错的邻居。于是，客户就拨打了邻居的电话。

结果，邻居说该公司的产品还可以，销售人员也值得信任。于是，客户就信任了这位销售人员，并购买了这家公司的锅炉。这位销售人员凭着一个有力的"证人"赢得了这张订单。

在销售过程中，从众成交法可以减轻顾客对风险的担心，尤其是新顾客，大家都买了，我也买，可以增强顾客的信心。销售人员利用此法，往往能够较为容易地促成交易。但是，销售人员在利用客户的从众心理时，也要注意几个问题，以保证取得良好的效果。

（1）所举案例必须实事求是。在销售过程中，销售人员要想引导客户的从众心理，所举的案例一定要真实，既不要用谎言编造曾经购买的客户，也不要夸大那些老客户的购买数量。否则，销售人员列举的案例不真实，就很可能被揭穿，永远失去成交的机会，不但不可能从客户那里获得订单，而且还会让客户产生被欺骗和愚弄的感觉。这种感觉不仅会严重影响客户对销售人员及公司的印象，而且这种不良印象还可能会被这些客户利用各种途径影响其他更多的客户。因此，销售人员必须列举实际发生的成功案例去引导和说服客户的从众心理，否则就是自砸招牌。

（2）尽可能以影响大的老客户作为列举对象。客户虽然有从众心理，但是如果销售人员列举的成功例子不具有足够的说服力，那么客户通常是不会为之所动的。所以，销售人员如果想要成功利用客户的从众心理实现成交，争取到订单，那么就要尽可能选择那些影响大的、客户熟悉的、比较具有权威性的老客户作为列举对象。否则，客户的从众心理很难被激发出来。

（3）面对太有个性的客户，不要轻易使用此法。现代社会是一个崇尚个性化的社会，人们在从众的同时，也存在一股"叛逆"心理。在销售过程中，销售人员也会发现有些有个性的客户对从众不屑一顾，喜欢追求与众不同。因此，销售人员发现客户是很有个性的人时，就不要轻易使用此法，因为这样做很容易引起客户的反从众心理。

总之，从众是一种非常普遍的社会心理和行为现象。在销售过程中，销售人员只要善于巧妙运用，往往能够促成客户下定决心签单，并源源不断地为自己争取到订单。因此，这种技巧很值得广大销售人员学习和借鉴。

# 适时试探客户的购买意图

客户即便有了购买的信号，也并不代表他马上就会购买。若真的想买，表现出来的神态显然是不一样的。

因此，为了准确掌握生意成交的机会，就要试探顾客的购买意图，帮助他作出购买决定。

"这车是不错，就是价格高了点，再便宜点如何？"

"这车身选的是锰钢材质做的，外形设计也很漂亮，高贵耐用。这已是最低价了。"

"车圈好像有点不正。"

"我们可以马上调试。"

关切地问："您急不急？如果不急的话，可以现在就为您另装一辆。"

"那就另装一辆吧。"

与客户打交道，试探他的购买意图方法较多，一般是销售人员围绕购买细节，采用提建议的方式，提出两种选择，把客户引到一个一选一的道路上，跳开买与不买的实质问题，而直接进入买后的具体选择问题上，从而将买的意图变为一个心照不宣的事实。

在促成交易的过程中，问客户"您买不买"是个很愚蠢的问题，因为里面包含着否定的答案"不买"，给客户留下了说"不"的机会。

生活中，并不是每句话都可以直说的。有时候，以暗示来替代直言是取得更好效果的途径。在销售过程中，面对意欲击败你的对手，有很多话你更不能当面言明，而暗示既能保护你不被对方"侵入"，又能给对方适当的信息，促进销售成功。

暗示讲究的是含蓄、巧妙。在销售中，可能你的暗示会被忽视。所以，暗示必须双方配合才能取得效果。倘若真是对牛弹琴，你就得注意暗示的技巧，争取达到你的目的。

### 1. 会说也要会听

在现实的销售活动中，大部分销售人员都会因为过度紧张而错失了对方所给的暗示，延长了销售的过程。此外，有些人认为暗示只有可能由自己发出，其实你的客户也和你一样期望早日结束，期望成功。他们也试图从各种角度来接近你、配合你。因此，你既要设法发出自己的暗示，更要善于捕捉对方的暗示。

### 2. 注意强调

假设你已经陷入僵局，而又急于突破它，那你可以给予暗示。不论你如何暗示，要注意的是，陈述时适当加强语气，给你的暗示打上"着重号"，如"一般情况下，我们是不给折扣的""我们不能接受所有的改变""你们要求的交货日期太早了""我无权决定这个价钱"。

如果不幸你所有的暗示都没能达到效果的话，你还可以问对方一些假设性的问题："如果我们原则上接受你的提议的话，你能接受我们的价格吗？""如果我们接受你的要求，你是否也考虑接受我们的要求？""我们该如何修改，你才能接受这项建议？""如果我们提出新的方案，你对这项服务还有兴趣吗？""目前我不打算讨论这个。"

如果以上种种暗示结果你能捕捉住，通过猜测就可能获得以下信息：

有一般就会有特殊；

全部不能接受还是可以接受一部分；

日期太早，可以推后；

我无权决定的话，可以跟我上司谈；

目前不谈，可以以后谈。

### 3. 尽可能地鼓励对方的暗示

当你确定了并不是你一厢情愿，对方也在尽一切可能促成销售时，你总会发现对方在一句话中含有暗示成分，那你就应该尽可能地配合对方，使销售朝着行得通的方面进行。你的话语可以是：

"如果你能更详细地谈谈，如何修改才能使你接受……"

"我们可以考虑……"

正确回应对方暗示，一定要避免绝对语气，诸如"我们绝对不能接受你的提议""我们不能接受这种改变""想都甭想"；更不能使用挑衅性语气，诸如"居心不良""根本是废话""没有用"。

重复你的暗示，直至让对方听懂。如果一项暗示被忽略的话，最好再重复一下。

### 4.有意错过暗示

销售中忽视对方无疑会拖延销售时间，但有意错过暗示则是一种技巧。这种技巧是那些销售中的强硬派的主要武器，用于维护他们不可妥协的意愿。也常常能反客为主地挫败对手，从而达到他们的目的。

暗示并不能保证一定能达到目的、达成协议，它也不能抚平双方的冲突，但它能使接下来的商谈变得更有弹性、更有效率。因此，暗示是销售技巧中不可缺少的部分，是值得每个销售人员重视的。研究销售中的一些暗示问题，可以考察一下你有没有做到这一点：

在销售过程中，有没有任何愿意改变的现象？销售过程中的改变是否是一厢情愿？对方是否坚若磐石？你有没有用过一些明确的条件测试对方的真正态度？你有没有发现客户愿意改变的暗示？

销售人员在与客户进行商务交谈时，销售人员为了占据主动地位，试探客户的购买意图，就相当于直接把交易推进一步，是一种行之有效的促进销售的方法。

# 第3章

精彩开场，好的开场白是成功的一半

# 好的开场白是成功的一半

要想有效地吸引客户的注意力，在面对面的推销访问中，说好第一句话是十分重要的。开场白的好坏，几乎可以决定一次推销访问的成败。换言之，好的开场白就是推销成功的一半。大部分客户在听销售人员说第一句话的时候要比听后面的话认真得多，听完第一句话，很多客户就自觉或不自觉地决定了是尽快打发销售人员还是准备继续谈下去。因此，销售人员要说好开场白，才能迅速抓住客户的注意力，并保证推销访问能顺利进行下去。

下面是一个推销员的客户拜访开场白。

推销员A如约来到客户办公室。开场："陈总，您好！看您这么忙还抽出宝贵的时间来接待我，真是非常感谢啊！"（感谢客户）

"陈总，办公室装修得虽然简洁却很有品位，可以想象到您应该是个做事很干练的人！"（赞美客户）

"这是我的名片，请您多多指教！"（第一次见面，以交换名片自我介绍）

"陈总以前接触过我们公司吗？"（停顿片刻，让客户回想或回答，给客户留出时间）

"我们公司是国内最大的为客户提供个性化办公方案服务的公司。我们了解到现在的企业不仅关注提升市场占有率和利润空间，同时也关注如何节省管理成本。考虑到您作为企业的负责人，肯定很关注如何最合理配置您的办公设备，节省成本。所以，今天来与您简单交流一下，看有没有我们公司能协助的。"（介绍此次来的目的，突出客户的利益）

"贵公司目前正在使用哪个品牌的办公设备？"（问题结束，让客户开口）

陈总面带微笑。非常详细地和该推销员谈起来。

从这个例子可以看出，开场白要达到的目标就是吸引对方的注意力，引起客户的兴趣，使客户乐于与我们继续交谈下去。该案例的主人公，就是通过很好的开场白吸引了客户，有了个漂亮的开门红，从而向促成销售迈进了一步。

那么，如何才能通过短短几句话成功吸引客户的注意力呢？有以下几种常用的技巧。

### 1．提及客户现在可能最关心的问题

例如："听您的朋友提起，您现在最头疼的是废品率很高，通过调整了生产流水线，这个问题还没有从根本上改善……"

### 2．谈到客户熟悉的第三方

例如："您的朋友王先生介绍我与您联系的，说您近期想添几台电脑……"

### 3．赞美对方

例如："他们说您是这方面的专家，所以也想和您交流一下……"

当然赞美要恰如其分，过分的夸奖会让客户产生反感。

### 4．提起他的竞争对手

例如："我们刚刚和甲公司有过合作，他们认为……"

客户听到竞争对手，就会把注意力集中到你要讲的内容里。

### 5．引起他对某件事情的共鸣（原则上是客户也认同这一观点）

例如："很多人认为面对面拜访客户是一种最有效的销售方式，不知道您是怎么看的……"

这种方法的要点在于在拜访前了解客户的工作。

### 6．用数据来引起客户的兴趣和注意力

例如："通过增加这个设备，可以使您的企业提升50％的生产效率……"

"我知道贵企业现在的废品率比较高，如果有一种方法使企业的废品率降低一半的话，您是否有兴趣了解？"

### 7．有时效的话语

例如："我觉得这个活动能给您节省很多话费，但这次优惠活动截至到12月31日，所以应该让您知道……"

这种时间的限制会让客户产生紧迫感。

上面这几种表达方法可交叉使用，重要的是要根据当时的实际情况作出合适的选择。当然，我们在与客户交谈的时候，一定要以积极开朗的语气对客户表达与问候。

经常会有这种情况，销售人员与客户会面时，刚开始的气氛很好，可过了一会儿，就不知道该和客户谈什么了，或者是整个过程只是销售人员一个人在发表演说。一定要记住，为了使客户开口讲话，一定要以问题结束你的开场白。否则，会使拜访陷入僵局。

# 设计好开场白

销售专家通过深入的调查与研究发现，在销售接触中，客户在刚开始的30秒钟内所获得的刺激信号，一般都会比以后10分钟里所获得的要深刻得多。但是在很多情况下，销售人员对自己的第一句话往往处理得不够理想，大都是一些起不到什么作用的废话。比如人们总是习惯性地使用一些与推销无关的开场白："很抱歉，打搅您了，我……""哟，几日不见，您又发福啦！""您早呀，大清早到哪儿去呀？""您不想买些什么回去吗？"

试想一下，如果在聆听第一句话时，客户集中注意力而获得的只是一些与销售主体无关的信息刺激，那么与客户面谈的开局就有可能遭遇挫折，下面将要展开的实质性推销活动也必然会困难重重。

所以，不管推销何种产品，会见客户时的第一句话至关重要。当销售人员开口说第一句话的时候，也正是客户精力最集中、被你全部吸引住的时候。因为根据第一句话，很多客户基本上就可以决定是否还要谈下去。

销售人员的第一句话是问候语，这是打开话题，博得客户好感的一种最容易、最直接的方法。所以一定要注意这种问候的恰如其分，第一句问候语如果过于热情或者过于亲昵的话，往往就会适得其反。问候的话语要因时、因地、因人而不同。对于每一位新的客户，销售人员在与其见面的短暂瞬间，要通过准确的观察判断，来选择最恰当的问候方式。美国推销专家杰克·霍普金斯曾说："你要学会用至少三种方式来迎接客户。"这也道出了问候之中的细微差别的重要性。

要想一开始就抓住客户的注意力，一个最简单的办法就是去掉那些空泛的言辞和一些多余的寒暄。而且在表述时必须生动有力、语句简练、声调略高、语速适中。讲话时要目视对方双眼，面带微笑，表现出自信而谦逊、热情而自然的态度，切不可拖泥带水、支支吾吾、唯唯诺诺。

成功的销售人员认为，一开场就使客户了解自己的利益所在是吸引对方注意力的一个有效开场思路。

比如："您知道一年只花几块钱就可以有效防止火灾、水灾和失窃吗？"保险公司推销员开口便问顾客，对方一时无言以对，便会表现出很想得知详情的样子，于是销售人员又赶紧补上一句："你有兴趣参加我们公司的保险吗？我这儿有20多个险种可供选择。"又如，某车厂销售人员问搬运公司管理人员："您希望缩短货物的搬运时间，并为公司增加20％的利润吗？"对方一听，马上就会对上门访问的销售人员表现出极大的热情。

在上述两例中，如果销售人员直截了当地问对方，是否需要参加保险，是否想购买叉车，而不是以问话的形式来揭示参保、买叉车给他们带来的好处，那么其效果显然就会差一些。

所以，在开场白中，销售人员应开门见山地告诉客户，自己可以使客户获得哪些具体利益。这样的开场白肯定能够让客户放下手头工作，去耐心倾听销售人员的详细介绍。

# 开场白的常用方法

开头开得好，有三个方面的好处：一是创造了良好的推销气氛，二是引起了对方的兴趣，三是做好了交谈的准备。这样有利于推销顺利进行，取得比较圆满的结局。

在实践中，一些推销员不懂这一道理，见了客户张口就说买不买，闭口就问要不要，这种开场白十有八九是要碰壁的。其原因在于，在客户未接受你之前，你谈论产品、推销，客户本能的反应就是推却、拒绝，让你及早离开。一条推销戒律就是：一开口就谈生意的人，永远只能是二流的推销员。

销售人员与客户打交道时，他首先是"人"而不是推销员。销售人员的个人品质，会使客户产生好恶等不同的心理反应，从而潜在地影响着交易的成败。

在具体使用开场白的时候，可试着用以下几种方法。

### 1．提问开场法

在这种开场白中，销售人员可以找出一个和客户需要有关系的，同时又是所销售产品能给对方带来满足的问题，以得到对方的正面答复。对于那些有可能得到对方否定回答的问题，则应该小心谨慎地去提问。例如，你可以问："您希望减低20％的原料消耗吗？"你甚至可以连续地向对方发问，以引导对方注意你的产品。比如可以这样提问："您看过我们的产品吗？"并同时将样品展示，接着再说："敝公司派我特地来拜访您。您觉得我们的产品如何？"

### 2．讲故事开场法

有时以讲一个有吸引力的故事或笑话开场，也可以收到良好的效果。但在这样做的时候一定要注意，讲故事的目的不仅仅是为了让客户感到快乐，所讲的内容一定要与你的推销工作有某种关联，或者能够直接引导客户去考虑你的产品。

### 3．引用别人的意见作为开场

如果你真的能够找到一个客户认识的人，并且愿意为你们牵线搭桥的话，那么你自然可以这样说："王先生，您的同事李先生要我前来拜访，跟您谈一个您可能会感兴趣的问题。"这时，对方可能会很痛快地就接受了你的来访，而且他对你也会感到比较亲切。

### 4．赠送礼品开场法

以赠送如钢笔、笔记本等小礼品作为开场。要注意所赠送的礼品一定要与所销售的产品有关系，这一点很重要，因为这样一来完全可以在送礼品的同时，顺便提起你想进行的交易，这也是你的真实目的。

### 5．引旁证法

在唤起注意方面，推销员广泛引用旁证往往能收到很好的效果。在香港，一家著名的保险公司推销经纪人常常在自己的老主顾中挑选一些合作者，一旦确定了推销对象，公司征得该对象的好友王先生的同意，上门访问时他这样对客户说："王先生经常在我面前提到您呢！"对方肯定想知道到底说了些什么，愿意听这位经纪人讲下去。

### 6．单刀直入法

熟人之间遇到急事往往采取这种形式。"无事不登三宝殿"，就直接打开话匣，进行点题了，全盘托出，引入本题。这种方式必须要求推销员对对方十分了解，无须多加寒暄，或者事情太急的情况下，才可使用。因它太直率，如果不了解对方心情，不设身处地替对方着想，往往很难取得满意的效果。因此，要看情况使用，不宜随处滥用。

### 7．借题发挥法

推销时先不直接明言，而是借别的问题加以发挥，逐步引入正题，也是人们经常使用的一种开头方法。用这种方法谈话的效果是非常好的。在推销过程中，双方的进言、劝说，特别是碰到对方思想不通的时候，使用这种方法往往可以获得满意的推销效果。

### 8．比喻引入法

在推销活动中，双方洽谈时的比喻有明喻、暗喻、借喻之分，但谈话主要用明喻，因为它能使对方明白理解。

### 9．寒暄入话法

先叙饮食起居，拉家常，由个人的身体、工作，谈到家庭、孩子的情况，天南海北地扯上一通，讲点新闻，说点笑话，使推销气氛融洽亲热，然后才引入正题。

# 坦诚来意的开场白

销售人员在面对一些客户时，有时候向对方坦白自己的来意与目的，比遮遮掩掩地开口效果会更好。只有首先让客户知道他需要什么，才能使他觉得如果这项交易不能达成，那么对于他来说将会是一大损失。

## 1．直接表明你的目的

如果你是一个药品推销员，一进药店的大门，就可以大胆地向对方表明自己的来意："您好，我是制药公司的××。我今天来是要跟贵店洽谈代销药品的事情……我真心地希望能跟贵店合作，希望贵店……"

在这个开场白中，如果你没有这一番直接道明来意的介绍，没有很清楚地向药店店员说明此次前来的目的，没有表明自己的合作诚意，药店店员则很可能将你当成一名普通的消费者，为你提供推荐药品、介绍功效等服务。而最后你突然说："我不是来买药的，我是制药公司的推销员……"那么药店店员就可能会有一种强烈的被欺骗的感觉，马上就会对你的药品推销产生反感情绪。这时，你要再想展开推销工作肯定就困难了。

以下是一些可借鉴的成功例子。

"下午好，林先生，我是大东公司的小静。我今天特意打电话给您的原因是我们刚刚成功结束与哈雷公司的一次重要合作项目。我希望下个礼拜能到您那里拜访，告诉您我们与哈雷公司合作的成功经验。您看什么时候方便？"

"上午好，汪先生，我是卓越公司的小林，我今天特意来拜访您，是为了告诉您我们如何提高您的工作效率。我深信，同哈雷公司一样，您也会对这个产品感兴趣。"

## 2．坦诚表达你的善意

在推销保险业务时，有时候会不可避免地要谈到死亡、疾病、灾害等话题。推销员在谈到死亡时，不妨直接说"在您过世时"，而不要说"如果您意外离世而去""当您不幸被上帝选中"或"当灾难意外地发生在您身上"等。因为，在这种情况下，客户会比较容易接受坦诚的说法，并且明白你来的目的，不仅是为了推销保险，同时也是为了使他获得保障，帮他避免未来的生活因不幸事故而陷入困境。例如："陈经理，您好，我是保险公司的××，我今天给您打电话是跟您商谈一下关于意外保险的事……生活中总会有意外发生，而我们这份保险将会给您提供完善的保障……"

# 借助第三方开场

在初次拜访客户的时候，销售人员如果直接冒昧地去接近，其效果往往不会太好。如果能在客户面前提一提你们都认识的人，说明这次拜访是通过熟人介绍来的，或者提一下客户的朋友、亲戚或是某个公众名人，就可以相对容易地接近客户。因为客户在一般的情况下，借助第三方的面子，可以有效地消除客户的戒备，从而给你面子。

## 1．利用客户熟悉的人

有一个销售人员在销售他的电话系统时，这样对客户说："先生，您好，我叫小林，我是电话系统公司的员工。我受深圳公司王经理的委托，特意打电话给您，因为我今天给您介绍的东西是件了不起的东西，它可以为您带来极大的方便……"

某图书公司发行员对客户说："主任，您认识教育局的教育科长老李吗？他刚从我这里买去600本书，我想你们物资局跟他们那里的情况差不多，也迫切需要有关市场经营与企业管理方面的图书，您说是吗？"

## 2．利用客户同行业的知名公司

向客户提一下自己以前的一些比较有名的客户，不仅可以借助这些知名公司的名望，还可以证实自己公司的实力同样是不容小觑的。

例如："您好，张总。我是张蒙，是公司的培训顾问。我们是国内唯一一家专做银行业务代表培训的专业公司。我们最近为银行做了为期三周的业务人员电话技巧培训……"

### 3．利用客户尊崇的名人

小孙是一位经验丰富的推销员，他总是随身带着有很多客户亲笔签名的名单。在拜访客户的时候，他经常会把名单放在客户面前。

"我很为我们的顾客感到骄傲，"他说，"您知道××公司的董事长吗？"

"哦，知道，他很出名！"

"他是我们的顾客，这上面有他的名字。那您肯定也听说过××吧，他可是影视歌三栖的大明星！我还知道您是他的忠实影迷呢，他也是我们的客户，瞧，这上面也有他的亲笔签名。"

他兴致勃勃地谈论着这些名字，然后说："他们都是受益于我们产品的顾客……"他又读了更多有威望的人的名字之后，说："我想您应该相信他们的判断力，我希望您的名字能同他们的写在一起。"

利用这些名人的公众效应，让客户认为"连这些名人都用他们公司的产品，那产品就肯定不错了……"

不过，推销员在运用这个方法的时候一定要注意首先掌握好客户的喜好，如果说的名人刚好是客户所不喜欢的，那么就很难达到预期的效果，甚至会适得其反。

# 借助权威完成开场白

销售人员利用一些较为权威的开场白，往往可以帮助自己避免老套，别出心裁，并使客户对自己产生信服感。

### 1．借助权威机构

例如："小姐，我是大学研究院的王皓，我打电话的目的是想和您分享一个对您非常有帮助的信息。"

这个例子借助了权威的机构作为自己的开场白，达到开场即做到吸引、说服客户的目的。

### 2．借助公司威望

例如："您好！我是大东方销售培训公司的陈志良。我不知道您以前有没有接触过大东方公司，但您肯定知道大东方销售培训公司是国内唯一专注于销售人员业绩成长的服务公司。我打电话给您，主要是考虑到您作为销售公司的负责人，肯定也会十分关注那些可以使销售人员业绩提高的方法。所以，我想与您通过电话简单交流一下（停顿）。您现在接电话方便吗？我想请教您几个问题（停顿），您现在的销售培训是如何进行的呢？"

在这个例子中，推销员通过介绍自己是某著名公司的职员，借助公司的名声和威信来与客户交谈，首先在客户面前建立了一种威信，有利于推销成功。

### 3．借助权威专家

例如："陈部长，您好。我是××公司的销售代表。我们公司即将在国际展览中心举办一个新产品巡回展，我们所有的产品都有展示，而且我们请来了电子商务方面的专家××，他对互联网的数据中心很有研究，您一定会感兴趣。"

在这个开场白里，推销员向客户提到了行业领域的权威专家，来增加活动的专业性和正规性，从而让客户接受自己。

### 4．借助自己的身份

例如："上午好，先生。我是丁毅，是××公司的营销副总裁，不知道您对我们是否了解，我们是一家营销培训公司，在上海和广州都有分公司，我们为××公司等多家知名公司提供了多种服务。"

在这段开场白中，该推销员首先介绍了自己的职位是"××公司的营销副总裁"来增加自己的权威性，从而让客户信服，接受自己的培训服务。

# 开场白要有创意

开场白是销售人员与客户见面时，前2分钟要说的话，如果进行的是电话推销，则是前30秒钟要说的话。这可以说是客户对销售人员第一印象的再次定格，因为与客户见面时，客户对你的第一印象取决于销售人员的衣着与言行举止，而第二印象就是这短短的开场白。开场白做好了，给客户留的好印象会更深刻，因为开场白的语言是一个人内在的反映。

虽然经常讲不能用第一印象去评判一个人，但我们的客户却经常用第一印象来评价销售人员，这个印象的好坏决定了客户愿不愿意给你机会继续谈下去。

在这里值得一提的是，如果是销售人员主动征得客户同意会面的，开场白非常重要；而如果是客户主动约见你，客户的开场白就决定了你的开场白。

开场白一般来讲，包括以下几个部分。

（1）感谢客户接见你并寒暄、赞美。

（2）自我介绍或问候。

（3）介绍来访的目的，这时要突出客户获得的价值，从而吸引对方。

（4）转向探测需求，以对客户的问题结束，好让客户开口讲话。向客户提问题是引导客户的关键。

通过有吸引力的开场白赢得了客户的注意，也就向成功销售迈进了一大步。

具体来说，销售人员应当针对不同客户的具体情况，如身份、性格特征等，有针对性、有技巧、有礼貌地进行颇富创意的开场白。

在开场白的把握上，应当注意以下几个重点。

（1）提前准备好相关的题材及一些幽默有趣的话题。

（2）注意避免一些敏感性、易起争辩的话题，例如宗教信仰的不同，政治立场、看法的差异。要避免那些缺乏风度的话，不要去窥探客户的隐私，不要说有损自己品德的话及夸大吹牛的话。

（3）得理要饶人，有理也要心平气和地去说服客户。

（4）一定要多称赞客户及与其有关的一切事物。比如，你可以以询问的方式开始："您知道目前最热门、最新型的畅销商品是什么吗？"以肯定客户的地位及社会的贡献开始。

（5）以格言、谚言或有名的广告词作为开场白。

（6）以谦称和请教的方式开始。

（7）可以开源节流为话题，可以告诉客户若购买本项产品将节省15%的成本，可赚取10%的利润，并告诉他："我是专程来告诉您如何赚钱及节省成本的方法的。"

（8）可以用与某一单位合办市场调查的方式为开始。

（9）可以用他人介绍而前来拜访的方式开始。

（10）可以举名人、有影响力的人的实际购买例子及使用后效果很好的例子为开始。

（11）运用赠品、小礼物、纪念品、招待券等方式开始。

（12）以动之以情、诱之以利的生动展示的方式开始。

（13）以提供新构想、新商品知识的方式开始。

（14）以具震撼力的话语，吸引客户有兴趣继续听下去。比如用"这部机器1年内可让您多赚500万元"这样的话语开始。

总之一句话，万事开头难，做销售人员更是如此。但是，一个销售人员不能因难而放弃努力，应该做好充分的准备，设计一个有创意的开场白。

# 精彩开场白八招搞定

在电话销售泛滥的今天，很多公司一天接到无数个电话。要让你的客户在接到你的电话时不会觉得心烦，还要对你的产品感兴趣，这就要求销售人员必须在极短的时间内——20~30秒内引起准客户的兴趣，否则很容易遭到拒绝。

好的开场白不仅可以成功地向客户介绍自己以及自己要推销的产品，而且还为以后的良好沟通奠定坚实的基础。为此，销售员不妨提前对开场白进行一番精心设计。

### 1. 提竞争对手

每个企业都关注竞争对手，特别是老总。小李有一个客户，开始给某老总打电话就是说不需要。可是，小李在网上根据他提供的关键词就是找不到他的公司。经过一番搜索，小李发现他的一个同行却在三大门户上面全做了推广。于是，再次给他打电话的时候，小李没有跟他提推广，而是问："某某公司是你们同行是吗？他们……"一番话马上让对方关注："哦，是吗？他们做了呀？那像他们那样做一下要多少钱？"小李还没说，他就主动问起价钱了。然后，小李就根据他们的情况给做了推荐，一个单子就这样签下来了。

### 2. 说知名的典型客户

人们的购买行为常常受到其他人的影响，销售员若能把握客户这层心理，好好地利用，一定会收到很好的效果。

针对客户的行业列举一些知名的典型客户，以此强化客户的兴趣和信任。例如："我们公司曾经为杉杉集团、罗蒙集团、金利来等数十家服装企业提供过零售管理培训，使他们大大提升了业绩。"

"李厂长，××公司的张总采纳了我们的建议后，他们的营业状况大有起色。"

说知名的典型客户，可以壮大自己的声势。如果你举的例子正好是客户所景仰或性质相同的企业时，效果就更会显著。这样的业务介绍无疑是非常具有说服力的。假设没有特别知名的企业，则可以采用数字化或类比的方法来达到同样的效果。

### 3. 用你的优势直击他的弱点

销售时要抓住客户的弱点，考虑你的产品本身的特点和客户的弱点有没有结合点。他贪便宜，讲便宜就能打动他。他开宝马车，讲尊贵、方便就能打动他。用你的强势和他的弱势去做对比，而且在一开头就要吸引他的注意力，用你的优势直击他的弱点。你的产品什么特征最能打动客户，它的最大的优势、最大的特点是什么，哪些能给客户带来最大的受益？列出三条，然后找一两条在谈话开始的时候就跟客户沟通。这样你成功销售的机会就很大。

几乎所有的人都对钱感兴趣，省钱和赚钱的方法很容易引起客户的兴趣。例如：

"张经理，我是来告诉您贵公司节省一半电费的方法。"

"王厂长，我们的机器比您目前的机器速度快、耗电少、更精确，能降低您的生产成本。"

"陈厂长，您愿意每年在毛巾生产上节约5万元吗？"

### 4. 提及有影响的第三人

告诉客户，是第三者（客户的亲友）要你来找他的。这是一种迂回战术，因为每个人都有"不看僧面看佛面"的心理，大多数人对亲友介绍来的销售员都很客气。如：

"何先生，您的好友张安平先生要我来找您，他认为您可能对我们的印刷机械感兴趣，因为这些产品为他的公司带来很多好处与方便。"

"丽莎是个很好的人，她是我最亲密的朋友之一。我很感激她建议我联络您。"

打着别人的旗号来推介自己的方法，虽然很管用，但要注意，一定要确有其人其事，绝不可杜撰。要不然，客户一旦查对起来，就要露出马脚了。为了取信客户，在拜访时若能出示引荐人的名片或介绍信，效果更佳。

在极少数情况下，即使提及熟人也难以有效消除紧张气氛，但不要轻易放弃。简单提一下是谁建议你联络对方的，并直奔主题。例如：

"李刚建议我联络您，因为……"

### 5. 自我介绍为服务而来

通常不要一上来就直接向客户提你的产品，应该在跟客户谈话的过程中，找到客户感兴趣的话题，然后就从这话题开始，再往产品上转，客户会比较容易接受。例如：

"我是搜狐网业务指定代理商的××，希望能为您介绍搜狐网络营销服务

（或者搜索引擎登录服务）。"

"您好，我是中华培训网的，我姓张。我们提供一套改进销售方案的训练课程，不少公司像甲骨文、ABB公司都在采用，使他们的业绩有大幅度的提升（若有其他同行第三者的有力证言更佳）。希望能为您介绍使您公司业绩提高20%~30%的方法。"客户马上就会很感兴趣。

如果说"我是威达公司的，给您推销产品"，客户的第一反应就是挂电话。从以上两例可以看出，电话销售中自我介绍是很重要的，这是吸引客户听下文的敲门砖。

### 6. 利用好奇心

探索与好奇，似乎是一般人的天性，对于神秘奥妙的事物，往往是大家的注目对象。那些不熟悉、不了解、不知道或与众不同的东西，往往会引起人们的注意，销售员可以利用人人皆有的好奇心来引起客户的注意。例如：

"我教您一个更快清洁家居的方法，您有兴趣吗？"

一位销售员对客户说："老李，您知道世界上最懒的东西是什么吗？"客户感到迷惑，但也很好奇。这位销售员继续说："就是您藏起来不用的钱。它们本来可以投资股票市场，让钱生钱。"

某地毯销售员对客户说："每天只花1角6分钱，就可以使您的卧室铺上地毯。"客户对此感到惊奇，销售员接着讲道："您卧室12平方米，我厂地毯价格每平方米为24.8元，这样需297.6元。我厂地毯可铺用5年，每年365天，这样平均每天的花费只有1角6分钱。"

销售员制造神秘气氛，引起对方的好奇。然后，在解答疑问时，很巧妙地把产品介绍给客户。

### 7. 提供有用信息

向客户提供一些对他有帮助的信息，如市场行情、新技术、新产品知识、竞争对手的动向等，会引起客户的注意。这就要求销售员能站在客户的立场上，为客户着想，多上网查阅，多阅读报刊，掌握市场动态，充实自己的知识，把自己训练成为这一行业的专家。客户或许对销售员应付了事，可对专家则是非常尊重的。你可以对客户说：

"我在某某刊物上看到一项新的技术发明，觉得对贵厂很有用。"

为客户提供相关信息，关心客户，当然会获得客户的尊敬与好感。

### 8. 正反比照修炼开场白

电话销售的开场白话术就像一本书的书名或报纸的大标题，如果使用得当的话，可以立刻使人产生好奇心并想一探究竟；反之，则会使人不再想继续听下去。

下面是一些销售人员错误的开场白，我们将此一一列下来，你可以比照自己是否也犯有这些错误。

（1）负责人："喂，你好，我是陈林。"

销售人员："您好，我是胜华机械的殷大军。我们公司已经有20年的历史，我们是专门销售印刷业专用的机械设备，不晓得您是否曾经听说我们公司？"

问题点：

电话销售员没有说明为何打电话过来，以及对准客户有何好处。

准客户根本不在意你们公司成立多久，或是否曾经听过你的公司。

（2）负责人："喂，你好，我是陈林。"

销售人员："您好，我是胜华机械的殷大军，我们是专门销售印刷业专用的机械设备，请问你们公司现在使用哪一类型的电脑设备？"

问题点：

电话销售员没有说明为何打电话过来，以及对准客户有何好处。

在还没有提到对准客户有何好处前就开始提问题，容易让人产生防范的心理。

（3）负责人："喂，你好，我是陈林。"

销售人员："您好，我是胜华机械的殷大军，几天前我曾寄过一些资料给您，不知道您收到没有？"

问题点：

电话销售员没有说明为何打电话过来，以及对准客户有何好处。

平常大家都很忙，即使收到资料也不见得会看，而且让他们容易用"没收到"来敷衍。

（4）负责人："喂，你好，我是陈林。"

销售人员："您好，我是胜华机械的殷大军，我们的专长是提供适合贵公司的印刷机械设备，不晓得您现在是否有空，我想花一点时间和您讨论？"

问题点：

直接提到商品本身，但没有说出对准客户有何好处。

不要问客户是否有空，直接要时间。

在初次打电话给准客户时，必须要在15秒内做公司及自我介绍，引起准客户的兴趣，让准客户愿意继续谈下去。要让准客户放下手边的工作，而愿意和你谈话，电话销售人员要清楚地让客户知道下列3件事：

①你是谁及你代表哪个公司；②你打电话给准客户的目的是什么；③你公司的商品或服务对准客户有什么好处。

正确范例：

负责人："喂，你好，我是陈林。"

销售人员："您好，我是胜华机械的殷大军，我们公司的专长是提供印刷业专用的机械设备，我们已经替许多印刷厂商省下了许多印刷成本，我是来告诉贵公司节省印刷时间和成本的方法。为了能进一步了解我们是否能替贵公司节省印刷时间及成本，我想请教一下你们目前使用的是哪一种印刷设备？"

注意技巧：

提及自己公司的名称专长；

说明为何打电话过来；

告知对方可能得到的好处；

询问相关问题，使准客户参与。

# 第4章

心急吃不了热豆腐，循序渐进地与客户沟通

# 以拉家常的方式进行推销预热

赵经理："丁先生，您好！您这么忙还要打扰您，真是不好意思。这是我的名片，请多指教。"

丁先生："哦！赵经理呀，您好！"

赵经理："不知道丁先生平常都有哪些休闲活动？"(谈论客户的一些兴趣爱好)

丁先生："喔！我每周有两个晚上要去上软件设计的课程，星期日有时会带小孩去公园或动物园。"

赵经理："真不简单，很佩服您啊，工作这么忙，还能坚持学习。你有几个兄弟姐妹呀？"(拉起家常，进行寒暄)

丁先生："有一个哥哥、一个姐姐、一个妹妹，我是老三。"

赵经理："哦！他们都在哪里高就？"

丁先生："姐姐自己开一间化妆品店，哥哥在银行工作，妹妹是一家私人企业的职员。"

赵经理："都挺不错的嘛！"

丁经理："哪里！"

赵经理："你们平时经常联系吗？"

丁先生："喔，不太经常。只有在假期时大家才会一起出去玩，或吃吃饭，聊一聊。"

赵经理："您平常如何做理财计划呢？"

丁先生："没有啦！一个月才几千元的收入，能做什么理财计划？"

赵经理："那您买保险了吗？"

丁先生："买了啊！"

赵经理："1年大概要交多少保费？"

丁先生："大概1 000多元吧！"

赵经理："当初买保险是出于什么目的呢？"

丁先生："因为现在大多是小家庭嘛！万一我有个三长两短，太太、孩子怎么办？总要为他们想一想吧！"

赵先生："您真是一个负责任的好父亲呀！"

丁先生："哪里！哪里！"

赵经理："如果现在有一个工作能够将您的所学和您的业务方向结合在一起，也就是说，将管理和推销综合运用，让您表现得更出色，而且待遇是您目前的两倍，您愿不愿意去尝试一下呢？"(切入正题"保险")

丁先生："当然愿意啦，那是什么工作呢？"

赵经理："就是保险行销事业呀！"

丁先生："但是，我不会做保险啊！而且我想我大概也不太适合。"

赵经理："其实大多数人一开始都像您一样，觉得自己不适合做保险，我刚开始时也是这样的。不过，许多东西都是可以学的，就像您也不是天生就会电脑一样。我也不敢说您适不适合，只有去尝试以后才能下结论，而且刚好我们公司这个星期有一个讲座，您可以过来感受一下。"

丁先生："那好。"

该推销员在一开始就谈了客户感兴趣的方面，然后又接着赞美客户，活跃了谈话的气氛，最后又说了一些普通的家常话，像询问客户的家庭成员在哪工作等几方面的寒暄都是为了拉近彼此的距离，增进感情，最后成功说服客户加入推销的行列。


# 利用机智的语言拉近与客户的关系


在销售谈话过程中，尤其是在双方出现意见分歧的时候，销售员很容易说出一些不恰当的话语，这会使原本就存在的矛盾变得更激烈。所以，不管客户犯了多大的错误，都不要在言语上向其发出挑战，即使觉得客户是在挑衅，也不要迎战。不管是哪种情况，销售员都可以使用更好的、更恰当的方式证明客户的正确，维护客户的尊严。实际销售中，有的销售员在这方面做得不尽如人意，在谈话开场白里经常使用一些不恰当的语言。如：

"对不起，打扰您了……"

"我不会耽误您太长时间的……"

"我想占用您一点儿时间，和您谈谈……"

这些表达方式是那些性格软弱的销售员经常使用的，他们用这些话的目的是不惹客户生气，事实上，销售员越是贬低自己，越会令客户不满意。因为没有人喜欢在一个并不重要的人身上浪费时间，每个人都喜欢和重要的人打交道，而且与重要人士交谈的时间越长，他们就会越高兴。所以，任何时候都不要贬低自己，要在语言上占据主动。

销售员在语言表达上不能太软弱。另外，还不能经常说些"带刺"的话，一般有以下几种情况：

（1）"安先生，您拒绝了我的预约，虽然如此，我还是来了。"以及"安先生，您拒绝了我的预约，我想我能消除我们之间存在的误会。也正是因为这样，所以我才来找您。""虽然如此"在所有"带刺"的词汇中是最为明显的。其实，在大多数情况下，我们可用"因此"这个词来代替，这样会让人比较好接受一点。

（2）"您可能误解了我的意思！"如果销售员发现客户误解了所说的话，不要强行打断客户，为自己辩解。此时，销售员要保持冷静，并从客户的话中找出客户误解的关键点，然后调整自己的思路，重新组织语言，针对客户误解的重点，重申自己的意思，这样才能说服客户。

（3）"安先生，您的这种想法是错误的。我可以向您证明另一种想法的正确性！"任何时候都不要批评或否定客户，这是对客户的不尊重。销售员的任务是销售，不是为客户纠错。如果客户的错误想法阻碍了销售的进行，销售员也没必要扮演真理的化身直截了当地指出客户的错误。在这种情况下，先承认客户合理的一面，再委婉地提出自己的观点，这样更有助于客户接受。

（4）"我能理解您的想法，安先生！但是我们能不能再考虑一下其他的因素呢？"这种语言明显是在指责客户考虑问题不周全。

在销售过程中，销售员要尽量避免出现以上四种情况。

另外，销售员也经常会遭遇尴尬，比如叫错客户的名字；在会面时忘记一个重要的名字或重要事实；在进行销售拜访时，碰洒咖啡或者茶水；在销售会面后发现午饭吃的菠菜沾在了牙上……无疑，这些都有可能使销售功亏一篑。

在遭遇这些尴尬时，该怎么办呢？一流的销售员认为，只要运用机智的语言，就可轻松化解这些尴尬，并能拉近与客户的距离。一流的销售员朱丽娅认为，面对尴尬最好的办法就是尽可能使声音和语调保持自然和平静。

在一次产品推介会上，朱丽娅出丑了。她那天穿了一件过长的连衣裙，裙裾一直垂到地面。就在她后退一步打算靠近黑板时，她的脚踩住了她的裙子，结果当众摔倒在演讲台上。观众起初还不知发生了什么事，接下来就有几个人跑上台来搀扶她。当她站起身时，并没有惊惶失措，而是继续用平静的声音介绍产品。会场只经过了很短一段时间的不安很快就安静了下来，就像什么事也没有发生过一样。

当然，适当的幽默也是打破尴尬的绝好方法。

琼在进行销售拜访时摔倒了。当时她正站在门边与客户握手说再见，当她准备后退一步迈出客户家门时，脚被门边的什么东西绊了一下，她开始向下倒。出于绝望，她抓住了客户的肩膀寻求支撑，客户也很配合地拉起了她。当她站稳时，她微笑着对站在旁边看的客户小女儿说："我和你爸爸配合的这段吉普赛舞很经典，不是吗？"所有的人都开怀大笑，尴尬也就在顷刻间消释了。

不管销售员做了怎样充分的准备，也不能完全排除尴尬发生的可能性，一旦尴尬发生，销售员就必须能够应对，用机智的语言将尴尬对销售的影响降到最低限度，这样才有助于销售。因此可以说，机智的语言可以化解尴尬，机智的语言可以帮助销售。

# 在说服的过程中恰当地运用停顿

说服必须要为客户营造出一种适当气氛和意境，通过全方位的感受来影响客户作出购买的决定。

怎样才能够激发客户的想象，让他们产生拥有这种产品之后的美妙感受呢？你可以用语言为客户勾画出拥有这种产品后的情景，让他们体验一下拥有这种产品之后的美好感觉。

当然，在你说这些话的时候，你要尽可能压低声音，减慢语速。另外要保持充分的信心，让他们感到你在这个方面是最有权威的。

这样他们就会相信你所讲的每一句话。

例如，你要是销售跑步机的话，你可以这样说：

"当您早上起床，穿上运动鞋和休闲装，打开窗户，深吸一口清新的空气，明媚的阳光照在身上，您踏上跑步机，轻松舒畅地开始跑步，您的速度由慢到快，当您有些轻微出汗时它会提醒您时间到了，然后您开始洗浴，梳洗整齐，穿上刚刚熨烫过的职业装，信心百倍、神清气爽地走出家门，开始一天的工作。"

这种方法也可以用来介绍产品的功能，例如你是销售打印机的，你可以目光温和地直视着你的客户，缓缓地说：

"如果家里有这样一台多功能打印机，会给您带来无穷的乐趣和便利。客户打电话过来需要发传真，不必去找传真机，您只需轻轻按下接收传真的按键就可以；如果您需要把一些重要的图片放在电脑里，不用去找扫描仪，只需把图片放好，按一下扫描的按键，资料就会输入您的电脑；如果您需要的资料很多，也不必到外面去复印，自己就可以做。另外，您还可以利用它制作自己喜欢的各种照片，照片形象逼真，会让您爱不释手。"

又如，你是销售磁疗寝具的推销员，你可以让客户先舒服地躺在你的产品上，然后再缓缓地告诉他：

"我们每个人的时间都非常宝贵，即使身体有些不适，也很难有时间去看医生，但是疾病就是这样日积月累造成的。如果突然有一天您跌倒在路上，那将是一家人的不幸，而我们的磁疗寝具不需要您刻意去使用，不会占用您的时间，也不会占用您家里的空间，只要您把它铺在床上，每天在上面睡觉就可以了。"

相信客户听了你生动形象的描述，大多都会动心的。这种绘声绘色的描述其实比干巴巴的介绍要管用许多倍，因为这样可以让他们体会到拥有这个东西之后的幸福、快乐。做到了这一点，你也就成功了一半。

# 先赞同后发问，让客户说出他的真实想法

客户："你把资料先放这儿吧，我看了之后会和你联系的。"

销售员："OK！很明显您对这台复印机很感兴趣，否则您是不会仔细看的，我这样说没错吧？"

客户："那当然，否则我也不会让你过来了。"

销售员："那么到底是什么原因让您不能马上做决定呢？难道是品牌问题吗？还是售后服务？"

客户："品牌没问题，售后服务方面你们是3年保修，也没有问题。"

销售员："那么到底是什么原因呢？是因为我的问题吗？"

客户："当然不是！小韩你的服务态度非常好！只是……我们这次采购预算有些超了，如果购买了这台复印机，我还需要重新找老板审批。"

销售员："那么你们老板要您采购这台复印机是为了什么呢？"

客户："过去的那台实在是太老了，复印的时间长，质量也很差，还总是会坏。"

销售员："既然是为了提高效率，降低成本，那么购买质量有保障、长期

使用反而会节约成本的机器不正是你们老板所需要的吗？"

客户："那倒也是。好吧，我可以重新向老板提出申请，要不我直接带你去见我们的老板吧，你有时间吗？"

销售员："当然有时间！"

在销售员介绍完产品后，客户经常会使用缓兵之计，找各种各样的理由说过段时间再联系我们。

其实，种种说法统统等于——你走吧，我再也不想见到你了！

那销售员到底应该如何应对呢？大家不妨试试以下几个步骤。

### 1. 先赞同

这是第一步，也是最重要的一步，千万不要一听到客户说"要看看再说"你就急，你越急客户越不急，你越急客户越觉得你的产品有问题。无论你心里多么的生气，为了进入下一步，请你先赞同，而且要面带微笑。

### 2. 发问

提出开放式问题，寻找客户不想马上做决定的真正原因。比如你说："是什么原因导致您不能立刻做决定呢？"提完开放式问题后注意停顿，给客户几秒钟的时间，或许他忽然心软，就把真正原因告诉你了。

### 3. 给出假设的答案，并不断追踪

提完开放式问题，客户通常不会马上回答你，因为他们通常都会有一点点"难言之隐"，所以你要不断使用"给答案法"帮客户找到真正的原因。

注意：在用"给答案法"之前首先要进行分析，分析客户不愿意马上做决定的原因大约是什么，并不要第一时间就把这个原因抛出来，而要将你判断不是真正原因的原因先提出来，直到那个真正的原因从客户嘴里蹦出来。

### 4. 发动一切力量解决客户的最终问题点

当客户将真正的原因说出来之后，你就要运用浑身解数去解决这个问题，因为如果你把这个问题解决了，那么接下来就可以直接谈成交了。

如果客户不愿意主动将原因说出来，一定是有其"难言之隐"，而我们这个方法只是让那些不是很"难"的问题暴露出来。其实有很多客户也想告诉你原因，但由于他认为你并不能帮助他解决，还不如不讲，所以就找一些冠冕堂

皇的理由来搪塞你。

这就需要你通过以上技能去挖掘原因，给出解药。如果"病根"的确不是你所能解决的，比如客户最后说："抱歉，其实还有一家公司在和你竞争，而这家公司的老板是我们总裁的堂兄，对不起，我帮不了你！"你还能说什么呢？赶紧拍拍屁股走人。

# 有意识培养与客户交流的魅力

作为一个人，你首先要懂得交流。更何况，要想成为21世纪的业务精英更要明白与客户交流是每个业务员最基本的素质。所以，一个好的销售员为了使与客户的交流畅通无阻，在日常生活中不知练了多少年，甚至一辈子都在塑造这种完美的交际能力。

下面的三种方法都是优秀的销售员沈菲自己多年积累的经验。

## 1. 先肯定对方

沈菲说推销员最常遇到的场面就是遭到顾客的拒绝。

这时你不妨应用"是的，同时"方法——先有弹性地接受顾客的反对意见，然后说"同时，您觉得这样是否更妥呢？"重新说明自己的主张。这种方法比直接否定更能给对方深刻的印象。越是优秀的推销员越善于运用此法。

但是，当你与客户的意见有分歧时，千万不可说"但是，不可能"的话语。因为你是为了推销才接触对方的，你是有目的的；而对方接触你是没有理由的，甚至是一见到你就讨厌的。所以当对方说出与你截然不同的意见时，你也要微笑点头赞同。轮到你阐述意见时，想反驳对方可以用"同时"做开头。

大家可以相互练习一番，用"同时"比"但是"的语气婉转多了，并且还尊重客户。如果上来就以"但是"开头，客户会觉得你用生硬的语气来否定他，也就不理你了，因为客户根本就没理由和你交流。

在神经语言程式学上，利用"同时"来否定你尊重的客户，使客户莫名其妙地肯定你，是完全符合每个人的神经程式的。

**2. 直接否定顾客的言论**

例如在与顾客刚接触时，顾客常会以"没有钱买""没有闲暇"来打发推销员，那么你可以这样反驳："这没有关系，我们目前站在顾客立场上，若没有余力的话，可采用分期付款的方式，1个月只需1 000元""您说笑话了，有余力的人才会这么说""我只需借用1分钟……""您是否听说过忙里偷闲呢"等。

聆听顾客的意见固然重要，但不可因顾客有反对意见，就丧失信心，而动摇立场和打退堂鼓，必须婉转地提出自己的看法，这样既尊重了客户，又说出了自己的意思让对方反思。当然，要避免说话时教训意味太重，否则就会破坏愉快的气氛。

的确，引起拒绝或反对的因素一般都取决于客人，但在某种程度上却是因为推销员在销售现场所做的说明无法获得顾客的信赖，也就是说，是推销员销售技巧的问题，这些都应该反省。

**3. 不要给对方说"不"的机会**

有些销售新手不知道怎样开口说话，好不容易敲开顾客的家门，却硬生生地说出："请问您对××商品有兴趣吗？""有没有购买××商品？"得到的回答显然是一句很简单的"不"，然后就搭不上腔了。

成功后的沈菲告诉后起之秀用什么方法让对方没有说"不"的机会。

问对方不得不回答"是"的问题，经过多次问答，就可以使客户形成一种"惯性"，无形之中，便培养起了对方想答"是"的心理定势。这样为你最终的成交积蓄了力量。

推销员的开场白最好是自己特意设计好的，并且要符合一般人的思维模式，可以参考一下神经语言程式学，这样就可以做到对待什么样客户、说什么样的开场白，让对方找不到回答"不"的问题。先提出一些接近事实的问题，让对方不得不回答"是"，这是和顾客结缘的最佳办法，非常有利于销售。

下面是沈菲用过的开场白。

"哦，好可爱的小猫，是波斯种的吧？"

"是的。"（事实如此，不得不这么回答）

"您看那双宝石眼，真漂亮！您一定每天都会细心照顾它，很累吧？"

"是啊，不过是一种喜好嘛，就不觉得太累了。"（对方很高兴地回答）

每当沈菲遇到有宠物的人家，总是这么与顾客搭腔。这种办法确实容易引起对方的共鸣，从而引导对方做肯定的回答，再逐渐转移话题，言归正传。

首先引出容易被别人接受的话题，是说服别人的最基本方法。一般进入正题前，先问对方6个有肯定答案的问题。推销员如果一开始就说："你要不要买我的商品？"总是不能奏效，所以不如先谈些商品以外的问题，等谈得投机了再进入正题，这样对方就容易接受了。

就好比你初遇某位小姐，非常中意，便开口问："小姐，你嫁给我好吗？"如此唐突，即使她对你怀有好感，也会被你吓一跳。

# 以静制动，变被动为主动

"静"指泰山崩于前而面色不变，"动"这里指敌之动向。在对方压境之时，不动声色，不暴露自己的意图与战力，使对方之攻势一时难以发挥，渐渐衰弱，士气低落，这些都是"静"发挥的无形战力。以这种无形战力制服对方的嚣张气焰，能使我方变被动为主动。

"回盘"是商务销售的一个重要内容，用通俗的话说，就是针对对方的要价而进行讨价还价。综观商务销售的回盘诸策略，除了述、答、问、辩等"动"的策略外，还有静止不动又得以前移的策略，也是十分有效的。

在销售中，一些客户为了显示自己的实力，在销售一开始就表现得来势凶猛，气焰嚣张，企图从一开始报盘就使对方处于被动地位，迫使对方接受其高要求。并且，有些销售者也确实智力过人，语言表达流利而精彩。此时，如果以硬碰硬，由于对方来势凶猛，气势正旺，则很难把其嚣张气焰打下去。那么这就有必要运用"你凶我静，静观其变"的策略，使其"一鼓作气，再而衰，三而竭"，以平等的地位重新进行销售。

我国某外贸公司与美国某工业集团进行一项贸易合作销售。美方财大气粗，执意要求将销售地点定在美国。我方代表看出其中必有文章，便同意了美方的要求，看其究竟要怎样。果然，销售一开始，美方就没把中方放在眼里，作为买方主动报盘，陈述情况，气势汹汹，滔滔不绝。整整一个上午，美方代表喊叫了3个多小时，并配合有利的图表数据，精心配置计算机显影在大屏幕上打出深奥难懂的图像，以证明他们的出价是非常合理的。

当报盘结束后，美方销售员带着满意的笑容，满怀自信地转向我方代表，问了声："就介绍到这儿吧，你们认为怎么样？"而此时，我方代表一直一声未吭，只是静静地坐在椅子上，从谈判开始到此时，几位中方代表只说了几句话，那就是："对不起，我们对你方的介绍不太明白。""我们希望你们能再一次详尽地介绍一遍。"连续3个小时的长篇大论，有谁愿意继续讲下去，而且好像没人听，美方终于"再而衰"了。眼看快到中午了，美方代表有气无力地说："好了，我是不会再讲一遍了，下午我们重新开始谈吧。"

下午的情况，可能谁也想不到，中方代表突施奇袭，美方只好节节败退。

从这一例可以看出，在对方表现出较强优势时，不要惧怕，也没有必要以硬碰硬，不妨让他充分表演，而销售员则完全可以靠平静消耗他的体力，待其气势已尽，销售员就可以从容不迫地发起反攻了。

以静制动这一策略在销售领域稍稍变通演化成"静施缓兵计"也是十分有效的。静施缓兵计是指为了使销售对方进退两难而静止不动，对销售对方的观点既不赞成也不反对，让对方摸不到己方的虚实，使其处于左右为难之际，而己方则静观其变，以静制动，以缓制动。这种策略的具体做法是：在对方出价很低但态度坚决的情况下，请其等待己方的答案，或者以各种借口来拖延会谈时间。这样拖延一段时间后，对方可能已信心大减，而己方在这一期间准备了充足的销售材料，足以和对方讨价还价。

静观其变、以静制动这一策略要求销售者要不急不躁，沉稳自信，大胆设想。除此之外还需：

第一，认真、仔细倾听对方发言；

第二，注意对方的仪态姿势、言谈举止；

第三，不要因轻视对方而抢话、急于反驳、放弃听对方的发言；

第四，对对方的谈话去粗取精、去伪存真，既能抓住重点，又能收到良的效果；

第五，认真观察对方每一个细微动作，以便准确把握对方的行为与思想。

销售工作不仅是语言交流，也是行为交流。在商务谈判中，销售者总是运用一系列的动作来配合自己的谈话。所以，销售员不仅要听其言，还要观其行，通过观察对方的言谈举止，捕捉其内心活动的蛛丝马迹，同时也可以从对方的姿态神情中探究其心理变化。运用看的技巧不仅可以判断对方的思想变化，决定本方对策，同时还可以有目的地运用语言传达信息，使销售向有利于自己的方向发展，进而寻找对方破绽，攻击要害。这就是在销售领域中运用以静制动的关键。

# 第5章

捕捉客户的兴趣点，与客户达成共识

# 善于发现顾客的兴趣

只有那些能引起客户兴趣的话题才可能使整个销售沟通充满生机。客户一般情况下是不会马上就对你的产品或企业产生兴趣的，这需要销售人员在最短时间之内找到客户感兴趣的话题，然后再伺机引出自己的销售目的。比如，销售人员可以首先从客户的工作、孩子和家庭以及重大新闻时事等谈起，以此活跃沟通气氛、增加客户对你的好感。

通常情况下，销售人员可以通过以下话题引起客户的兴趣：

（1）提起客户的主要爱好，如体育运动、娱乐休闲方式等。

（2）谈论客户的工作，如客户在工作上曾经取得的成就或将来的美好前途等。

（3）谈论时事新闻，如每天早上迅速浏览一遍报纸，等与客户沟通时首先把刚刚通过报纸了解到的重大新闻拿来与客户谈论。

（4）询问客户的孩子或父母的信息，如孩子几岁了、上学的情况、父母的身体是否健康等。

（5）谈论时下大众比较关心的焦点问题，如房地产是否涨价、如何节约能源等。

（6）和客户一起怀旧，比如提起客户的故乡或者最令其回味的往事等。

（7）谈论客户的身体，如提醒客户注意自己和家人身体的保养等。

对于客户十分感兴趣的话题，销售人员可以通过巧妙地询问和认真地观察与分析进行了解，然后引入共同话题。因此，在与客户进行销售沟通之前，销售人员十分有必要花费一定的时间和精力对客户的特殊喜好和品位等进行研究，这样在沟通过程中才能有的放矢。例如：

某公司的汽车销售人员小马在一次大型汽车展示会上结识了一位潜在客户。通过对潜在客户言行举止的观察，小马分析这位客户对越野型汽车十分感兴趣，而且其品位极高。虽然小马将本公司的产品手册交到了客户手中，可是这位潜在客户一直没给小马任何回复，小马曾经有两次试着打电话联系，客户都说自己工作很忙，周末则要和朋友一起到郊外的射击场射击。

后来又经过多方打听，小马得知这位客户酷爱射击。于是，小马上网查找了大量有关射击的资料，一个星期之后，小马不仅对周边地区所有著名的射击场了如指掌，而且还掌握了一些射击的基本功。再一次打电话时，小马对销售汽车的事情只字不提，只是告诉客户自己"无意中发现了一家设施特别齐全、环境十分优美的射击场"。下一个周末，小马很顺利地在那家射击场见到了客户。小马对射击知识的了解让那位客户迅速对其刮目相看，他大叹自己"找到了知音"。在返回市里的路上，客户主动表示自己喜欢驾驶装饰豪华的越野型汽车，小马告诉客户："我们公司正好刚刚上市一款新型豪华型越野汽车，这是目前市场上最有个性和最能体现品位的汽车。"

一场有着良好开端的销售沟通就这样形成了。

在寻找客户感兴趣的话题时，销售人员要特别注意一点：要想使客户对某种话题感兴趣，你最好对这种话题同样感兴趣。因为整个沟通过程必须是互动的，否则就无法实现具体的销售目标。

如果只有客户一方对某种话题感兴趣，而你却表现得兴趣索然，或者内心排斥却故意表现出喜欢的样子，那客户的谈话热情和积极性马上就会被冷却，这是很难达到良好沟通效果的。客户兴趣的激发，源于平时的积累，将平时的积累作为话题，引起客户兴趣，然后采用提问的方式，对客户进行心理攻势，这样的推销，才能达到一锤定音的效果。

所以，销售人员应该在平时多培养一些兴趣，多积累一些各方面的知识，至少应该培养一些比较符合大众口味的兴趣，比如体育运动和一些积极的娱乐方式等。这样，等到与客户沟通时就不至于捉襟见肘，也不至于使客户感到与你的沟通淡而无味了。

# 有意逢迎，从对方的成功经历谈起

有一次，小王的一位旧友告诉他，他认识一家建筑公司的经理，这家建筑公司实力雄厚，生意做得非常大。于是，小王请他的朋友写了一封介绍信，他带着信去拜访那位年轻的经理。谁知，朋友的这位熟人并不买小王的账，他瞥了一眼小王带来的介绍信，说道："你是想跟我要保险订单吧？我可没兴趣，还是请你回去吧！"

"山田先生，您还没有看我的计划书呢！"

"我一个月前刚刚在另外一家保险公司投保，你看我还有必要再浪费时间来看你那份计划书吗？"

年轻经理断然拒绝的态度并没有把小王吓走，他鼓起勇气，大胆问道："山田先生，我们都是年龄差不多的生意人，您能告诉我您为什么这样成功吗？"

"你想知道什么？"

"您最开始是怎样投身于建筑行业的呢？"

小王很有诚意的语调和发自内心的求知渴望，让这位年轻的经理不好意思再用一种冰冷的态度来回绝他。

于是，年轻经理开始向小王讲述自己过去那段艰难的创业史，每当他说到他是如何克服挫折和困难，遭受很多不幸的经历时，小王总会伸出手，拍拍他的肩，说："一切不幸都过去了，现在好了。"

整整3个多小时过去了，突然，经理秘书敲门进来，说是有文件要请经理签字。等女秘书出门之后，两人相互对望了一下，都没有开口说话。

最后，还是那位年轻经理打破了沉默，他轻声问道："你需要我做些什么呢？"

"哦，您只需要回答我几个问题就可以了。"

"什么问题呀？"

经理好奇地问道，他本以为小王会直接让他买保险呢。

小王提了几个关于山田先生在建筑事业方面的问题，以大致了解山田今后的打算、计划和目标。

山田先生都一一向他做了说明，后来山田先生又一次自言自语地说道："真搞不懂，我怎么会告诉你那么多关于我自己的事情，有很多事我甚至连妻子都还没有告诉过呢！"

小王笑着起身告辞，他说："山田先生，谢谢您对我的信任，我想我会对您告诉我的那些话作一些回馈。再见，下次再来拜访您。"

两个星期之后，小王带着一份计划书又敲开了山田先生的办公室，这份计划书可是他熬了三天三夜苦心作出来的。在计划书里，小王详细拟订了山田建筑公司在未来发展方面的一些计划。

山田再次看见小王，非常亲热地走上前握住他的手，说："欢迎光临。"

"谢谢您的盛情，请您看一下这份计划书吧。里面如有不当，还请你多多指教。"

山田坐在沙发上仔细翻阅了一下计划书，脸上露出欣喜的表情。

"真是太棒了，我们自己人还想不了这么周全呢！实在太谢谢你了，小王先生。"

"呵呵，别客气，我哪能跟你们公司的专业人士相提并论呢？"

两个人坐下来，又谈了很久。等小王离开山田的办公室时，这位经理毫不犹豫地投了100万日元的人寿保险，紧接着副经理也向小王投了100万日元的保险，财务秘书也投了25万日元的保险。

这仅仅是第一次的保险金额，接下来的10年当中，他们的保险金额总共高达750万日元。

小王和山田先生的友谊也越来越深，他俩成了一对非常默契的伙伴。

# 投其所好，打动客户

客户是因为需求而产生购买的，要想让你的客户购买你的商品，你必须了解他的需求，并能投其所好，让他知道你的产品为什么能够满足他的需求，这样才能打动客户。

具体到不同的人身上，人们的需求可能会因为社会地位、职业特点而有所不同。这就需要销售人员懂得观察和分析客户，了解他对这个产品的具体需求是什么，然后再有的放矢地告诉客户，你的产品恰恰能满足他的这种需求。

有一位汽车销售人员为客户推荐一辆豪华轿车，他引导客户从不同的角度观看车的款式，让客户看到汽车造型是多么气派，他请客户坐在车上感受车子的宽敞、舒适及豪华，他还拿出几位商场知名人士签下的订购合约，给这位客户过目。

就这样，他们很快开始谈到车子的价格及交车的手续。不一会儿，客户就签下了一辆近120万元车子的合约。

这么大的一笔交易，为什么销售人员这么快就说服了客户呢？因为他知道，具有如此高收入的客户，一般自己并不亲自开车，往往备有专职的私人司机，客户本人对车子并不是很了解，他需求的重点只有两个字——"气派"。因此，销售员只针对"气派"这个诉求进行说服，结果很快与客户成交。

同样是汽车，如果是销售价位不高的普通家用型轿车，在对客户进行推销时，用这个策略就可能不会成功了。

因为购买家庭经济型轿车的人，首先重视的是经济、实用，此外根据各人爱好不同，对外形或附加功能也有不同的需求。这时，销售人员就要把重点放在经济和实用的特征上面，然后根据客户的个人特点，突出自己产品的某种特色，从而打动客户。

也就是说，销售人员在推销的时候，要根据客户身份、背景、特点的不同，分析他们可能的需求重点，然后把自己的产品能够满足他需求的特性重点强调出来，这样才能有效地打动客户，使之产生兴趣和决定购买。

销售人员在向企业推销的时候，也要根据拜访的对象不同，分析他们各自不同的需求，从而采取不同的说服策略。

比如，一位销售人员拜访一位老板，试图卖给他一些电脑和软件以改善他们公司的会计职能，这位老板很可能缺乏兴致。因为老板一般最关心的是盈利，而他的思维往往不会将会计和盈利直接联系起来。卖这种东西，销售人员可能找错了对象。

你要了解公司里不同部门的人关心的是什么。如果你和公司老板讲话，那么他想要的则是改进盈亏平衡点。如果你和一位行政负责人谈，他最关心的不是别的，而是降低成本。如果你和一个搞市场或销售的人谈，他们最感兴趣的是增加销售和随之带来的收入。

假设你在推销一套销售培训系统，并在与一位销售经理谈此事，你的介绍应该全部放在改善销售业绩，而不是改善盈利上。因为销售经理不是靠利润，而是靠全体销售人员的业绩而受到好评。

总之，向企业里的人员销售产品或服务，关键是提出的问题要与这个人做什么和对什么后果负责有关。你需要知道，他的工作的主要绩效指标是什么？他因为什么而领到工资？他应为公司谋取什么样的成果？他的上级对他的评价方式是什么？就是说，你的推介应该集中在这位客户自身能享受到的"特定"的好处上，而不是一些"笼统"的好处上。

关于客户的需求，作为销售人员还要知道：不同种类的产品，其客户往往具有不同的需求。

每一个行业销售的商品，都有一些最能打动客户的诉求重点，销售人员顺着这些重点去介绍，才能收到事半功倍的效果。例如，客户选择货品运输服务时，最关心的是货品能否安全、准确无误地到达目的地，因此运输业的销售人员向客户展示时应该朝着安全、准确无误的方向去说服。

下面我们针对生活中几种常见的产品，分析一下它们各自的客户都有哪些需求。

### 1. 房产购买需求

（1）投资：购买房屋可以保值、增值。

（2）方便：上班、上学、购物的方便性。

（3）居住品质：空气新鲜、环境安静。

（4）安全：保安设施、大楼管理员配置、住户都有一定水准。

（5）社会地位：附近大都是政界、商界名流居住，能代表个人的社会地位。

具体到个人，购买房子的动机也许不一定一样，例如，有的因为上班方便，必须居住在都市；有的只想有一间房屋能住就好，不在乎地点；有的追求较有品位的居家环境；有的想显示身份地位，等等。对这些需求都要区别对待。

### 2. 生产设备购买需求

（1）生产率：生产设备的购置是理性的行为，生产率的高低是选购的关键。

（2）投资报酬率：生产率再高，如果市场需求没那么大，也会影响投资报酬率。因此投资报酬的高低及风险也是一项重要的指标。

（3）稳定性：生产线上的主管最关心生产设备的稳定性，因为他们要对每日的产量负责，生产设备不稳定会直接影响他们的绩效。

### 3. 办公机器购买需求

（1）操作性：操作起来是否方便，是否需要专人，都是影响办公效率的重点。

（2）体积大小：目前办公室的租金都非常贵，几乎各个办公室都缺乏足够的空间，因此体积过大的办公机器不太受欢迎。

（3）办公合理化：办公机器就是要提升公务处理的效率及促进合理化，因此效率及合理性是办公机器的诉求重点。

（4）功能、价格及实用性：功能多固然是卖点，但功能过多却往往大部分用不到，只会增加成本，这样卖点就成了弱点。因此，功能要实用，而不一定要多。

### 4. 玩具购买需求

（1）教育性：即要具有某种启发教育意义。

（2）安全性：不会让小朋友受到意外伤害。

（3）好玩：要好玩才能玩得久。

一般来说，比较"理性"的产品，如建材、电脑、测量仪器、模具等产品，展示的大方向在于能否充分地提供咨询服务，解决客户的问题；而其他如化妆品、保健食品、美容健身等，是比较"感性"的产品，其诉求的大方向，往往是要描绘一个充满希望的愿景，以打动客户。

# 建立亲和力，努力打动对方

不要让准客户有"被迫接见"的感觉。一般的准客户对业务员都怀有戒心，利用强硬的手段，非但没有效果，反而会增加他对你的抵触情绪。

推销员刘丽虽然性格倔犟，争强好胜，但他从未对客户无理过，因为他深知寿险业务员主要的任务是发现准客户，他的"被迫接见"不同于别的"被迫接见"方式，刘丽是在尊重别人的客观基础上，步步为营，使得对方在轻松的环境下，进入刘丽"被迫接见"的圈套。

有一次，他想通过电话约见一位准客户的表哥，也就是间接发展其他准客户。

"您好，是某某文化公司吗？请您接总经理室。"

"请问你是谁啊？"

"我叫刘丽。"

"请您稍等一下。"

电话转到总经理室。

"哪一位啊，我是总经理。"

"总经理，您好，我是明治保险公司的刘丽，我听说您对继承权方面的问题有研究。所以今天冒昧地打电话给您，几天之前，我曾拜访过您的表弟，与他研究了继承方面的问题，不过我觉得没有使我真正满意，所以今天我想与您再来研究一番。"

"嗯。"

"事情的经过您问您表弟就知道了，我本来可以叫您的表弟写一份介绍函再来向您讨教，不过这样似乎有强迫的味道……我觉得还是自然点好，也能主观地尊重你……"

"嗯。"

同样一声"嗯"，但第二声比第一声亲切多了。

"怎么样呢？"

"既然是这样，咱们约个时间谈谈也好。"

尊重准客户，重视准客户。谈话之中要注意分寸，尽可能避免无形中对准客户的伤害。

透过你的坦诚，准客户会对你产生某种安全的感觉。

对这些陌生客户的开发，千万不能生硬地问人家是否投保，这样你永远都成功不了，就算是有幸运之神，他也将会避你而行。首先，你应谈一些双方都感兴趣的事，这就是建立亲和力；其次，你在推销产品之前，首先要想到应该如何把自己"推销"出去。如果一个人都能把自己"推销"给客户，那么还有什么东西推销不出去呢？最后，慢慢地进入客户频道，发挥你的口才与潜力，这样才能顺利成交。

# 寻找共同话题来接近客户

销售人员的推销工作通常是以各种商谈的形式来进行的，如果客户对销售人员的话题没有什么兴趣的话，那么，双方之间的会谈也就会变得索然无味，更难以达到预期的效果。

销售人员要想迅速地接近客户，与客户建立良好的人际关系，就要尽早找出双方共同感兴趣的话题，在拜访之前先收集信息与资料，尤其是在第一次拜访时，事前的准备工作一定要充分。

在初次接近客户时，恰当的询问是必不可少的，销售人员在不断的发问当中，就能相对容易地发现客户的兴趣所在。

例如，当看到对方的阳台上有很多的盆栽，你就可以问："您对盆栽很感兴趣吧？近日花市正在举办花展，不知道您有没有去看过？"

看到对方的高尔夫球具、溜冰鞋、钓竿、围棋或象棋等，同样都可以拿来作为话题。当然，天气、季节和新闻也都是很好的话题，但是如果对方对此反应冷淡，那么很快就会陷入尴尬的沉默状态。所以，这就要求销售人员平时要注意积累，要有广泛的知识面，以能够轻松地应对各种各样的客户。

谈论客户感兴趣的话题，可以使双方的会谈气氛较为缓和，接着再进入主题，效果往往会比一开始就立刻进入主题要好得多。

杜维诺先生经营着一家高级面包公司——杜维诺父子面包公司。他特别想把自己公司生产的面包推销到纽约的一家大饭店。他为此付出了巨大的努力，4年来，他不知道给该饭店的经理打过了多少次的电话，并且还去参加了由该经理组织的社交聚会。他甚至一度在该饭店住了下来，以便做成这笔生意。但是，杜维诺的所有努力都未能收到成效。因为，饭店的经理很难接触，他压根儿就没有把心思放在杜维诺父子面包公司的产品上。

杜维诺百思不得其解，后来，经过长期的思索与观察，他终于找到了症结所在。于是，他决定立即改变接近对方的策略，转而去寻找这位经理感兴趣的东西，以找出双方共同感兴趣的话题。

经过一番调查与分析，杜维诺发现该经理是一个名叫"美国旅馆招待者"组织的骨干成员，而且最近还被当选为主席，他对这个组织倾注了极大的热情。不论该组织在什么地方举行活动，他都一定到场。得到这一信息后，杜维诺详细研究了这个组织的相关信息。

第二天，当杜维诺再见到这位经理时，就开始大谈特谈"美国旅馆招待者"组织，这一下杜维诺算是准确找到方向了，对方也滔滔不绝地跟杜维诺交谈起来。当然，话题都是有关这个组织的。在结束谈话时，杜维诺还得到了一张该组织的会员证。他虽然在这次会面中并未提推销面包之事，但没过几天，那家饭店的厨师就打来了电话，让杜维诺赶快把面包样品和价格表送过去。

"我真不知道你对我们那位经理先生动了什么手脚。"厨师在电话里说，"他可是个难以说服的人。"

"想想看吧，我整整缠了他4年，还为此租了你们饭店的房间。为了得到这笔生意，我想尽了办法。"杜维诺感慨地说，"不过感谢上帝，我找出了他的兴趣所在，知道了他喜欢听什么内容的话，总算接近了这个难缠的人。"

销售工作的对象是人，而那些聪明的销售员总会审时度势，有时候会巧妙地避免正面推销，从对方感兴趣的话题的角度切入，从而迅速接近客户，并打开销售工作的局面。

# 充分调动客户的想象力

通用电气公司几年来一直想推销教室黑板的照明设备给一所小学，可联系了无数次，说了无数的好话均无结果。这时一位推销员想出了一个主意，使问题迎刃而解。他拿了根细钢棍出现在教室黑板前，两手各持钢棍的端部，说："先生们，你们看我用力弯这根钢棍，但我不用力它就又直了。但如果我用的力超过了这根钢棍最大能承受的力，它就会断。同样，孩子们的眼睛就像这弯曲的钢棍，如果超过了孩子们所能承受的最大限度，视力就会受到无法恢复的损坏，那将是花多少钱也无法弥补的了。"

没过多久，通用电气公司终于如愿以偿了。

在向客户介绍产品时，充分调动客户的想象力是非常重要的。如果能让客户自己来计算数字那就更好了，因为这样做给他们的印象更深，理解也更透彻。

一个牙医做得更绝，他把患者的X光片放在墙上，使患者一坐下就可以看到自己牙齿损坏的情况。然后，牙医就会说："不要等牙坏到不能用的程度才来看病。"

在销售的过程中，出示一定的实物，再说一些能够调动客户想象力的专业语言，就能够令客户在事实的基础上，发挥自己的想象力，从而产生认同商品的看法。

人的想象力是惊人的，对于同一个事物，不同的人会得出不同的看法。因此，这就要求销售人员能够用自己的专业语言为客户的想象力铺平道路，并限制或发展客户的想象空间，这就像制造一个固定的空间、固定的路径，引导客户朝着自己设定的方向想象，从而达到销售的目的。

香港一家专营胶粘剂的商店，为了让一种新型"强力万能胶水"广为人知，店主用胶水把一枚面额千元的金币粘在墙壁上，并宣称："谁能把金币掰下来，金币就归谁所有。"一时，该店门庭若市，登场一试者不乏其人。然而，许多人费了九牛二虎之力仍然徒劳而归。有一位自诩"力拔千钧"的气功师专程赶来，结果也空手而归。于是，"强力万能胶水"的良好性能声名远播。

同样的道理，在销售的过程中，充分调动客户的想象力，将会对你销售的成功有很大的促进作用。

一般的轮胎销售人员可能这样平淡地介绍自己的产品："这种轮胎货真价实，持久耐用！"

一个具有想象力的销售人员可能会说出这样一段充满戏剧效果的话："您正带着孩子们以每小时80千米的速度驱车快速行驶，突然感到车下出现一连串的激烈颠簸，迫使您将车驶到路侧。原来您的车撞上了路面的一条钳口般的长裂纹……震得您浑身骨头都快散了架，震得汽车上的螺栓嘎吱乱叫！您不必担心您的轮胎，只要握紧方向盘就会万事大吉，这轮胎可以应付任何道路状况！"

上述两种介绍产品的方式，效果孰好孰坏，不难分辨。

# 借助一些细节暗示调动客户的兴趣

在推销商品时，有时需要很明白地向顾客讲解、说明商品的性能、特征等，让顾客能明了商品的大概性质，从整体上对商品有个大致的了解，使顾客做到对你的商品心中有数，它将会给自己带来什么便利，或买了它，生活是否会变得更轻松愉快，或者是它究竟值不值得买，花这么多钱是否有所收益。这些问题在顾客心中有底了，答案在顾客脑中形成后，交易就会呈现出好彩头，起码他初步决定要买了。这之后就是一些小问题了，双方可以有商量的余地。

在很多时候，还有一种方法也能达到明显的效果，让顾客对商品感兴趣，产生一种莫名的好感，有时会远远胜于直截了当地跟顾客讲解所产生的效果。

当你推销音响时，向顾客介绍音响的外表、样式、放音效果、出产地等，千万不要猛地调转机上的旋钮开关，也不要用力地敲打机壳，而应该小心谨慎地试开机器，让顾客觉得这音响是那么的贵重和值得珍惜，这样就在无形中给了顾客一种感觉："这东西一定不错。"

在这个例子中，虽然你试开机器时，可以像平常一样大力地操作，这样对机器也不会有太大的损耗，但如若你能注意你的各个动作，细心谨慎地开机、调机，在顾客心中产生的印象将大不一样。后者可以向顾客暗示你机器的价值，让他不知不觉地感觉到机器的价值，而这种感觉一旦在顾客心里形成，对你的推销将是大有裨益的。

除了这种在推销过程中动作、态度的暗示外，还有一种向顾客暗示商品价值的方法，那就是包装好商品，把商品打扮得漂亮一点。

商品的包装不仅能吸引顾客的注意力，引发顾客的兴趣，更能燃起顾客的购买欲望，而且一个好的包装还能向顾客暗示商品的内在价值。只有一个有较高内在价值或制作精美的商品，才需配上精美的外包装，这样才能做到表里如一，才能把商品的内在价值表现得更完善、更丰富。因此，在你推销商品时，也需要把你的商品装饰打扮一番，即使是一些不起眼、价格不贵的小东西，让它既能吸引顾客的注意，又能在顾客心中产生这样一种感觉：这东西包装得这么好，它的品质一定不错。应该仔细瞧瞧，不要错过了这次机会。

诸如此类的暗示法还有好多，需要在实际推销过程中根据实际情况灵活应用。再加上详细的商品介绍和细心地回答顾客提出的各种问题，就能让顾客真正喜欢商品，愿意成交。这种方法如果运用得适当，能恰到好处地表现商品的价值，也能让顾客感觉到商品的内在价值，那么你的商品就不怕推销不出去。

# 将客户的兴趣转化为购买欲望

欲望是人们满足需要的愿望，是一种积极的、能转化为动机和行为的情感和心理定势。激发客户的购买欲望是指销售员通过销售活动，在激起客户对某产品（或销售员所在的公司）的兴趣后，努力使客户的心理产生不平衡，产生对感兴趣的产品持积极肯定的心理定势与强烈拥有的愿望，从而导致购买行为。

一般客户产生兴趣后，兴趣就会很快转化为购买欲望，这是因为：

第一，产品的功能能满足客户的需要。这是客户产生购买欲望的根本。

第二，销售员能满足客户对购买方式的选择。客户在对产品感兴趣的同时，会对购买方式产生选择的需要，如购买的安全感、方便与否、售后服务是否良好、方便等，销售员在这方面是有优势的，销售员在宣传时如能恰到好处地指出来，客户就会很快产生购买行为。

第三，销售员能满足客户购买的情感需要。购买欲望大多来自情感，而不是理智，或者说在购买行为中，总是情感的选择大于理智的选择。美国有一个推销保险的大师，曾1年推销10亿美元的人寿保险。他认为推销98％是人情，是销售员对人情的理解，2％才是销售员对产品知识的理解。销售员常常创造出许多有感情色彩的销售环境，将有利于客户产生购买欲望。

第四，销售员充分说理，并提供大量信息。这些都可以使客户不断强化与维持购买欲望。情感只是一个心理过程，随着时间的推移，会过去和消失，只有信息与道理才能加深理解，并使已形成的购买欲望向行为转化，而不是相反。

当然，销售员的优势只是向客户提供了转化兴趣为欲望的可能，真正的转化还需要销售员的努力，下面介绍几种方法：

方法一：在客户产生兴趣后要及时检验其对销售员及产品的认识程度，如询问有否不明白、不理解的地方，有否需要进一步示范及说明的地方。如果有，要及时解释、示范与说明。

方法二：了解到客户尚有担忧与疑虑后，要进行反复的解释。

方法三：强化情感。如发现客户对销售员、对销售员所在的公司及销售的产品仍有不信任与疑虑之处，则更要继续做好以诚待人、以情感人、以理服人、以利动人的工作，努力改变客户的态度，要始终坚信"精诚所至，金石为开"。

方法四：多方诱导。客户在形成购买行为前总是会多方权衡利弊得失的，如果我们能有针对性地进行多方诱导，让客户意识到拥有产品的多方利益时，客户就会产生强烈的购买欲望。

在诱导时要注意，既不要讲"过去"，也不要谈"现在"，而要大说特说"将来"。只有美好的"将来"才是激起客户购买欲望的主要原因。

# 第6章

激发客户的好奇心，唤起客户的注意力

# 让你的客户对产品感到好奇

好奇是人类的天性，巧妙地利用消费者的好奇心，可以促使整个销售工作的顺利开展。在实际销售工作中，利用客户的好奇心，引起其注意和兴趣，然后转而道出产品的各种好处，能促使客户立即作出购买决策。

成功吸引客户参与有效销售的关键，在于激发客户的好奇心。怀有好奇心的客户会选择参与；反之则不然。

一位英国皮鞋厂的销售人员曾几次拜访伦敦一家皮鞋店，并提出要拜会鞋店老板，但都遭到了对方的拒绝。这次他又来到这家鞋店，口袋里揣着一份报纸，报纸上刊登了一则关于变更鞋业税收管理办法的消息，他认为店家可以利用这一决定节省许多费用。

于是，他大声对鞋店的一位店员说："请转告您的老板，就说我有路子让他发财，不但可以大大减少订货费用，而且还可以本利双收赚大钱。"

有人向老板提供赚钱发财的建议，老板怎么不动心呢？

不一会儿的工夫，鞋店老板就出来接见这位远道而来的销售人员。

如果客户对你、对你的产品或者产品的某点感到稀奇或神秘，你就已经获得他们的好奇了。相反，如果他们一点儿也不好奇，你将寸步难行。也就是说，如果你能激起客户的好奇心，你就有机会创建信用，建立客户关系，发现客户需求，提供解决方案，进而获得客户的购买。实际上，只需要1分钟就可以让客户感到好奇，但问题是客户因何而好奇。

第一，让客户自己判断。

有许多方式可以激发人们的好奇心，但最简便的方法就是问"你猜猜发生了什么"。差不多每一个人听到"你猜猜发生了什么"都会立刻停下手边的工作。

我们常常会看到这种销售方式：

一名销售人员一手拿着铁锥，一手拿着一双新袜子。不停地嚷嚷："大家猜猜看：将铁锥穿过袜子后，用力向一边拉，袜子会不会烂？"

周围的人赶紧放下手头的工作，七嘴八舌地议论起来，有人说会烂，有人说不会烂。

销售人员看时机成熟，便在人群中找一个人试试。

可以想象，参加试验的人按照销售人员教的方法，将铁锥穿过袜子后用力向一边猛拉的结果是什么。

这个游戏，不过是销售人员设计的一个圈套，用来证明袜子是结实无比的。于是，人们不再怀疑袜子不结实了，陆续有人开始购买袜子。

第二，刺激性问题。

刺激性问题或陈述可以激发客户的好奇心。人们会好奇为什么你要这么问或这么说。比如前面"猜猜看"就是刺激性问题的一个例子，这使得人们会情不自禁地想：到底是什么？

"我能问个问题吗？"的效果也是一样的，你所要询问的对象一般都会回答"好的"，同时他们还会自动设想你会问些什么，这就是人类的天性。

第三，只提供部分信息甚至坏的消息。

有时销售人员花费了大量时间、不厌其烦地向客户反复陈述自己的公司和产品的特征以及能给客户带来的利益，然而效果并不一定很好。

这时，你可以反其道而行之。例如：

销售人员："王先生，我们的工程师前几天对您的系统进行了测试，他认为其中存在着严重的问题。"

王先生："什么问题？"

如果有人告诉你将要面临严重的问题，你会不会感到好奇？当然会！

销售人员："通过研究系统结构，我们发现其中的一个服务器可能会损坏数据。不过好在还有解决的办法。您能不能把有关人员集中起来，以使我们能公开展示一下问题所在，同时解释可供选择的解决方案。"

坦诚献家丑，往往能赢得客户的尊重和信任，有时也能产生奇特的效果。

第四，新奇的东西。

新东西人们都想"一睹为快"。更重要的是，人们不想被排除在外，所以我们也可以利用这一点来吸引客户的好奇心。例如：

销售人员："张先生，我们即将推出两款新产品，帮助需要者从事电子商务。或许对您会有用，您愿意看看吗？"

第五，利用趋同效用。

如果其他所有人都有着某种共同的趋势，客户必然会加入进来，而且通常想知道更多信息。例如：

销售人员："坦率地说，先生，我已经为您的许多同行解决了一个非常重要的问题。"（这句话足以让客户感到好奇）

根据你采取的拜访方式的不同，你可以采用不同的激发好奇心的策略。有不少方法可以帮助你做到这一点，只要能让你的客户感到好奇，你就可以发展更多的新客户，发现更多的需求，传递更多的价值，销售业绩也会大大提高。

# 新品上市：引发顾客的好奇心

面对一个好的会有效调动客户好奇心的销售人员，客户会产生这种心理：这个销售人员让人感觉很舒服，他好像对自己代表的产品很有信心，那么肯定有不少人买过，似乎得到过不少肯定，所以应该不错，那我就试试吧！还有一种情况是，人们对禁止的东西，反而表现出强烈的好奇心，而且禁止的程度与人们对其产生的好奇程度成正比。经验丰富的推销员常利用人们的这种喜爱偷吃禁果的心理实施推销。

如果你能激起客户的好奇心，你就有机会创建信用，建立客户关系，发现客户需求，提供解决方案，进而获得客户的购买。

一位销售人员出售一条领带，和大多数的领带一样，这条领带也只是用缎带丝绸制作而成的，但这位销售人员却利用了顾客的好奇心理，加之漂亮的说辞，让这条普通的领带一下子变得非同小可了。下面来看看他是如何做到的：

"我今天要奖给获得演讲比赛的冠军一份特别的礼物，这份礼物的价值非同寻常。你们可别小看这条领带，普通的领带都是用油纸袋或者纸盒包装，好的领带是木盒包装。我这条领带的特别之处在装领带盒的面料和领带的面料一模一样。你们再看领带的背面，一般的领带背后都是布料的标签，我这领带的背后是纯金属的商标，而且镀了金，上面刻着设计者的名字以及领带的品牌名。这条领带是意大利著名领带公司设计的，只做了4条，就把版给毁掉了。设计师是那家设计公司最好的设计师。这条领带价值800美金。

"各位，重点不是这4条领带面料值多少钱，制作工艺值多少钱，设计值多少钱，重点这4条领带是全球绝版的。前两天有两条领带被英国皇室的两位小王子买走了，他们兄弟一人一条。另外两条中的一条被美国前总统克林顿先生买去了。余下的一条被美国最著名的比弗利山庄旁的世界最好的男装店抢先得手，因为我正好认识那位老板，所以才能买到。你们现在想想看，这条领带值不值800美金？"

众顾客："值！"

可见，销售人员若能利用顾客的好奇心，巧妙地调动顾客的情绪，营造出强烈的购买气氛，成交就容易得多了。

# 对客户有时要"穷追猛打"

销售中的激将法，就是销售人员通过一定的语言手段去刺激客户，以此来激发对方的某种情感，并引起对方的情绪波动和心态变化，最终使这种情绪波动和心态变化朝着自己所预期的方向发展。

使用激将法效果如何，取决于销售人员对刺激的"度"的把握，有的"稍许加热"即可，有的则要"火上浇油"；有的只要"点到即止"，有的却要"穷追猛打"；有的可以"藏而不露"，有的则需"痛快淋漓"。

当然，能否取得最佳推销效果，这就需要推销员根据不同的情况而定。心理研究表明：有的人好高骛远有的人好胜心强，有的人优柔寡断，有的人干脆，有的人忸怩……

所以，巧妙地利用人们的心理特点，有的放矢，是销售成功的一个基本保证。

有一位小姐看中了某商店橱窗内一款新式皮鞋。但她只是站在柜台前反反复复地看，问一些无关紧要的问题。很明显，她很喜欢这款新式皮鞋，但又因为价格太贵而犹豫不决。该商店的售货员捕捉到了她的这种心理，于是上前问道："如果这双鞋的价格不能令您满意的话，您是否愿意再看看别的？"

没想到，听了售货员的话后，这位小姐却表情坚定地买下了这双皮鞋。

售货员的问话看似很简单，但其中却藏有很深的奥妙，它激发了这位小姐的好胜心，因此成功地销售出了这双皮鞋。

使用这种激将的技巧，来刺激顾客的好胜心，一定要因人而异，把握好分寸，否则就会弄巧成拙，甚至会激怒顾客。

### 1. 激发顾客的好胜心，但是不能伤害到顾客

如果在上例中，售货员对那位犹豫不决的小姐说："要买就买，买不起就别看了，凭你这模样还想买这么高档的皮鞋。"当然这句话也能对顾客产生"激"的效应，不过这话会伤害顾客的自尊心，会产生完全相反的效果，不但达不到销售的目的，反而损害了商店的形象。

不可否认，我们经常听到一些销售人员用挖苦、贬损的言辞去"激"顾客，其实这不过是一种原始的"激将法"，它与现代商品销售中的"激将法"有天壤之别。

### 2. "激"的目的是让顾客摆脱犹豫，但绝不是设下陷阱

曾经有位推销员去一家工厂推销打火机，一些工人围着看，其中有位青年工人说这打火机质量很差，并且价格太贵了。没想到这位推销员却不近人情，挖苦那位工人说："看你穿的这身衣服，恐怕一个两块钱，你都买不起！"这话大大刺伤了那个工人的自尊心，他挥了挥手对其他工友说："你们作证，他卖我两块一个，我全包了！"于是工友们帮他凑齐钱，把那些打火机全部买了下来。

星期天，他们出去逛商店，才知道这种打火机在市场上只要一块钱就能买

到。这位青年才知道自己上了推销员激将法的当，后悔莫及。

以上例子，推销员虽然运用"激将法"把商品推销出去了，但他的人品也随着这廉价的商品一齐出卖了，其结果肯定是得不偿失，因为他的这种做法没有考虑后果，把他以后的推销之路全部堵死了。

所以，"激将法"在销售中要有的放矢，在万不得已的情况下，才亮出这一招。精明的生意人是不会轻易地用这种招数的，即便使用它，也应考虑到它的后果。

# 用激将战术攻克特殊客户

王丽认为面对眼前的客户，如何吸引他的注意力是首选要点。不过在这个阶段，业务员一般都处于被动地位。如果你没有吸引对方注意，那么你讲得再好，也是对牛弹琴。

所以，在恰当的时候应设法刺激一下准客户，引起他的注意，取得谈话的主动权，然后进行下一步骤。特别对那些比较孤傲的客户，他们总是抱着不搭理你或者根本不正视你的态度，你就可以用语言激将他们。

有一次，王丽去拜访一位个性孤傲的准客户。

由于他性情古怪，尽管王丽已访问了3次，并不断转换话题，他仍然没有一点兴趣。

第三次拜访时，王丽有点沉不住气了，讲话速度快了起来，准客户因为王丽说话太快，所以没听清楚。

他问道："你说什么？"

王丽大声回了一句："您好粗心。"

准客户本来脸对着墙，听了这一句之后，立刻转过来，面对着王丽。

"什么？你说我粗心，那你来拜访我这位粗心的人干什么呢？你可以出去了。"

"别生气，我只不过跟您开个玩笑罢了，千万不能当真啊！"

"我并没有生气，但你竟然骂我是个傻瓜。"

"唉，我怎么敢骂您是傻瓜呢？只因为您一直不理我，所以才跟您开一个玩笑让你轻松一下而已。"

"伶牙俐齿，够缺德的。"这位准客户笑骂道。

"哈哈哈……"

使用激将战术时，一定要半真半假；否则，激将不成反而伤了感情，那时就麻烦了。

对方越冷淡，你就越要以明朗动人的笑声对待他。这样一来，你在气势上就可以占优势，容易压倒对方。此外，"笑"是可以传染的，你的笑声往往会感染对方和你一起笑，那么，余下的事情就好办了。

想得到客户的支持，就要学会冷静地激将。

# 运用激将法，使客户为"面子"成交

在销售过程中，销售人员往往容易遇到一些客户虽然有产品需要，但是犹豫不决，拿不定主意，处于观望状态。面对这些客户，要想获得订单，促使他们下决心签单，销售人员也可以利用他们的好胜心、自尊心，采用激将法促使他们作出购买决定，迅速签单。

激将成交法是指销售人员采用一定的语言技巧刺激客户的自尊心，使客户在逆反心理的作用下完成交易行为的成交方法。在销售过程中，销售人员一旦成功使用了这种技巧，往往能够促使客户迅速下定决心签单。

一位保险销售人员在向其客户推销保险时，客户对保险产品的情况了解以后，却迟迟不愿意签单购买保险。

对此，销售人员说："现在，很多负责任的先生都会给自己的妻子和儿女买保险。因为他们觉得关爱自己的妻子和儿女是自己最大的光荣和责任，为妻子和儿女买保险是对他们无限关爱的一种方式。尤其是人身安全保险，它不仅是一种投资，而且体现了一位丈夫对妻子的关爱和呵护，一位父亲对子女的无限挚爱。我遇到了很多先生为他们的妻子和儿女买保险时，都是毫不犹豫地签单。像您这样犹犹豫豫的，我见得比较少。"

这位客户听了以后，说："还是等一段时间再说吧！"

销售人员说："我想这不是您的真正理由！您是没有把做丈夫和做父亲的责任放到足够高的位置。您要关心他们，就要时刻期望他们平安，而为他们买平安保险是关心他们平安的重要体现。现在，您的妻子和儿女都没有投平安险，实在看不出您对他们的关爱。"

客户一向是一位优秀的丈夫、称职的爸爸，听了销售人员的话，便说："那就买两份保险吧，反正为了他们也不在乎两份保险的钱。"

销售人员说："那是，那是，那就请您代替您的妻子和儿女签名吧！"

就这样，该销售人员很快就获得了客户的签单。

在销售过程中，还有的客户对产品的各方面都基本满意，而且资金上也支付得起，就是不知什么原因，使他们总觉得往后是否会出什么问题而举棋不定，迟迟不肯作出签单的决定。面对这种客户，销售人员也可以采用激将法促使他们尽快下决心购买。

某销售人员在向客户推销产品时，客户对产品挑不出不满意的地方，在经济上也比较富裕，但在做决定是否签单时很犹豫。

为了促使这位客户迅速签单购买产品，销售人员巧妙地使用了激将法。

销售人员对客户说："先生，您的顾虑我很理解。在世界上，很多事情都是这样的。一个人对他越是感兴趣、越是喜欢的东西，就越是不敢勇敢地追求它，越是不敢积极地去争取拥有它。这是一种很可悲的心态。您说是不是？每一个人活在世上，都有他自己的信仰和人生目标。怎样才能实现自己的人生目标呢？只有凭借自己的坚定信念，不懈地努力，拥有顽强的意志才能最终实现这些。正因为它是人生中最伟大的事业，才会有如此多的有识之士为实现这一目标花费毕生的精力，甚至洒干身上的每一滴血。我们要问，他们的动力源自何处？他们的动力主是来自他们的信仰，他们心目中崇高的人生目标，它可以激励着人们永不停息地追求。"

客户听了这些，觉得有一定的道理，就轻轻点了点头。

于是，销售人员就接着说："是啊，自己认为有价值、有意义的东西，怎能不去努力追求呢？但就是有这种人，我认为他们的生活实在是没多大意义，至少可以说他们是没勇气的。这种人遇到自己喜欢的东西却不努力去争取，遇到机会来临却没有勇气去抓住，使得一生都碌碌无为、平平庸庸，理想依旧是梦中的理想。我经常想，这些人为什么不果断一点呢？为什么不积极去争取和把握机会呢？我想，先生您一定不是这种人吧？"

客户听到这里，不自觉地说："当然。我当然不是这一种人。"

销售人员说："您当然不是这一种人。正因为如此，我们才如此欣赏您。现在，如果您觉得这种产品还行的话，如果您对我们的产品和服务没有什么异议的话，就行动起来吧。在这里签下您的名字就行。"

说着，销售人员就把订单递到了客户面前。

客户被销售员一阵激将，再也不像以前那样犹豫了。因为客户不承认自己是那种不果断、遇到机会犹豫不决的人，而不果断签字就是在事实上承认自己是那一种人。这对一个有尊严的男子汉来说，是无法接受的。客户想到自己确实对产品和服务没有什么异议，想到自己确实需要购买这种产品，便迅速与销售人员签下了订单。

在销售过程中，客户不愿意签单时，销售人员采用激将法以"逼迫"客户不得不立即签单，是促成订单的一种有效技巧，是高明的销售人员常用的手段之一。

在购买产品的过程中，客户往往容易产生较强的好胜心理。激将法就是针对他们的这种好胜心理对症下药，使得他们因好胜而不再过于理智。这样，客户为了满足自己的好胜心理，为了顾及自己的面子，往往不再计较此前特别看重的一些"成交细节"。

激将法是销售人员促成订单的一种技巧。在销售过程中，销售人员采用这种技巧促成订单，隐含着对客户的"逼迫"。因此，在学习和掌握这种促成订单的技巧时，销售人员还需要注意以下几个问题：

（1）要准确掌握客户的心理。在销售过程中，销售人员要采用激将法，首先要把准客户的心理。只有客户具有较强的自尊心、虚荣心和好胜心，才可能有效地激将客户。否则，将很难起到激将的效果，甚至还有可能把一桩很有希望的生意逼进死胡同。一般而言，年纪轻的要比年纪大的容易激将，见识少的要比见识多的容易被激将，越是讲究衣着打扮的、好争高比强的、地位较高、受人尊重的人越怕别人看不起，这样的人也容易被激将。在促成订单时，销售人员可以根据具体的客户对象，采用具体的激将法。

（2）不要伤害客户的自尊。在销售过程中，客户拥有成交的最后决定权。销售人员为了促成订单，可以采用激将法"逼迫"客户签单，但是必须以不伤害客户的自尊为前提。在销售过程中，如果销售人员伤害了客户的自尊，往往就容易导致客户不再愿意与销售人员交易，甚至还会因"自尊问题"惹出其他问题。因此，正确使用激将法应该是在不刺激对方自尊的基础上，切中对方的要害进行激将。例如，销售人员推销产品给客户时，用"您不想买"而不用"您是因为没钱，买不起"来激将客户，就把握得非常有分寸。

（3）要注意态度自然。激将法是人们比较了解、接触得比较多的常用计谋。因此，在使用激将法时也容易被对方看穿。在销售过程中，要用激将法促成订单时，销售人员一定要注意态度和表情自然。否则，就容易让客户看出来是在"激"他，从而产生逆反心理，最终导致无法成交。

在销售过程中，激将法是销售人员促成订单的常用技巧之一，也是巧妙"逼迫"客户成交的技巧之一。要想成功地运用此法，促使客户尽快签单，销售人员需要仔细揣摩，并在运用中熟练掌握其技巧和奥秘。

# 震惊接近法："刺激"客户的好奇感

所谓震惊接近法，是指业务员利用某种令人吃惊或震撼人心的事物来引起顾客的注意和兴趣，进而转入面谈的接近方法。在实际推销工作中，业务员的一句话、一个动作都可能令人震惊，引起顾客的注意和兴趣。下面介绍震惊接近法的几个应用实例：

有一位人寿保险业务员利用一项统计资料接近顾客：据官方最近公布的人口统计资料，目前有一件值得人们关注的事实：平均约有90%以上的夫妇，都是丈夫先妻子而逝。因此，你是否打算就这一事实早作适当安排呢？最安全可靠的办法当然是尽快投人寿保险。"这里所引用的事实十分令人震惊，非经业务员的特别提示，常人一般不予以关注，尤其是身强力壮的年轻夫妇，即使知道这一事实，若不经人提醒，也不会意识到问题的严重性。有些人虽然知道问题的严重性，却不知如何是好。如果业务员利用顾客震惊后的恐慌心理，适时提出解决方案，往往会收到良好的效果。

震惊接近法给业务员提供了一个有力法宝，使业务员有可能击溃某些顾客的心理防线，顺利地接近顾客。一般来说，在使用震惊接近法时，还应注意下述问题：

（1）无论利用有关客观事实、统计分析资料还是其他手段来震撼顾客，都应该与该项推销活动有关。如果为了震惊而震惊，可能会转移顾客的注意和兴趣，甚至引起顾客的反感，无法达到接近顾客的目的。例如，汽车业务员对顾客说："这辆卡车能让您1年之内多赚几万元。"而轮胎业务员则说："去年高速公路上发生多起汽车事故，30%的肇事原因是爆胎。"

（2）无论运用何种手段去震惊顾客，都必须先使自己震惊，才能一鸣惊人。有些顾客见多识广，有些顾客孤陋寡闻，有些顾客思想敏锐，有些顾客反应迟钝，有些顾客麻木不仁，有些顾客固执己见，等等。而且一般顾客都对业务员持怀疑或防卫的心理态度，轻易不流露动心之意。所以说"撼山易，撼顾客心难"。因此，业务员要认真进行接近准备，分析顾客个性心理特征，设计适当的接近方法，确保所用办法绝对成功，真正做到触目惊心，达到震惊顾客、接近顾客的目的。

（3）无论运用何种手段去震惊顾客，都应该适可而止，令人震惊而不恐惧。在现实生活中，存在着许许多多足以令人惊心动魄的事实，业务员应该实事求是，揭示现实问题，启迪人们思考，而不可过分恐吓顾客，以免引起顾客的反感和厌恶。业务员可以引证有关事实，但不可滥用顾客所避讳的某些语言和行为；业务员可以引起顾客痛苦的思索和悔悟，但不能给顾客造成思索和悔悟的痛苦，如果业务员过分惊吓顾客，即使是在讲真话，也可能适得其反。一旦顾客被吓得心惊肉跳，就会失去理智，从而可能拒绝思考，拒绝业务员的说教。

（4）无论运用何种手段去震惊顾客，都必须讲究科学，尊重客观事实。切不可为了震惊顾客夸大事实真相，更不应信口开河，因此，业务员事先应该做好接近顾客的准备。

# 第7章

投石问路，连环发问打开客户话匣子

# 以发问探寻客户的真正需要

拜访客户，可以以致谢、赞美作为开场白，渐渐导入主题，困难的地方就是如何将开场白顺利地导入商业主题，很自然地谈到与销售相关的话题上。销售员必须利用探索的技巧发问，利用开放性问题来发问，好让客户提供足够的信息。这样销售员才能发现客户的真实需要，发现市场空白。

下面是一个销售员与客户的对话：

杰西："迈克，您穿多大的西装？"杰西打量着迈克的身材。

杰西："迈克，想必您一定知道，以您的身材想挑一件合身的衣服恐怕不容易，起码衣服的腰围就要做一些修改。请问您所穿的西装都是在哪儿买的？"

杰西强调市面上的成衣很少有买来不修改就适合迈克穿的。他还向迈克询问所穿的西装是在哪一家买的，借此，杰西可以了解到他的竞争对手是谁。

迈克："近几年来，我穿的西服都是从梅尔公司买的。"

杰西："梅尔公司的信誉不错。"

杰西从不在客户面前批评竞争对手，他总是说竞争对手的好话或是保持沉默。

迈克："我很喜欢这家公司。但是，杰西，正像你说的，我实在很难抽出时间挑选适合我穿的衣服。"

杰西："其实，许多人都有这种烦恼。要挑选一个自己喜欢，适合自己身材的衣服比较难。再说，到处逛商店去挑选衣服也是件累人的事。本公司有3 000多种布料和式样供您选择。我会根据您的喜好，挑出几种料子供您选择。"杰西强调，买成衣不如订做好。

杰西："您穿的衣服都是以什么价钱买的？"

杰西觉得现在该是提价钱的时候了。

迈克："一般都是400元左右。你卖的西服多少钱？"

杰西："从200~1 000元都有。这其中肯定有您所希望的价位。"

杰西说出产品的价位，但只点到为止，没有做进一步说明。

杰西："我能给客户带来许多方便。客户不出门能就买到所需的衣服。我1年访问客户两次，了解他们有什么需要或困难。客户也可以随时找到我。"

杰西强调他能为客户解决烦恼，带来方便。杰西的客户多是企业的高级主管，他们主要关心的是方便。

杰西："迈克，您很清楚，现在一般人如果受到良好的服务会受宠若惊，他会认为服务的背后隐藏着其他条件，这真是一件可叹的事。我服务客户很彻底，彻底到使客户不好意思找其他的厂商，而这也是我殷勤服务客户的目的。迈克，您同意我的看法吗？"

杰西强调"服务"，因为他相信几乎每一位企业的高级主管都很强调"服务"。所以，杰西在谈话末了以"您同意我的看法吗"这句话来引导迈克的回答，杰西有把握让迈克作出肯定的回答。

迈克："当然，我同意你的看法。我最喜欢具有良好服务的厂商，但现在这种有良好服务的厂商越来越少了。"

杰西觉得迈克的想法逐渐和自己的一致了。

杰西："提到服务，本公司有一套很好的服务计划。假如您的衣服有破损、烧坏等情形，您只要打电话，我立即上门服务。"

迈克："是吗？我有一件海蓝色西装，是几年前买的，我很喜欢，但现在搁在家里一直没有穿。因为近几年我的体重逐年减轻，这套西装穿起来就有点肥。我想把这套西装修改得小一点。"

杰西记住了迈克的话：迈克有一套海蓝色的西装需要修改。

杰西："迈克，我希望您给我业务上的支持，我将提供您需要的一切服务。我希望在生意上跟您保持长久的往来，永远替您服务。"

迈克："杰西，什么时候让我看看样品？"迈克看了看手表，向杰西暗示他的时间有限。

迈克想看杰西的样品，杰西虽然准备了很多样品放在包里，但他还不打算拿出来。他想进一步询问以了解迈克的真正需要。在了解迈克的真正需求以后，才是拿出样品的最佳时机。

杰西："您对衣服是否还有其他的偏爱？"杰西想知道迈克对衣服的质量和价格的看法。

迈克："我有许多西装都是梅尔公司出品的，我也很喜欢剑桥出品的西服。"

杰西："剑桥的衣服不错。迈克，以销售员目前的商业地位来说，海蓝色西装很适合您穿。您有几套海蓝色的西装？"

由于迈克没有主动说出他所拥有的西装，杰西只好逐一询问迈克的每一套西装。

迈克："只有一套，就是先前向你提过的那一套。"

杰西："您还有其他西装吗？"

迈克："没有了。"

杰西："我现在拿出一些样品给您看。如果您想到还有没提到的西装，请立即告诉我。"杰西边说边打开公文包，拿出一些样品放在桌上。

杰西一直以发问的方式寻求迈克的真正需要，同时也在发问中表现了一切为客户着想的热忱，使迈克在不知不觉中做了很好的配合，创造了良好的谈话气氛。杰西向客户提出了许多问题以寻求客户的真正需求，然后才展示商品，进行商品的销售。

# 能请教您一个问题吗

成功吸引客户参与有效的销售会谈的关键在于激发他们的好奇心。怀有好奇心的客户会选择参与，反之则不然。激发客户的好奇心是标准会谈程序模式的第一步，也是促使客户进一步了解你所提供的产品或服务的"火花"。你要知道如何利用提问，激发客户的好奇心，从而获得客户更多的时间和注意力，得以成功约见顾客。

一位新来的销售员在他工作的第一个月向自己的经理解释为什么业绩不佳。他说："先生，我能把马引到水边，但是没办法让它每次都喝水。"

"让他们喝水？"销售经理急了，"让客户喝水不是你的事，你的任务是让他们觉得渴！"

虽然，销售经理的观点让人听上去感到有趣，但是却道出了销售的真谛——销售员的工作是发现新的机会，激发客户的好奇心。从约见顾客开始，都要从吸引顾客的眼球着手。

作为销售人员，我们要通过提出问题，让客户感到好奇，让他们觉得"渴"，才能进一步达到我们设定的目标。这就要求我们在策略上作出改变，不能再试图通过罗列冗长的产品或服务的特点及其利益来引起客户的兴趣，而是要在这么做之前先激起客户的兴趣，从而创造新的发现客户需求和提供价值的机会。

如何激发客户的好奇心？如何通过激发客户的好奇心来约见客户？这就是技巧性的问题了。

激发人们的好奇心并不难，实际上，最简便的方法就是问："猜猜怎么样了？"差不多每一个听到这话的人都会立刻停下手边的工作说："怎么样了？"

或者你可以这么说："我能问你一个问题吗？"效果是一样的。你可以自己检验一下，只需走过去对你见到的人说"我能问你一个问题吗"，人们常常会停下来，因为他们好奇这个人到底要问什么。

上述两个问题都可以创造一个"迷你氛围"。前面已经解释过，你必须首先获得客户的时间和注意力，以便陈述产品或服务的价值，这在会谈程序模式中被称为创造"销售氛围"。

在销售刚开始的时候，我们必须首先获得客户一定时间的注意力。接下来，做什么来引起客户进一步的兴趣将会决定销售程序是继续发展。

大的销售是由一个个小的成功累积起来的，如果你能创造出"迷你氛围"，就有机会把它扩展成为销售会谈。例如，在调查需求之前总是先询问：

"我能提一个问题吗？"很少询问："你希望得到反馈吗？"在销售中，用这种技巧来获取客户的时间和注意力，比你埋头苦干要有效多了。

许多销售员都认为电话留言是自己的敌人，因为门卫传话器阻止他们直接进去拜访潜在客户，而且他们的留言只有很少一部分得到回音。

客户们则觉得电话留言好极了。自动留言系统使他们的工作更有弹性，既可以离开自己的办公室和办公桌，而又不会耽误接收重要的信息。电话留言系统还使得主要决策者可以避开频频打进来的电话，更专注于自己的公务，不至于受到不时的干扰。

有些销售培训讲师要求销售员，一旦电话被转入留言系统就立刻挂断，别留下口信，而要一次又一次地打电话直到你想要联系的那个人接听为止。不过，你要找的人越忙，接电话的可能性越小，这一策略的有效性也就越小。

还有的销售培训讲师则建议你应当留下非常强硬的留言，这样客户会感到有压力而不得不给你回电。问题是由于客户们已经习惯于留下一大堆耳熟能详的老套信息，所以你的留言往往成为众多留言的牺牲品。

希望你把自己与一般的电话销售者区别开来，利用好奇心吸引更多客户参与有效销售会谈。

在知道如何使客户产生好奇心后，电话沟通可以说是销售人员最得力的帮手了。掌握好激发客户好奇心的技巧，你在电话留言的时候，就有很大的可能得到客户的回应，让客户对你感到好奇，从而主动给你回电话。

销售员并不总是只给新客户打电话，有时也要给老顾客、合作伙伴或其他生意上有来往的人打电话。给熟人打电话总是比给生人打电话容易得多，但是你还是要设法争取对方的时间和注意力。因为他们也还有其他的事情要处理，所以，你可以试试这么说：

销售员："舒总您好，我是××。我想请教您一个问题，如果方便的话，能否给我回个电话？今天下午4点以前我都在办公室。"

舒总会回电话吗？如果你的留言引起了他的好奇，他会的。这种技巧之所以特别有效是因为它既没有冒犯他人，又传达了信息的紧急性。不管怎么说，问一个问题，总是很具有诱惑性的。不过，拨号码之前，先想一个只有你的客户才能回答的问题。比如说："舒总，您对……有什么感觉？"或者"你对……的意见如何？"这些问题只有他才能回答，因为你恳求得到的是他个人的感受和意见。顺便说一句，大多数人都喜欢提出自己的意见，你的这种要求会使他们感到得意。

# 请问您是一直做这个的吗

一位保险推销员去一位富商那儿谈生意，上午 9 点开始。过了 6 小时，他们步出他的办公室来到一家咖啡馆，放松一下他们几乎要麻木的大脑。可以看得出来，富商对他谈生意的措辞方式很满意。在咖啡馆里从下午 2 点到 6 点，如果不是富商的司机来提醒，恐怕他们谈得还要晚。谈生意需要这么长的时间吗？其实刚开始这位保险推销员只是向富商简单地介绍了自己，然后问道：请问您是一直做这个么？

实际上，他们仅仅花了半个小时来谈生意的计划，但推销员却花了6个小时听富商的发迹史。他讲他自己是如何白手起家创造了一切，怎么在年近50岁时丧失了一切，后来又是如何东山再起的。他把自己想对人说的事都对这位保险推销员讲了，讲到最后他非常动情。当然最关键的是，富商给他的40岁的孩子投了人寿险，还给他的生意保了10万元的险。

上例中的推销我们仔细分析，不难得出保险推销销员的成功归功于一句话：请问您是一直做这个么？任何一个人的道路都不会一帆风顺，总有它的传奇与曲折，对于成功的人士更是如此。一句问话，就能够勾起自己事业的艰难与人生的冷暖。这样的问话，无疑打开了对方的心灵，让自己积聚于心中的想法奔涌而出。此时的销售员只需要静静地用心聆听，就能获得对方的好感。获得了好感，就会很容易把产品推销出去。

问了此问题以后，具体就要从以下几个部分进行操作：

第一，做个忠诚的听众。不要轻易另起话题突然打断对方的讲话，这是交谈中的一个忌讳。如果迫不得已，你一定要看看对方的反应，打断对方的讲话意味着你对别人观点的轻视，或者表明你没有耐心听别人讲话。如果需要对方就某一点进行澄清时，你可以打断对方。

第二，跟着对方的思绪。据调查，大多数人听话的接收速度通常是讲话速度的4倍，也就是说，一个人一句话还未说完，但听者已经明白他讲话的内容是什么。尽管如此，你也必须要跟着对方的思绪，听他到底要讲什么内容，也只有这样做，你才可能听得出对方的立场和话外之音。

第三，适当地迎合。口头上讲一些表示积极应和的话，比如"我明白""真有趣""是这样的"。它们可以表明你的确是在认真地听顾客讲话，这样，顾客会对业务员产生信任。向顾客表明你在认真地听他讲话的方法还有：你向他就有关问题进一步澄清，或是希望得到更多的有关信息。这些表现很重要，但绝对不要用"嗯、哦"来表明你的共鸣，这些做法太简单，虽然确实可以表明你对顾客的讲话是感兴趣的，但让他人听起来像是敷衍。

第四，千万不要打哈欠。如果顾客在兴致勃勃地向你叙说时，而你却发出一些令人难受的声音，比如说打哈欠、玩弄手上的物品、收拾桌子等发出不太适宜的声音。这肯定会使潜在顾客感到你对他的讲话不感兴趣，导致谈话的中断，从而损害你们之间的友善关系。如果确实没有办法阻止你发出这样的声音，一定要确保对方听不到。

第五，要听话外之音。一些业务员听话很认真，甚至做记录，但他们往往只注意表面，而忽略了大量顾客话外的意思。电话行销人员在听顾客讲话时候要关注对方的语调、语气、节奏变化等。

第六，确认对方的讲话。为了理解顾客的讲话，应该将这些讲话作出概括总结，这也是聆听的一个重要方面。它不仅表明你的确在认真地听对方说话，也为潜在顾客提供了一个帮助你澄清可能的误解的机会。对于一些不能肯定的地方，你也可以通过直接提问的方式，来寻求得到顾客的证明。

营销员利用向客户请教问题的方法来引起客户注意。

有些人好为人师，总喜欢指导、教育别人，或显示自己。营销员有意找一些不懂的问题，或懂装不懂地向客户请教。一般客户是不会拒绝虚心讨教的人。

"程总，在计算机方面您可是专家。这是我公司研制的新型电脑，请您指导，在设计方面还存在什么问题？"受到这番抬举，对方就会接过电脑资料信手翻翻，一旦被电脑先进的技术性能所吸引，推销便大功告成。

# 能否问一下……

真诚地请教对方光辉的业绩、优秀的才能、独有的专长，往往是一把成功打开交际大门的钥匙。因为在某种程度上，请教就意味着赞美和承认。

通常人们都会向比自己高明的人请教，换句话说，当你向别人请教问题的时候，就相当于在心理上认同被请教对象为一个比较高明的人物，或者是一个专业人士。

请教的主要表现形式就是向对方求助或征求意见。

你还可以问对方："您认为如何？""我该怎么办？"这是属于一种间接的称赞。你或许认为他不能达到和直接称赞相同的效果，但是，如果你能运用得当，它绝对能够产生比直接称赞更好的效果。

有经验的推销员对打消客户的疑虑、取得客户对自己的信任都有一套独特的方法，他们会巧妙地利用请教式的赞美来消除消费者的心理防线。例如：

推销员："先生，您好！"

客户："你是谁啊？"

推销员："我是××公司的，今天我到贵地，有两件事专程来请教您这位附近最有名的老板。"

客户："附近最有名的老板？"

推销员："是啊！根据我打听的结果，大伙儿都说这个问题最好请教您。"

客户："哦！大伙儿都说我啊！真不敢当，到底什么问题呢？"

推销员："实不相瞒，是……"

客户："站着不方便，请进来说话吧！"

就这样，推销员过了第一关，达到了接近客户的目的。这是不是轻而易举？

每个人都渴望别人的重视与赞美，只是很多人把这种需要隐藏在内心深处罢了。因此，只要你说"能否向您请教一个问题？"几乎百试不败，没人会拒绝你的。这样的赞美方式在推销上最为有效。

很多客户都有好为人师的习惯，所以这时你的虚心好学就成为他激发自己表现欲的最好机会。你如果表现得很有悟性，让他教得轻松，而你又学得很快，他就会很快视你为知己、同道中人。于是，他对你的信任将无以复加。

一个推销员向杂货店老板推销洗衣粉。

老板是一位老大爷，生性孤僻，顽固保守。推销员想好了一大堆话，正要开口，这位老大爷便断喝一声："你来干什么？"犹如平地打了个焦雷。

推销员一怔，随即变换了说话内容："大爷，您猜我今天是来干什么的？"

老大爷不客气地回敬说："你不说我也知道，还不是向我推销你们那些破玩艺儿。"

推销员一听，哈哈大笑："您老人家聪明一世，糊涂一时，我今天可不是来向您推销的，而是求您老人家向我推销的。"

老大爷一听愣住了："你要我向你推销什么？"

推销员回答："我听说您是这一地区最会做生意的，洗衣粉的销售量很大，我今天是来讨教一下您老人家的推销方法的。"

老大爷活了一辈子，从未有人登门求教，心中很是高兴，于是便兴致勃勃地向推销员大谈其生意经，直到推销员起身告辞才住口。推销员刚走到门口，老大爷忽然想起什么似的大声说："喂，请等一等，听说你们公司的洗衣粉很受欢迎，给我订30箱。"

这位推销员采用向客户请教的方法，极大地满足了老大爷自尊的心理需求，赢得了他的好感，从而推销了商品；反之，如果推销员一开口就向老大爷兜售洗衣粉，恐怕早就被轰出门外去了。

# 很多顾客都用这种产品，您觉得不好吗

"别人所做的总是对的"心态在许多场合都被人利用。比如说，酒吧招待常常会在酒吧开门前在自己的小费盘中放上折好的几块钱，假装是前面的顾客留下的，让人觉得用折好的钱给小费是酒吧里应有的礼貌。教堂的募捐人出于同样的理由也在收钱的篮子中放些钱，效果也非常明显。传教的牧师的办法则是在听众中安插一些人在指定的时候走上台去捐款或做见证。

广告商最喜欢告诉我们某种产品增长最快或销售最旺，因为这时候他们不必直接说服我们该产品品质优良，而只需说许多其他人都这样认为，这个证据就已经很充分了。慈善电视节目的制片人也喜欢将大量时间花在念一长串已经捐赠的观众名单上。当他们这样做时，传递给那些还没有捐款的人的信息是很清楚的："看，已经有这么多人决定捐赠了，这样做定是正确的。"有些夜总会的老板则会在舞厅内还有大量空余场地时让顾客在外面大排长龙等待入厅，以显得他们的夜总会生意兴隆、供不应求。推销员被告知在推销货物时，尽可能多地提到过去其他顾客买他们东西的例子。

来看看下面这个例子：

销售员："现在大家都喜欢时尚的两厢型汽车，不是吗？"

顾客："是啊，三厢式的已经过时了。"

销售员："因为两厢式的有很多好处，停放方便。大部分人购买汽车，主要是为了出行方便，我想，您也是这样，是么？"

顾客："那当然了。如果停放不方便，还买它来干什么呢？"

销售员："您看的这一款车，也是两厢式的，而且动力性好、速度快。我想这个应该能满足您的要求，是吗？"

顾客："你说的确实不错，但是我更需要耗油比较低的车子。"

销售员："您看看这一辆吧，它就非常符合您的要求。"

这样，销售员通过向顾客说，现在顾客都喜欢两厢式的汽车，因为诸多的原因，起一个群体效应，顾客也容易认同。而且在介绍过程中，销售员也知道了客户的需求，这样更加有利于后续工作的展开。

因此，作为销售人员，应该先胸有成竹地向顾客介绍产品，尽量让顾客知道，大多数人都选择这种型号的产品。如果出现分歧，顾客会说出他的疑虑，销售员就能够知道顾客真正的需求，然后根据对方的需求对自己的销售策略进行调整。

# 问题接近法：善于提出一个问题

所谓问题接近法，也叫问答接近法或讨论接近法，是指业务员利用直接提问来引起顾客注意和兴趣，进而转入面谈的接近方法。

在实际推销工作中，问题接近法常常和其他接近方法配合使用，例如：利益接近法、好奇接近法、震惊接近法等都可以用提问的方式来实现其目标。当然，问题接近法也可以单独运用。在利用问题接近法时，业务员直接向顾客提出有关问题，引起顾客的注意和兴趣，引导顾客去思考，并顺利转入正式面谈阶段。业务员可以首先提出一个问题，然后根据顾客的实际反应再提出其他问题，步步紧逼，接近对方。也可以开头就提出一连串的问题，使对方无法回避。

当然，接近问题必须精心构思，刻意措辞。事实上，有许多业务员养成了一些懒散的坏习惯，遇事不动脑筋，不管接近什么人，开口就是："生意好吗？"有位采购员研究业务员第一次接近顾客时所说的行话，做了这样一个记录，在一天来访的14名所谓的业务员中，就有12位是这样开始谈话的："近来生意还好吧？"这是多么平淡、乏味呀。某家具厂推销经理抱怨说有4/5的业务员都是以同一个问题开始推销面谈，即"生意怎样？"

在利用问题接近法时，业务员还必须注意下述问题：

（1）接近问题应表述明确，避免使用含糊不清或模棱两可的问句，以免顾客听起来费解或产生误解。

例如，"您愿意节省一点成本吗？"这个问题就是不够明确，只是说明"节省成本"，究竟省什么成本，节省多少，多长时间，都没有加以说明，很难引起顾客的注意和兴趣。"您希望明年内节省7万元材料成本吗？"这个问题就比较明白确切，容易达到接近顾客的目的。一般说来，问题越明确，接近效果越好。

（2）接近问题应尽量具体，做到有的放矢，一语道破，切不可漫无边际，泛泛而谈。

业务员应该在接近准备的基础上设计接近问题，针对不同的顾客提出不同的问题，只有为每一位顾客定制不同的接近问题，才能切中要害。千篇一律的问题，不着边际的问题，不合时宜的问题，不切合实际的问题，不痛不痒的问题，不知所云的问题，不成问题的问题，都难以引起顾客的注意和兴趣。

（3）接近问题应突出重点，扣人心弦，切不可隔靴搔痒，拾人牙慧。

在实际生活中，每一个人都有许许多多的问题，其中有主要问题也有次要问题，重点应放在顾客感兴趣的主要利益上。如果顾客的主要动机在于节省钱，接近问题应着眼于经济性；如果顾客的主要动机在于求名而不是求实，则接近问题应强调相应的重点。因此，业务员必须设计适当的接近问题，诱使顾客谈论既定的问题，从中获取有价值的信息，把顾客的注意力集中于他所希望解决的问题上面，缩短成交距离。

（4）接近问题应全面考虑，迂回出击，切不可完全直言不讳，应避免出语伤人。

每个人都有一些难言之隐，旁人不可随意提及。出于多种原因，有些顾客不愿意谈论某些问题，即使有人提起，也往往不作答复。例如，人们一般不与陌生人讨论自己的财务状况，除非业务员事先已经熟悉有关情况。有时业务员也可以利用有关资料进行逻辑推理，以假言判断的方式提出接近问题。无论采用的方式如何，都应避开有争议的问题和伤感情的问题，以免触及顾客的痛处，转移顾客的注意力。当然，这是一种处理伤感问题的高度艺术，十分微妙，只可意会，不可言传。只有恰到好处，才能有问必答。

# 问得越多，离成交越近

机械设备厂的小刘经常打破公司的销售记录。在公司的经验总结大会上，小刘说出了他的销售秘诀：经常对客户进行有针对性的提问，可以让客户在回答问题的过程中对产品心生认同。这名销售人员经常在与客户谈话之初就进行提问，直到销售成功。以下是他的几种典型提问方式。

"您好！听说贵公司打算购进一批机械设备，能否请您说说您心目中理想的产品应该具备哪些特征？"

"我很想知道贵公司在选择合作厂商时主要考虑哪些因素？"

"我们公司非常希望与您这样的客户保持长期合作，不知道您对我们公司以及公司的产品印象如何？"

"如果我们的产品能够达到您要求的所有标准，并且有助于贵公司的生产效率大大提高，您是否有兴趣了解这些产品的具体情况呢？"

"您可能对产品的运输存有疑虑，这个问题您完全不用担心，只要签好订单，一个星期之内，我们一定会送货上门。现在我想知道，您打算什么时候签订单？"

"如果您对这次合作满意的话，一定会在下次有需要时首先考虑我们，对吗？"

从上面的例子中可以看出，小刘的提问是有系统性和针对性的：他先是弄清了客户的需求，为自己介绍公司及产品做好了铺垫，并且引起了客户对公司的兴趣，然后站在客户的立场上再提出问题，对整个洽谈局面进行有效的控制，最终促成交易，并为以后的长期合作奠定基础。可以看出，善于提问也是成就销售好口才的重要因素。

推销的秘诀还在于找到人们心底最强烈的需要。那么，怎样才能找到客户内心深藏不露的强烈需要呢？有一个办法就是不断提问，你问得越多，客户答得就越多；答得越多，暴露的情况就越多。这样，你一步一步地化被动为主动，就可以成功地发现客户的需要。

在与客户进行沟通的过程中，销售人员问的问题越多，获得的有效信息就会越充分，最终销售成功的可能性就越大。

# 用提问接近陌生客户

推销不同的商品应设计不同的问题。销售人员所提的问题必须精心构思，刻意措辞。例如，"近来生意好吧""最近很忙吧"等诸如此类的问题就显得平淡、乏味，无法取得良好的接近效果。提问接近法虽然是比较有效的方法，但其要求也较高。销售人员在提问与讨论中应注意以下3点。

（1）问题表述必须简明扼要，抓住客户的关注点，最好能形象化、量化，直观生动。

例如，对酒店经理说："您希望在保证贵酒店正常经营的情况下，明年电费开支减少15％吗？"对食品店经理说："您是否想在不增加营业面积和费用开支的情况下使贵店明年的销售额增加50％？"这样的提问能抓住客户的关注点，引起客户的注意和兴趣。

（2）问题应当具有针对性，耐人寻味，应当是客户乐意回答和容易回答的，要避免有争议、伤感情和客户不愿意回答的问题，以免引起客户的反感。

（3）提出的问题应表述明确，尽量具体，做到有的放矢。

# 站在客户的立场提问题

很多销售人员在与客户洽谈时，根本就没有从客户的角度来提问的意识，原因就是他们从未想过应该怎样帮助客户解决问题。他们满脑子想的只是自己的产品，想如何才能让客户买自己的产品。所以，他们也就不知道如何从帮助客户解决问题的角度去提出问题。

作为一名优秀的销售人员，应该站在帮助客户解决问题的角度提问题，时刻关注客户在目前的环境中可能存在的问题，将自己的产品卓有成效地推荐给客户。

杰克是克鲁里公司的销售人员，他每次出现在客户面前时，都会让客户立刻喜欢上他，因为他从不认为自己是单纯地在销售，而是在为客户解决问题。

杰克一般会先介绍他的产品，说明该产品是一种可以清洗游泳池的机器人，然后告诉客户它的效率有多高。

"您会对一种能为减少游泳池绿藻积聚并节省50%游泳池化学剂用量的装置感兴趣吗？您希望一周花不到10分钟的时间保持最清洁的游泳池吗？"

杰克提出的这两个问题几乎都能得到预期的肯定答复，也会获得再一次约见的时间安排。

"我可以为您送去一个新的机器人，先把它留在您的游泳池畔，让您感受一下它带给您的好处吧！"

他的推销词极具诱惑力。通常情况下，他还会问："张先生，您知道吗？一位来自南非的工程师因厌倦于清洗自己的游泳池和使用效率不高的装置，才发明了这种机器。"

"这种机器在南非及达拉斯地区刚刚推出。""我想您也与这位工程师一样已厌倦了清洗自己的游泳池。我说得没错吧？"

在电话沟通中，杰克多次巧妙地运用"假定式"推销法。

杰克说："我们的产品若不能把整个游泳池清洗干净，您打个电话我就过来服务。如果发现没有效，您所有的损失都由我来承担。"

杰克又问："您是开支票还是刷信用卡？"

就这样，杰克拿下了订单。

帮助客户解决问题的核心是为客户服务，做客户的顾问、专家。

# 请问您是怎么做的

一天，安迪去拜访客户，在进入客户的房间之前，他突然发现院子里的木制小车很精巧，他不禁好奇地问："这是什么？我从来没有见过有这样的车出售，您是在哪里买的？我想我的小儿子肯定喜欢。"

客户笑着说："是我自己做的。"

安迪惊讶地说："什么？是您亲手做的？哦，太奇怪了，它看起来是那么的精巧，请问您是怎么做的呢？"

于是，客户走出去，饶有兴致地一一给安迪解释，告诉他每一步都是怎么做的，直到安迪把那辆小车的零件制法和如何组装都弄清楚。这时，已经3个小时过去了，客户此时好像丝毫没有注意到时间，依旧兴致勃勃地带安迪到处参观，告诉他家的桌子、椅子等很多东西都是他自己做的，这是他的最大爱好。而且他还得过这个区的制作冠军称号。在说这些的时候，客户忍不住地洋洋得意，显示出很自豪的样子。

安迪对自己打扰了客户太长的时间而深感愧疚，他看了看手表说："很抱歉，耽误了您太长的时间，我先回去了，改天再来看您。"

而客户却说："没关系。和你谈话我很开心，欢迎再来。"

安迪的这次拜访并没有谈到任何有关销售商品的问题，但是在两天以后，他却收到了这位客户发来的一张巨额的订单。

安迪之所以取得了成功，关键在于他对顾客表达了他的兴趣，对顾客引以为傲的事情感兴趣，事实上这也是一种赞美。

美国的一位学者甚至这样提醒人们：努力去发现你能对别人加以夸奖的极小事情，寻找你与之交往的那些人的优点，那些你能够赞美的地方，要形成一种每天至少5次赞美别人的习惯，这样，你与别人的关系将会变得更加和睦。

# 请问您如何能够做得这样好

销售员刘方以稳健自信的步伐走向王经理，当视线接触到王经理时，他微微点头行礼致意，将视线放在王经理的鼻端。当走近王经理时，他停下向王经理深深地点头行礼。刘方此时面带微笑，先向王经理问好以及自我介绍。

刘方："王经理，您好，我是大华公司的销售员刘方，请多多指教。"

王经理："请坐。"

刘方："谢谢。非常感谢王经理在百忙中抽出时间与我会面，我一定要把握住这么好的机会。"（刘方非常诚恳地感谢王经理的接见，表示要把握住这个难得的机会，让王经理感受到自己是个重要人物）

王经理："不用客气，我也很高兴见到您。"

刘方："贵公司在王经理的领导下，业务领先业界，真是令人钦佩。我浏览过贵公司的网站，知道王经理非常重视网络营销，现在很多客户都从网上购买产品了。使用这种方式营销您在业内是榜样啊！请问贵公司是如何能够做到这么好的？有什么秘诀吗？"

王经理："我们销售的产品是网络办公设备，我们的客户以高科技企业为主。随着网络的普及，这些客户都开始从网上来寻找自己需求的产品，我们做自己的网站的目的是满足客户在网络上查询产品、了解产品的需要，提高我们的销售效率。"

刘方："王经理，您的理念确实反映出贵公司的经营特性，很有远见。我相信贵公司在销售方面已经做得非常成功了。我向您推荐一个网站推广的方案，这个方案可以使客户更容易发现您的产品和服务，这样不仅能提高销售额，也有很好的广告效应，使您公司及您的产品具备更大知名度。"

王经理："网站推广方案？"

刘方："是的。王经理在销售方面的经验和成绩深得业内人士的尊重，在我来之前，已经听到过不少关于您辉煌的销售业绩和卓越的管理能力的赞扬话语。其实网站的目的不仅仅是为了让客户从网上查看产品的功能和了解公司，更重要的是能让客户有产品需求时随时随地发现您，继而登录到您的网站去查看他所需要的信息。如果没有适当的网站推广，客户怎样才能发现您可以提供给他所需要的产品呢？"（刘方采用了先夸奖后提问的方法）

王经理沉吟片刻，然后说："说说你的看法吧！"

就这样，刘方打开了销售对象的心理防线，并令客户产生好感，让客户能够认真聆听他的讲解，为接下来的推销打好基础。

每个人都有虚荣心，而满足人的虚荣心的最好方法就是让对方产生优越感。但是并不是每个人都能功成名就。相反地，大部分的人都过着平凡的日子。每个人平常都承受着不同的压力，处处听命于人。虽说常态如此，但是绝大多数的人都想尝试一下优越于别人的滋味，因此，这些人会比较喜欢那些能满足自己优越感的人。

而让人产生优越感最有效的方法就是对于他自傲的事情加以请教并赞美。若客户的优越感被满足了，初次见面的警戒心也自然消失了，彼此距离也拉近了，双方的关系向前迈进了一大步。在这里，我们称为请教接近法。

所谓请教接近法，是指推销人员利用顾客好为人师的心理，满足顾客的自尊心及虚荣心，来引起对方的注意和兴趣，进而转入面谈的接近方法。在实际生活中，每个人都希望为人所知，为人承认，被人提起，受人称赞。对于大多数顾客而言，这种方法是比较容易接受的。

# 您是要A还是要B

逼迫客户"二选一"，需要做一个诱导，也要把握好时机。在客户做购买决定的边缘犹豫徘徊时，销售员不应该提出简单的问题，而要将问题扩展，向客户提出两种选择，让其选择其中某一种，从而达成交易。如下面的选择性的问题：

您需要50台，还是100台？

您想要大型的，还是小型的？

您喜欢蓝色的，还是粉色的？

如果您问顾客："您需要购买吗？"这样暗示了顾客，可以不购买，就很容易引起客户否定的回答，效果就会完全不同。而二选一法既可以把购买的选择权交给客户，又不会给客户造成强迫感，减轻客户作出购买决策的压力。而且这种问法还可以减少顾客作出不购买决定的可能，从而增加成交的机会，所以，有经验的销售人员总是经常使用这种方法。

"我明天早上拜访您，还是下午拜访您？"就比问"我什么时候拜访您？"效果好得多。这样问缩小了顾客的选择范围，使提问更加有效。按照前一种提问方法，客户就会顺着您的问题去想他是明天上午还是下午比较方便。如果按照第二种提问方法，客户就会想明天是不是有空了。

二选一的问题同时也可以让你得到更多的客户信息。如，一家汽车公司训练它的销售人员这样提问客户："您需要我给您装X牌汽油，还是装Y牌汽油？"要知道，这两个牌子的汽油不仅价格昂贵，而且适合大容量的油箱，客户无论选择其中的哪一种，都将接受这两个前提条件。来看看下面这个例子：

销售员："您喜欢三厢的还是两厢的？"

客户："哦，我喜欢两厢的。"

销售员："您喜欢黑色、红色还是白色？"

客户："我喜欢红色。"

销售员："您要带调幅式还是调频式的收音机？"

客户："还是调幅的好。"

销售员："您需要染色玻璃的还是透明玻璃的？"

客户："染色的好一些。"

销售员："您是要15万元左右价位的，还是18万元左右价位的？"

客户："15万元左右的吧！"

……

二选一的提问方法，等于是销售员在每一个问题上面都限定了答案，客户只有两种选择。这样，随着一个又一个问题的提出，客户做了一个又一个的回答，最后选定了价格。一般来说，让客户作出购买决定是不容易的，如果你直接问客户："这辆车价值15万元，您觉得怎么样？"面对这样的问题，客户总是会犹豫很久，无法做出决定。如果销售员采取上面的"二选一"方式进行，交易就会变得容易得多。

这种方式一开始就让客户踏入购买之途，在做购买决定时，只需要销售员为其指引方向，客户就会顺着往前走，最终达成交易。

# "6+1" 问题成交法

心理学上发现，如果销售人员能够连续地问客户6个问题并且让对方回答6个"是"，那么第7个问题或要求提出以后，客户也会很自然地回答"是"。这就是所谓的"6+1"成交法。

在国外，许多公司甚至请心理学家专门设计出一连串让客户回答"是"的问题。

下面是一个典型的实例：

销售人员沿街敲门，客户打开了门。

他的第一个问题就是："请问您是这家的主人吗？"一般都会回答"是"。

第二个问题："先生（女士），我们要在这个社区做一项有关健康的调研，相信您对健康问题也是相当关注的吧？"对方也会回答"是"。

第三个问题："请问您相信运动和保健对身体健康的价值吗？"大多数人都会回答"是"。

第四个问题："如果我们在您的家里放一台跑步机，让您试试，您能接受吗？当然是免费的。"因为是"免费"，一般人都不会拒绝。

第五个问题："请问我可以进来给你介绍一下这台跑步机的使用方法吗？以方便您使用，但是过两个星期，我们会麻烦您在我们的回执单上填上您使用的感觉，我们是想做一下调查，看看我们公司的跑步机使用起来是不是很方便。"

在这种情况下，几乎所有的客户都不会拒绝销售人员进门推销他的产品。

接下来，销售人员会接着问专家们已经设计好了的问题，而客户做的只是不停地点头，到最后，很多客户都会心甘情愿地花上几千元钱买一台跑步机。

这就是利用了"6+1"成交法。在这样的模式之下，销售人员可以顺利地开始介绍产品，并且成功地缔结客户，是一种非常简单又实用的销售技巧。再看看下面的一个案例：

销售员："请问一下，您是否认同高效的生产率是获得利润的最主要的因素？"

客户："当然了，生产率提高了，利润自然也就上去了。"

销售员："考虑到目前的市场情况，您是否认为技术改革会有利于生产出符合需求的畅销产品？"

客户："可以这么说。"

销售员："以前你们技术更新对你们产品的生产有帮助吗？"

客户："当然有帮助。"

销售员："如果再引进新的机器，可以把你们的产品做得更细更好，那么是否有利于提高贵公司的竞争力呢？"

客户："那是肯定的。"

销售员："您确实是一个具有前瞻性的人，刚才已经向您展示了我们的产品，如果您能够按照我们的方法进行试验，并且对实验的结果感到满意，您愿意为厂里添置一些这样的机器吗？"

客户："当然但是你们的价钱必须合理才行。"

销售员："这是我们的价目表，您看还行吗？"

客户："嗯，可以考虑一下。"

销售员："那我再给您介绍一下产品的特点吧！"

客户："可以的。"

销售员："请问您主要看中产品的什么方面？"

……

就这样，销售员把话题首先集中在生产效率上，运用一个又一个的问题让客户给予肯定的回答，让客户认可他的产品的优点，并且使得客户对其价钱方面也认可，最终很有可能会成交。

# 第8章

巧设圈套，不动声色牵着客户的鼻子走

# 巧妙的语言诱导是征服客户的好办法

在说服中运用一定的语言诱导是很重要的，但是，运用语言诱导的时候，必须强调话语的适当性，确保使用的语言能够达到一定的说服效果。如果语言运用不恰当，有可能会带来完全相反的效果。

在说服的过程中，应该正确地使用诱导语言，以使说服取得理想的效果。同时，语言诱导切不可滥用，一定要恰到好处。

首先，要有目的性地进行语言诱导。

在进行语言暗示的时候，必须要有一个明确的目的，要有一个所要实现的目标作为指引，不能任意地去说服，而必须让说服过程中所有的语言指向要完成的心愿。例如，你要说服客户购买你的产品进行减肥，在设计以减肥为目的的暗示语时，必须围绕着减肥进行。你可以暗示客户说："想象一下，使用了这个产品后，您的身材越来越苗条了，您再也不用担心那些热量很高的食物了，您会实现您想要的体重的……"

要想实现暗示的特有效果，必须让设计的说服语言指向一个专有的目的，不可没有目的或是目的不够单一地去进行说服活动。

其次，你的语气一定要带有诱惑性。

同样的语言在一流的推销员口中会带给人强大的暗示和指引，而让普通人说来则会显得毫无价值，这就是在说话的过程中，使用一定技巧的重要性。推销员的目的在于引导客户进入说服过程，并且可以毫无防备地接受推销员所施加给他的各种语言暗示，因此如何让这些有价值的引导语言完全进入人的意识中，就需要一定的专业经验的积累。

如果在说服中依然使用和平常一样的腔调，甚至依然采用命令性的语气，可能会丧失客户的信任和好感。语气要轻柔且让人感觉到像是一种来自遥远的引导指令，会让人们在毫无防备的情景下自然地接受这些指令。

最后，诱导用词要具有适当性。

在诱导进入说服的过程中，要注意运用合适的时间词，要让这些代表时间的词或短语引起人们的注意力，起到较强的效果。如："在决定拥有这件产品之前，您真的想感受一下它的功效吗？"这句话让人将注意力引导到是否要感受产品功效，而且还假设他会试用这件产品；"在您完成这项计划前，我想和您讨论点东西。"这句话假设了你将会完成这项计划。这些合适的时间副词会让人产生不一样的理解力，恰当地运用带有假设含义的语言，如："您打算多快作出这个决定？"暗示了你一定会作出决定；"您准备什么时候开始更进一步的合作呢？"暗示了你已经处在合作状态，同时你还要继续合作下去。

对于一些带有否定色彩的词语，在运用的时候也要根据实际情况酌情使用，如"在您没有做好充分准备前，不要轻易购买"，其实暗示了你一定会购买，同时暗示你去做充分的准备。这种恰如其分的暗示，会让客户对销售员更信任。

说服语言的运用不是简单地把话说出来就完事了，需要有一定的技巧，以使简单的语言收到更加有效的结果。也许，在我们试图说服客户的时候，说了一大堆的好话都没起作用，而一句一针见血、抓住要害的简单话语则可能收获难以预想的效果，这就在于合适的话语可以带给人们不一般的体验，引起人们心灵上的共鸣。

总之，利用语言诱导对客户进行暗示和说服，必须在实践中融会贯通，灵活运用。只有把握住分寸和尺度，才能产生你想要的效果。

# 对客户进行反复的心理暗示

相信很多人都听说过心理暗示方面的话题，那么怎样把它具体运用到销售中呢？利用心理暗示进行说服究竟又有什么样的魔力呢？在解释这一切之前，我们不妨先做个小实验。

下面是一组排比句，无论其内容是否真实，请朗诵完毕：

（1）脑白金是最棒的送礼产品；

（2）脑白金真的很棒；

（3）大家都说脑白金很棒；

（4）巷子口的小摊贩都说脑白金很棒；

（5）昨天有位小姐跟我说脑白金很棒；

（6）听说报纸今天又报道脑白金很棒；

（7）昨天电视新闻好像有讲到脑白金很棒；

（8）你听过脑白金是一种很棒的产品吗？

怎么样？现在你相信脑白金是很棒的产品了吗？如果还不相信也没关系，生产厂家可以继续用800种方法来告诉你"脑白金最棒了"。

如果你还不相信，他们可以重复800次，直到你相信为止。"今年过节不收礼，收礼还收脑白金"，电视上、报纸上铺天盖地的广告就是一个明证。

这种方式，实际上就是说服在销售中的一种应用。

通过不断地说明、宣传，用尽各种表达方式，从不同的角度，透过不同的媒体与消息来源，只为让消费者真正相信这件事情。

谎言重复千遍就是真理，不断重复是最直接的一种说服技巧。

历史上曾参杀人的故事就很能说明问题。

曾参是古代一位君子，学问好，人品也好，以孝顺名闻天下。

有一天，曾参出门办事，他的母亲正在家织布，忽然有个人跑来对她说："曾参杀人了！"曾参的母亲很相信儿子，于是摇头笑道："不可能的，曾参不会杀人的。"

过了一会儿又有一个人跑来对曾母说："不好了，曾参杀人了！"

曾母心里一惊，不过嘴上还是说："不可能的，曾参是不会杀人的。"

话虽如此，可连续两个人这样说，她已经开始有些怀疑。虽然她还是相信曾参，但是她已经没有心思织布，开始等待曾参回家。

不一会儿又有人进来了，这次是曾参家的邻居。她很急地对曾母说："曾参真的杀人了！已经被官府抓起来，据说现在正在审理，你快点想办法看该怎么办吧。"

曾母这才真的相信曾参杀人了，由于怕受连累，正准备爬墙逃走。这时候曾参突然回来，把曾母都吓了一跳，非常惊讶地问："孩子，你不是因为杀人被抓起来了吗？怎么现在又回来了呢？难道你杀的是坏人所以不用偿命吗？"

曾参听了，哈哈大笑说："我怎么会杀人呢？只是那个凶手刚好和我同名同姓罢了。"

你看，错误的信息被说3次就会成为事实，更何况把"送礼就送脑白金"重复800次，是不是可以成为真理？这也就是所谓的"众口铄金，积毁销骨"。

在具体的销售过程中，推销员也可以利用心理暗示提高消费者从众心理的表达度，从而说服他们作出最终的购买决定。

# 运用催眠术销售策略

购买是一个"追求快乐、逃避痛苦"的过程。因而，促成销售的一个很重要的原则就是要"把好处说够，把痛苦说透"。

然而，从心理学的角度来讲，一个好处的产生要让客户感受出来才行，这样才能使客户产生购买的动机。我们仅仅告诉了客户这些好处还不够，必须重复这些好处，1次、2次、3次，这样才能对他的潜意识产生影响，而人们的潜意识力量要比意识力量大3万倍以上。所以说，当你不断地重复灌输时，客户的购买欲望会增大。

在现代销售理念中，有一种销售策略叫"催眠式销售"。它的核心思想就是将好处重复灌输到客户潜意识里。一些客户原本不太注意、不太确定的东西，重复多了，就会深深地刻印在脑海中，甚至成为真理。

原一平每次在推广保险的时候，都会讲一个因没有买保险发生意外和死亡的悲痛故事，他的真情感动得客户流下泪水，这时他便说道："我真的不希望这样的故事发生在我遇到的每一个人身上，我有责任去帮助他们，我出售的不是保单，我出售的是爱和保障。"

保险推销员陈明一次次地说服客户，每次讲述的理由都大致相同，即你可能遭到意外，倘若买了保险，就没有后顾之忧了。起初，客户并不太认可她的观点，所以一次次地以各种理由拒绝了她。但她并不气馁，在她看来，客户之所以拒绝，是因为痛苦还没有塑造够。所以，面对客户的拒绝，她通过一次次地重复，将痛苦描述够，一步一步地打垮了客户的心理防线，使得客户的强硬拒绝一点点地变软。

# 多用积极的说服字眼

在对客户进行说服的过程中，一定要在遣词造句上下些工夫。有一些关键词汇是客户非常愿意从你那里听到的，所以你务必要充分理解这些关键词汇的重要性。

（1）"您好，我可以帮您做些什么吗？"

这种开放式的询问可以获得客户的好感，也能引起客户谈话的兴趣。因为你是在提供"帮助"，而不是"兜售"商品。人们都希望被帮助、被服务，以这样的提问开头，你就可以用一种积极的语调开始谈话。

（2）"您的问题，我们完全可以解决。"

客户与你沟通的真正目的是要"买到"解决问题的方法。他们喜欢你用他们能理解的语言直接回答他们的问题。

（3）"虽然我现在给不了您要的答案，但我一定会尽快解决。"

如果客户提出的问题比较刁钻，你一时难以解决的话，就应该坦白地告诉他你不知道答案。在对所有的事实没有把握的情况下贸然地回答客户的提问，只会让你的信誉损失得更大。为了测试对方是否讲诚信，精明的买家有时会故意提出一个你无法解决的问题。在这种情况下最好是给客户一个诚实的回答以提高你的信誉。

（4）"我们一定会满足您的要求。"

告诉你的客户，令客户满意是你的责任。要让客户知道你们知晓他需要什么样的产品或服务，并会按照双方都同意的价格提供这种产品或服务。

（5）"我们将随时为您提供最新信息。"

客户最信赖的推销员就是那种能为他们及时提供最新消息的人，不管是好消息还是坏消息。因此，你要让客户知道你将随时为他提供有关订货方面的最新信息。订货至交货的时间越长，这种信息的及时更新就越重要。

（6）"我们保证按期交货。"

约定的交货日期是你必须履行的诺言，即使"差不多"也不行。星期一就是星期一，5月的第一周就是5月的第一周，即使期间包含有国家法定假期。客户想听到的是："我们会按时交货。"能够始终如一做到这一点的人很少，如果你做到了，那么客户就会记住你。

（7）"非常感谢您能接受我们的服务。"

说这句话的效果比简单地说句"谢谢您的订货"的效果要好得多。你还可以通过交易完成后的电话联系热情地回答客户的问题，并以此来表明你对客户的谢意。所以说，推销员在与客户沟通时，如果能频繁地使用让客户高兴的词语，就会向客户传达了这样一条信息：你是在真正地关心客户！这种方式能表明你对他们的诚意，会说服客户再次购买你的商品或服务，除此之外，客户还会把你和你的公司热心地推荐给其他人。

# 因势利导，引导顾客消费

一些推销员认为，拿到小订单，其实不等于销售的成功，因为他们赚不到多少钱。

尽量争取大额订单的做法，在有时候还是比较明智的，即使它意味着"鸡飞蛋打"的风险。实际上，比起你获得大额订单的机会来说，这种风险还是值得去冒险的。另外，你也会很少失去最初达成那笔小额交易。例如，在汽车生意中，当顾客同意以最低的价钱购买某种型号的车后，推销员会努力再向顾客推荐增购一些其他的配件，以期增加他的微薄佣金。大多数时候，都能把一辆装备简单的车转化为一笔大额交易。

一位顾客选定一条价值20美元的领带，正当他掏出信用卡准备付钱的时候，那位推销员问道："您打算用什么样的西服来陪这条领带？"

"我想，我穿我那件藏青色的西服应该很合适吧？"顾客回答说。

"先生，我这儿有一条漂亮的领带，配您的藏青色西服应该很合适。"说完，他就抽出了两条标价为25美元的领带。

"是的，正如您所说，他们确实很漂亮。"顾客点了点头，并且把领带顺手放入了购物袋。

"再看看与这条领带相配套的衬衣怎么样？"

"我想买一件蓝色条纹衬衣，但是我刚才在哪里都没有找到。"

"那是因为你还没有找到地方，您穿多大的衬衣？"

还没有等顾客反应过来，售货员已经拿出了3件蓝色条纹衬衣，单价为60美元。"先生，您感觉一下这种质地，难道不是很棒么？"

"是的，我想买一件衬衣。就这个中号的吧！请问您能不能给我一张名片？下次我需要的时候，会再来找你们。"

就这样，销售员把一条20美元的领带生意扩展到了130美元的交易。顾客在购买过程中，提出过什么异议么？没有，而是心满意足地离开了，临走时还要了一张名片。

作为销售人员，就要懂得把顾客本来想要购买的产品扩充，引导顾客消费，在不知不觉中增加了你的销售业绩。

# 切中客户的要害进行说服

现代营销学认为，销售就是服务，就是创造客户价值。但很多推销员往往是关注自己太多，关注自己产品的品牌、服务太多，而对客户的需求偏好、期望值、价值观等却关注太少。

以推销牛奶为例，常常会出现这种场景：

推销员：您好，我们又推出了一款新牛奶，有××特点，您看您需要吗？

客户：不需要。

推销员：但是我们的牛奶确实很棒……

客户：这跟我有什么关系呢？我从来不喝牛奶，可我活得很好！

推销员：……

在这里，推销员根本没有考虑客户的需求，完全是无的放矢。所以，客户几句话就把他打发了，这是很失败的说服。

但是如果使用下面的说服方法的话，就容易被客户接受：

推销员观察客户一段时间，发现客户缺钙，便找准合适的地点，比如上楼时，对客户说："您当心点，看您很累，我来搀您上去。"

客户：谢谢你了，老了，腿脚不好了。

推销员：怎么能这么说呢，您还要再享几十年福呢，上了年纪的人钙流失得快，要注意补钙，这样腿脚才利索。

客户：可不是嘛！不过吃钙片补充的效果不是很好。

推销员：喝奶效果不错，因为人绝大多数的营养都是从饮食中获得的。阿姨，您看这样，我们刚好有低脂高钙的鲜奶，您喝喝试试。

客户：听起来确实很好，那我就试试看。

后面这位推销员之所以能成功地说服客户，就在于他发现了"客户缺钙"这个要害，从而以此为切入点找到了客户的潜在需求。

所以说，要使说服能获得成功，就要找到客户的需求点，找到客户的弱点与软肋进行重点突破，并及时满足客户。把销售的理由变成客户需要购买的理由，由推销员的"我要卖"转变为客户的"我要买"。以客户为中心，以需求为导向，找到客户的软肋——这才是说服的关键所在。

# 以"小"藏"大"谈价格

在可能的情况下，要尽量用较小的计价单位报价，即将报价的基本单位缩至最小，从而隐藏了价格的"昂贵"感，客户也便容易接受了。

在日本首都东京，经常能听到这样的不动产销售员的话语："出售从东京车站乘直达公共汽车只需75分钟就能到家的公寓。"

假如把75分钟改为1小时零15分钟，买房的人一定会大大减少，因为人们会觉得出售的房子离东京很远。在人们的心理上，以分钟为单位的时间自然会很短，而以小时为单位的时间自然会很长。房地产销售员正是利用人们的这种心理，变换了一下时间单位，再加上"直达""只需"强调快速的字眼，让人感觉这所公寓离东京并不远。

一位客户相中一块图案特别、质地精良的地毯，问销售员价钱。"每平方米24.8元！"销售员回答。"这么贵？"客户听后直摇头。过了一会儿，又有一位客户问这块地毯的价格时，销售员微笑着反问道："你为多大的房间铺地毯？"

"大约10平方米吧！"

销售员略加思索后说："使你的房间铺上地毯，只需1角多钱。""1角钱？"客户一脸的惊讶和好奇。"你的房间10平方米，每平方米是24.8元，一块地毯可以铺5年，每年365天，这样你每天的花费不就是1角多钱吗？"销售员解释道。

最后，客户欣然买下了这块称心如意的地毯。

这种把商品价格分摊到使用时间或使用数量上的做法常使价格显得微不足道，非常便于客户接受。

齐格勒曾销售过厨房成套设备，主要是成套炊事用具，其中最主要的就是锅。这种锅是不锈钢的，为了导热均匀，锅的中央部分设计得较厚。它的结实程度是令人难以置信的。齐格勒曾说服一名警官用杀伤力很强的四五口径手枪对准它射击，子弹竟然没有在锅上留下任何痕迹。当齐格勒销售时，客户经常表示异议："价格太贵了。""先生，您认为贵多少呢？"对方也许回答说："贵200美元吧。"这时，齐格勒就在随身带的记录纸上写下"200美元"。然后就又问："先生，您认为这锅能使用多少年呢？""大概是永久性的吧。""那您确实想用10年、15年、20年、30年吗？""这口锅经久耐用是没有问题的嘛。""那么，以最短的10年来算，对您来说，这种锅每年贵20美元，是这样的吗？""嗯，是这样的。""假定每年是20美元，那每个月是多少钱呢？"

齐格勒边说边在纸上写下了算式。"如果那样的话，每月就是1美元75美分。""是的。可您的夫人一天要做几顿饭呢？""一天要做二三回吧。""好，一天只按两回算，那您家中一个月就要做60回饭！如果这样，即使这套极好的锅每月平均贵上1美元75美分，和市场上卖的质量最好的成套锅相比，做一次饭也贵不了3美分，这样算就不算太贵了。"

齐格勒总是一边说一边把数字写在纸上，并让客户参与计算。在计算的过程中总能让客户不知不觉地摒弃"太贵了"这个理由，促成购买。

从心理学的角度来说，每一个人对较小的事物更容易做出决定，也就是说，当一个人面对的是一个较小的决定时，他一般更容易作出肯定的反应。细分法的口才技巧正是基于这一思想，使客户产生一种数字上的错觉，在客户更容易接受的时候巧妙地促成了交易。

# 引导客户说 "是"

在推销过程中，若能一开始就让客户说 "是的"，这说明这件事已经成功了一半，你若能让对方连续说 "是的，是这样"，那么这件事的成功就有99.9%的把握。在你与客户沟通时，你有没有让对方不断地说 "是的，是这样"？你有没有不断地让对方点头表示对你的赞同？

如果没有的话，你就必须从现在开始改变你的谈话策略，设法让对方说 "是"。实践表明，在谈判中 "不" 的出现是最不好的开始，一旦对方说出一个 "不" 字，这意味着你的观点未被认可，如果对方连续说出几个 "不" 字的话，你最好趁早结束你的谈话，因为你的谈话并没有得到对方的欢迎。所以，如果你想改变结局，最好的办法就是改变话题，或者改变谈话的策略。先强调对方和你都赞同的部分话题，然后慢慢地在双方有分歧的部分中，找出双方都可以接受的部分，如此往复，你就能缩短彼此的差距。接着，你还可以与对方商讨成功是最重要的，只有双方达成合作，才能使双方在合作中获利，达到双赢，这样你将最终获得谈判的成功。

记住，这就是谈话的技巧，如果你遇上比较难对付的客户，而一时又想不出好策略的时候，你最好马上试试，没有比这个方法更实用的了。

为什么有些人很快就与对方达成合作？而你的谈判总是说得多多，成交的却少之又少？你千方百计地向对方解释你的观点，你的产品怎样怎样好，你甚至滔滔不绝地使尽口才，可总是不尽如人意？其根本原因就是因为你没有让对方说 "是的，是这样"。

"是的，是这样"，有许多销售人员没有做到这一点，没有让对方说这句话。他们总是顺着自己的思路强调自己的观点，总以为自己应该说得越多越好，总是口若悬河，滔滔不绝地证明自己的口才。其实这样做并不一定能说服对方。事实上，在你与他人的交流中，你要想方设法让对方说 "是"，因为，

138

你们的交流决定着对方对你的反应，以及对方是否决定与你合作。"是"的回答意味着对方对你的看法的许可和赞同，意味着同意你的见解或观点，意味着可以与你合作。

让对方说"是"，是一种说话的艺术，如果你学会了这种艺术，你将终身获益。这种让对方说"是"的反应会带来什么呢？

使用让对方说"是"的方法，有几点要特别引起我们注意。

（1）一定要创造出对方说"是"的气氛，要千方百计避免对方说"不"的气氛。因此，提出的问题应精心考虑，不可信口开河。例如：

一名销售人员与客户之间发生了一场对话：

"今天还是和昨天一样热，是吗？"

"是的！"

"最近通货膨胀，治安混乱，是吗？"

"是的！"

"现在这么不景气，真叫人不知如何是好！"

这一类问题虽然很正常，不论销售员如何说，对方都会回答"是的"，好像已经创造出肯定的气氛，可是注意他说话的内容，却制造出一种让人无心购买的否定的悲观气氛。也就是说，客户在听到他的询问后，会变得心情沉闷，当然什么东西也不想购买了。

（2）要使对方回答"是"，提问题的方式是非常重要的。什么样的发问方式比较容易得到肯定的回答呢？最好的方式应是：暗示你所想要得到的答案。

在推销商品时，不应问客户喜不喜欢，想不想买。因为你问他"您想不想买""喜不喜欢"时，他可能回答"不"。因此，应该问："您一定很喜欢，是吧？"当你发问而对方还没有回答之前，自己也要先点头，你一边问一边点头，可诱使对方作出肯定回答。让对方说"是"最有效的方法是把要说的话说对。戴尔·卡耐基曾经说过，人是不可能被说服的，天下只有一种方法可以让任何人去做任何事，那就是让他自己想去做这件事。而让他自己想去做这件事，唯一的方法是让他认为你说的是对的，认为他是在遵守对的东西所以才这样做。

让对方说"是"意味着双方的交流是"启示式"或"询问式"的，事实上"启示式"或"询问式"的交流比普通的交流更有效。因为大多数人对事物的认知都是有限的，尽管他们认为自己并不比别人差，但他们确实需要更多的启示。

# 对客户说"不"，让客户乖乖听你的话

一位顾客走了进来，转了一会儿后忽然对柜台中陈列的某一件商品表示出浓厚的兴趣。

营业员："先生您真有眼光，这套产品是我们公司最新推出的高科技产品，不过由于它卖得非常好，我不能保证是否有货了。如果您的确感兴趣的话，我去仓库帮您看看？"

顾客："好的。"

营业员到后面的仓库，一分钟后回来。

营业员："非常遗憾，您看中的这款已经卖完了！"

顾客："这么巧啊？"

营业员："是啊！最近我们店里生意一直很好，特别是这款，总部进货的速度都跟不上发货的速度呢！要不这样吧，我给您推荐另外一款，虽然贵了些，但品质更高呢！"

这时仓库保管员跑出来。

保管员："找到了！还剩最后一件！"

顾客："那就卖给我吧！"

营业员："这件是老客户定的，可不能卖！……不过看您这么诚心，我就先让给您了！如果您能付现金的话，我就马上给您打包，老客户那边我就让店长说去。"

顾客："没问题！"

案例中，当顾客对某样产品感兴趣时，接下去可能就要找产品的缺点，然后与售货员讨价还价。如果售货员采取了"对顾客说不"的策略，马上告诉顾客这款产品缺货时，就能够将顾客"要不要买"的问题以及"贵不贵"的问题转移到"能不能买到"这方面上了。所以营业员故意安排了一个场景，就是假装产品没有了，先对顾客说"不"，转而介绍另一款价格更高的产品。

当然这样一来顾客心中就会感到遗憾，对刚刚那款得不到的产品会念念不忘，所以当我们安排的第二个角色——仓库保管员，跑来惊喜地告诉营业员说找到了最后一件时，顾客的心就被抓住了，他就会跟着一起兴奋，很想得到它。然后厉害的营业员又对顾客说了声"不"，说已经被人定了！这时顾客的心情是复杂的，从一开始的"要还是不要"，到后来的"你花钱都买不到"，然后又可以得到了，但忽然又没了。到这时，顾客的心已经完完全全被商店营业员给抓住了。所以当营业员巧妙地告诉顾客，"如果您能付现金的话，我就马上给您打包"，其实营业员是在为顾客找个台阶下，顾客立刻就会顺着她搭的这个桥走过来，乖乖地进入营业员为他精心设置的圈套中。

这样的策略有如下好处。

### 1. 提高顾客的购买率

如果正常与顾客进行沟通，顾客在仔细察看后，可能会找若干个理由拒绝购买。

### 2. 提高卖价

通常我们在推销时，特别不是在大商场里推销时，顾客都习惯与我们讨价还价，但在"能不能得到'这个问题前面，顾客就顾不上与我们讨价还价了，所以卖价通常会提高。

### 3. 客户不会太多考虑品质

客户只考虑是否能得到了，就会不那么看重品质。当然我们也不能因为顾客不关心品质，而把次品卖给客户，因为我们要的是长期的口碑。

### 4. 客户不会有更多的附加条件

通常有些比较麻烦的客户，会接二连三地向我们提出很多额外条件，比如免费送货、要求延长保修期等。

### 5. 不会有欠款

如果巧妙地用现金作为台阶，那么顾客就会马上付现，而不会有欠款之类情况发生。使用策略时要注意：

（1）确定客户感兴趣的程度。使用该策略前，一定要判断客户是否的确对该产品比较感兴趣，不能是客户只随便看了看某件产品就立刻使用这一策略。

（2）对不同性格的人有不同的杀伤力。对一些很强势、非常有主见的人，用本招尤其有用，因为这样的人占有欲特别强；对一些非常犹豫、没什么主见的人，用本招效果会差一些。

（3）穿帮。要提前与配合的人讲好，最好是之前大家就演练过，有了很默契的配合。而且旁边不能有不知情的自己人，比如正好总公司有人来检查，当你的"仓库保管员"跑出来说"还有最后一件"时，这位自己人很奇怪地说："什么啊！不是还有一打在里面的吗？"那你们俩一定会非常尴尬。

# 第9章

一句赞美胜过十万雄兵，多多赞美客户吧

# 用赞美的话语去接近客户

每一个人都希望被赞美，销售人员可在销售时，用赞美对方的方式，来引起客户的注意、兴趣及需求。

下面是一个用赞美性的话语来接近顾客的成功范例。

销售员宋先生以稳健的步伐走向张总经理。当视线接触到张总时，他轻轻地行礼致意，向张经理问好并做了自我介绍。

宋先生："张总经理，您好。我是华通公司的销售员小宋，请多多指教。"

张经理："请坐。"

宋先生："谢谢，非常感谢张总在百忙中抽出时间与我会面，我一定要把握住这个好机会。"

张经理："不用客气，我也很高兴见到您。"

宋先生非常诚恳地感谢了对方的接见，并表示要把握住这个难得的机会，这让对方感觉自己是个重要的人物。

宋先生："贵公司在张总的领导下，业务领先业界，真是令人钦佩。我拜读过贵公司内部的刊物，知道张总非常重视人性化的管理，员工对您都非常爱戴。"

张经理："我们公司的业务和你一样，也需要去直接拜访客户，这就要求员工要有冲劲及创意。冲劲及创意都必须来自于员工的主动自发精神，用强迫、威胁的方式是不可能成为一流公司的。因此，我们特别强调人性化的管理，公司只有真正地做到尊重员工、照顾员工，才会有助于他们发挥各自的潜力。"

宋先生："张总，您的理念反映了贵公司经营管理上的独特之处，真是很有远见。我相信贵公司在照顾员工福利方面是不遗余力的，尽管你们目前已经做得非常好了。在这里，我谨代表本公司向您报告一下有关本公司最近推出的一个团保方案，这种保险方案最适合外勤工作人员多的公司采用。"

张经理："新的团体保险？"

宋先生："是的。张总平常那么照顾员工，我们相信张总对于员工保险这项福利了解得也一定很详细，不知道目前贵公司已经采纳的保险措施有哪些呢？"

宋先生利用赞美的手法，很快就为自己的销售工作顺利打开了局面。

对客户进行有效的赞美，可以通过以下几种方式。

（1）赞美对方所做的事及周围的事物。例如：您办公室布置得非常高雅。

（2）赞美后紧接着询问。例如：您的皮肤这么白，您看试穿这件黑色的礼服怎么样？

（3）代表第三者表达夸奖之意。如：我们总经理要我感谢您对本公司多年的照顾。

# 赞美是挽回客户的良策

高斯先生所在的美克公司曾经和费城的一个建筑承包商签订了一项合同，负责为对方提供一种装饰用的铜器，并被要求在指定的日期内交货。刚开始，双方合作得非常顺利，但在合同履行期将要结束的时候，客户那边却突然说不再接受美克公司的货物了，并且也没有给出一个合理的解释。

在电话沟通无效的情况下，高斯先生被派往了纽约，去拜访客户。

"您知道您的姓名在布鲁克林区是独一无二的吗？"当高斯先生走进客户方面负责这件事的一个经理的办公室时，他这样问道。

这位经理感到很惊异地说："不，我不知道。"

"哦，"高斯先生说，"今天早晨下了火车后，我在查看电话簿找您的住址时发现在整个布鲁克林区只有您一个人叫这个名字。"

"我可一直都不知道。"这位经理说，并开始很有兴趣地查看电话簿。

"啊，那可不是普通的姓名。"他边查边自豪地说，"我的家庭原来在荷兰，大约在200年前迁到纽约来的。"

这位经理接着又谈了他的家庭情况，说了很长时间。

当他说完了，高斯先生也大致摸清了他的脾气，于是开始恭维他有那么大的一个公司，并且比他曾参观过的几家同样的公司更好，而且规模更大。

"这是我所见过的最清洁的一家公司。"高斯先生说。

"这是值得我用一生的心血来经营的一项事业。"这位经理说，"对此我也感到很自豪。你愿意参观一下我的公司吗？"

在参观的时候，高斯先生又借机赞扬了他的组织与管理系统，并给出了自己合理的解释，告诉他为什么他的公司看起来比他的几家竞争者要好，以及好在哪里。

最后，那位经理坚持要请高斯先生吃午餐。

需要注意的是，截至到目前，高斯先生对自己的访问目的还只字未提呢。

午餐完毕以后，这位经理说道："现在，我们谈正事吧。自然，我也早就知道你是为什么而来的。但是，我没有想到我们的聚会是如此的愉快。你可以回费城向你们公司转达我的许诺，也许其他的订单我不得不延迟，但是你们的货物我将保证按期接收。"

就这样，高斯先生甚至没有说出自己的来意，就出色地完成了他的任务。试想一下，如果高斯先生采用平常人在这种情形下所用的争执吵闹的方法，能取得这样的结果吗？而且，在这种情况下和客户进行争吵也是合乎常理的，因为毕竟是客户那边先违了约。但是高斯先生不仅没有和客户争吵，反而去赞美客户，最终也为公司挽回了损失。我们不得不佩服他在和客户沟通中的高明之处。

所以说，赞美是增进情感交流的催化剂，如果推销员能找到客户值得赞美的地方，并真诚地表达出来的话，就会立即拉近和客户之间的距离，让客户接受你，有时甚至能够挽回那些行将失去的客户。

# 赞美的几点具体事项

对客户进行赞美时，一定要做到具体、得体，这其中的尺度很微妙，需要推销员用心去体会把握。如果赞美用词不当，或者太夸张，会给人留下很不好的印象，甚至会让人感到厌恶。

赞美的话题可小可大，小的可以是"您的气色很好""您的院子真整洁"，等等，大的话题可以是"您做生意信誉很好"、"听说您在这方面很有经验"，也可以说"一直仰慕您的学识和人品"，等等。

赞美的内容和方式越具体越好，这也表明了你对客户的了解程度。推销员在赞美客户时，要有意识地说出一些具体而明确的事情，而不是空泛、含糊地赞美。例如：

（1）赞美某人的衣着。

"您今天看起来很有风度。"或"您的衣服很好看并且很时尚。"

（2）赞美某人的房间。

"这真是间漂亮的房子。"或"这间房子装修得很雅致呀。"

"啊，您的房间布置得真好！光线柔和、色调明快，使人赏心悦目，如果再铺上地毯的话，那将更是锦上添花啊！"

（3）赞美某人的手表。

"这只手表很漂亮。"或"这只手表的造型真是独特呀。"

（4）赞美某人的小孩。

"他们真聪明！"或"他们真是太棒了！我希望我也能有这样好的孩子。"

（5）赞美某人的新车。

"从这辆车可以看出现代科技的进步真是神速啊！您一定花了不少钱买这辆车吧！"或"能拥有如此完美的车，您真是与众不同！"

# 赞美要建立在真实的基础上

杰克刚刚进入推销行业不久，还是一个处于学习阶段的实习员工。

一天，一位推销行业的前辈带他去上门推销，希望他能够在实际工作中尽快学到一些经验。

杰克十分崇拜前辈，对前辈的一言一行也都仔细观察，用心记忆。一天，他发现前辈刚一看到约见的客户，就笑容满面地说："我听说您最近又做了不少善事，真是心地善良的人啊，那些穷苦的人能够遇见您，真是他们的幸运。"

本来是一脸严肃的客户听见这句话，立即喜笑颜开地说："哪里哪里，这是应该的。"

于是下面洽谈的气氛也就变得融洽了许多，曾经遭到过很多次拒绝的生意现在也就谈成了。杰克经过仔细分析，认为是前辈的那句赞扬的话起到了关键作用，于是认真地将这句话记到了笔记本上。

不久后，那位前辈终于同意让杰克单独去执行任务了。他的第一个客户是一个玩具商，在见到这位客户之前，杰克做了大量的准备，包括如何将寒暄引入正题，如何说服客户，等等。在自认为准备得十分充分之后，他敲开了玩具商的门。

杰克见到玩具商一脸严肃，决定先缓和一下气氛，于是他故作兴奋地说："我听说您最近又做了不少善事，真是心地善良的人啊，那些穷苦的人能够遇见您，真是他们的幸运。"

玩具商听了这些赞扬目瞪口呆，心想：我最近根本就没做任何善事，这位推销员肯定是记错人了，我不能允许这样一个不重视我的人出现在我的办公室里。于是玩具商说："先生，恐怕你是认错人了，我很忙，请回吧！"

就这样，杰克还没有进门，就被对方拒之门外了。

赞美一定要建立在真实的基础之上，尽管人人都希望被赞美，但当赞美的话语中有一些不符合现实的东西时，被赞美的人往往会产生"他说的是我吗？"的疑惑，同时也会得出"这是一个虚伪的人，他所说的话不值得信任，他的商品更不值得信任"的结论。一旦客户得出这样的结论，接下来你无论是多么的能言善辩，都将是徒劳的。

# 赞美对方，让他感到自己很重要

时时刻刻让客户感觉自己很重要。你若能准确投合人性中这种深刻的渴求，对方的感情账户内就会增加更多有利于与你做成生意的种子。

赞美是相当神奇的魔法。

我们都会为爱的礼赞而兴奋不已。赞美可以激励准客户建立他们的自我形象，并使他们喜欢我们。赞美的话对准客户的冲击是相当深刻的。为什么不一见面就使用赞美客户的方式呢？不要觉得害羞，不要畏缩，勇敢地说出来，这会带给准客户无比的价值感，让他感到自己是个重要的大人物。如果你能灵活运用以下四个法则，衷心的赞美将会引导你与客户的销售进程。

（1）使用具体的赞美。具体明确地将对方的优点提出来，更容易流露出赞美者的关心与真诚。

（2）避免绝对的赞美词。夸张的赞美会使人感到被愚弄，委婉贴切的话语则常使人喜不自胜。

（3）尽可能把对客户的赞美跟他以往使用的产品结合在一起。请永远记住：随时随处赞美别人。

（4）要记住：人们之所以购买，是因为他们感到高兴。你的感觉是会传染的，你要宁可做一位传播者，让他们成为捕捉者。人们喜欢在他们感到愉快的地方进行交易。

想想看，你可以用什么方法传播快乐融洽的气氛，使双方都处于愉悦美好的环境里？以下提到的各种行为，相信你能做到：

叫出对方的名字！他们会觉得这是世界上最悦耳的音符。

设法记住客户的姓名、职称等，在谈话中一有机会就提及。

对他喜爱的事物，由衷地表示你也喜爱。

引发对方的兴趣，让他多讲自己感兴趣的话题。

凝神倾听，鼓励他说出自己的心声。

微笑。微笑是世界上最好的礼物。

认同他，并表达你感激的心情。有时只要一点"感激"，便能带给别人无比的喜悦和信心。

钻戒和珠宝都不是真正的礼物，唯一的礼物是你自己。去传播喜讯、快乐，你将是建立友谊的天使。你可以用一个微笑、一个真诚的眼神、一个友善的行为或任何方式创造出愉悦的气氛，让客户打开内心世界接受你、喜爱你。

# 戴高帽，让客户"无路可走"

据说，关公死后，玉皇大帝命它守住南天门，以防小人逃脱出境。此关公生前忠义两全，最痛恨逢迎之小人，死后亦然。某日，一小鬼，鬼鬼祟祟地没有出境护照就想蒙混过关，却被眼尖的关公逮住。只见那小鬼胸有成竹地对关公说："关老爷，我知道您在世间是最正直的人，这谁不知道啊！刘皇叔爱慕您是忠义两全的将才，那曹操也是敬您三分。因此，普天之下我最敬仰崇拜的人只有您一个。"说完看看关公，只见那关公频频点头，接着手一挥，也不查问，该小人顺利过关。

上述故事可见高帽的威力无边，连忠义双全的关公也难免向高帽低头。

按布朗戴斯大学教授马斯洛的需要理论来解释，是因为人都有获得尊重的需要，即对力量、权势和信任的需要；对名誉、威望的向往；对地位、权利、受人尊重的追求。而赞美则会使人的这一需要得到极大的满足。正如心理学家所指出的：每个人都有渴求别人赞扬的心理期望，人一旦被认定其价值时，总是喜不自胜。由此可知，你要想取悦顾客，最有效的方法就是热情地赞扬他。

人们之所以喜欢高帽，是因为我们每个人都渴望被赞美和肯定，而高帽正好迎合了人们的这种欲望。高帽运用得好，便能将别人掌握在自己的手中。据说，美国钢铁大王安德鲁的成功秘诀之一，便是善于给员工戴高帽。他不放过任何机会，给下属送高帽。通过给员工高帽戴，牢牢牵住员工们的心。

许多商店的售货员为了扩大销售，也很会给顾客戴高帽。某位小姐在柜台前试穿衣服，旁边的售货员就会说，您穿这件衣服真漂亮，既高贵又典雅，您走在街上也许有人会认为您是哪位明星……直到这位顾客乐呵呵地买下了这件衣服。

在赞美顾客时注意要有具体明确的赞扬，就是在赞扬顾客时，有意识地说出一些具体而明确的事情，而不是空泛、含混地赞美。要让人感到真诚，有可信度，没有明确而具体的评价缘由，会令人觉得不可接受。因此，有经验的推销员在赞扬顾客时，总是注意细节的描述，而不空发议论。

人都有一种希望别人注意他不同凡响之处的心理。赞扬顾客时，如果能适应这种心理，去观察发现他异于别人的不同之点来进行赞扬，一定会取得出乎意料的效果。我们称这种方法为"观察异点赞扬"。

卡耐基就常用这种方法来赞扬他人。他在《人性的弱点》一书里便讲述过有关的一件事：一天，卡耐基去邮局寄挂号信。在他等待的时候，他发现这家邮局的办事员态度很不耐烦，服务质量差劲得很。因此他便准备用赞扬的方法使这位办事员改变服务态度。当轮到为他称信件重量时，卡耐基便对办事员称赞道："真希望我也有你这样的头发。"听了卡耐斯的赞扬，办事员脸上露出了微笑，接着便热情周到地为卡耐基服务起来。自那以后，卡耐基每次光临这家邮局，这位办事员都笑脸相迎。

卡耐基真不愧为语言大师，在此情形下，竟能想出如此高妙的赞美语言，让那位面如冰霜的办事员改变了态度。就当时的情形看，如果赞扬他工作热情，办事员肯定会认为这是卡耐基在对他进行挖苦、讽刺，若是批评他服务质量差，他很可能会破罐子破摔，服务态度更恶劣。

要善于抓住人的心理，不失时机地赞美别人几句，那么本来以为很糟糕的事，反而会向着很好的方向发展。对待顾客，更要如此。

# 常用的赞美客户的语言

很少会有人因为受到赞美而感到不高兴，除非是那种居心不良的赞美。因为每个人都希望赢得别人的尊敬和重视，都希望自己在别人眼里是一个积极、正面的形象。

"你的房子真漂亮，院子也收拾得非常整齐，你真是一个有品位的人。"听到别人这么说，任何人都会觉得很高兴。同样的，如果销售人员能够这样善意地承认并称赞客户的优点时，客户感到愉悦之余，通常就会作出购买决定。

那么，赞美的话究竟该怎样去说呢？

**1. 称赞个人的常用话语**

（1）"听说您有位漂亮的太太，真令人羡慕。"

（2）"令爱很像您太太，长大后也一定是个大美人。"

（3）"您的孩子长得真像您，将来必定是社会精英。"

（4）"您住的地方真不错，眼光与品位确实与众不同。"

（5）"你们的院子很漂亮，是先生您自己设计的吗？您工作那么忙碌又能将庭院收拾得井井有条，真是令人佩服。"

（6）"你们的邻居都很羡慕你们夫妇情深，请问你们保持良好夫妻感情的秘诀是什么呢？"

**2. 称赞管理人员的常用话语**

（1）"总经理，您取得了这么大的成就，工作还这么努力，对我而言是个很好的榜样呀。"

（2）"董事长，这个行业的人都说您是采购领域的专家。"

（3）"先生，您的眼光真高，令我非常佩服。"

（4）"久仰大名，今天能够见到您，我感到非常荣幸。"

（5）"先生，您的品位不凡，在本行业里拥有很好的口碑。"

（6）"处长先生，我很冒昧地请问您，这条领带是您自己选的吗？搭配得很不错啊！"

### 3. 称赞公司的常用话语

（1）"贵公司是家颇有历史的公司，外界对贵公司的评价也很高。"

（2）"贵公司的规模在行业里高居榜首，很多同行都说要迎头赶上，但结果不仅没赶上，反而和你们的距离越来越远。"

（3）"贵公司是本地区高收益企业的典型代表，大家对贵公司的评价都非常好。"

（4）"很多客户暗地里都说贵公司的竞争能力太强了，他们根本无法与你们抗衡。"

（5）"听说贵公司的商品管理在这个行业里，没有一家公司能比得上，不仅商品周转率高，而且不良库存为零，真是令人羡慕啊。"

# 真诚的赞美没有人会拒绝

作为一名销售人员，最重要的就是要做到被人接受，被越少的人拒绝就意味着越成功。那么，怎样才能做到被顾客接受呢？在销售人员说话的艺术中，赞美是行之有效的方法，但是盲目赞美也是不能被人接受的，甚至会引起顾客的反感也说不定。因此，我们说，赞美必须发自内心，即赞美必须注入真诚，说话的魅力并不在于你说得多么流畅、多么滔滔不绝，而在于是否善于表达真诚！

有这样一位教员，呕心沥血写了一本书，但是出版之后，出版社让他推销1 000册。对于他这样一个没有一点销售经验的教员来说，推销这1 000本书远比讲课要难得多。

为了把书推销出去，他在学员中进行了一次演讲，他说："作为教员，我站在讲台上没有讲课而试图推销自己写的书时，心里总不免有些尴尬。不过，如今这个时代，作者也很难，写了书，还得卖书。出版社压给我1 000册，稿费一文没有，所以我不推销不行。这本书写得怎样，我自己不好评说。不过有两点可以保证：第一，这本书是我用3年时间完成的，是我心血的结晶；第二，书的内容绝不是东拼西凑写下来的，是我自己长期思考的见解。前不久，这本书被思想政治工作研究会评为社科类图书二等奖，这是获奖证书。说实话，对于我们这些教书匠来说，搞推销比写书还觉得难，只是硬着头皮来找大家帮忙。不过，买不买完全自愿，绝不强迫。如果觉得这本书对你有用，你又有财力就买一本，算是帮我一个忙。谢谢。我向大家推销这本书，不仅仅是因为要完成我的任务，更不仅仅是因为这是我写的书，而是我相信大家能够用自己的慧眼来识别这本书。如果是垃圾书，我绝对不会推荐给大家，另外，买不买完全自愿。我相信自己的能力，我更相信大家的眼光。"

这位教员不是专职销售人员，但是他却获得了成功。他的这次演讲立即产生了效果，一次就卖掉了300多册书。

从某种意义上说，他的成功就在于他恰到好处地表达了自己的真诚，赢得了听众的信赖，又不失时机地加以赞美，其言外之意是：买了这本书的人，都是有眼光的人。这次推销的成功也说明，在讲话中学会表达真诚要比单纯追求流畅和精彩更重要。

对于以与人打交道为职业的销售人员来说，赞美是友谊的源泉，是一种理想的黏合剂，它不但会把老相识、老朋友团结得更加紧密，而且可以把互不相识的人连在一起。

用真挚诚恳的语言去打动对方，是一种在销售行业中被广泛使用的语言表达方式。这里的真诚不仅仅包括"真实"的意思，更重要的还在于要有"真情"。

真实、笃诚和真情是赞美顾客时尤其应该注意的要素。以真实为铺垫、为基础，以真情动人，以真情感人，才能达到在赞美的同时说服对方的目的。鲁迅说得很深刻："只有真的声音，才能感动中国人和世界人；必须有真的声音，才能同世界人同在世界上生活。"

有一个5岁大的女孩，在教堂表演中首次登台演唱。她有着优美的歌声，她的天才从一开始就颇堪造就。当她长大时，她的家人了解到她需要专业声乐训练，就请了一位很有名的声乐教师来训练她。这位教师造诣很深，很少有人比得上他。不过，他是一个十分苛求完美的人。不论何时，只要这女孩一想到放弃或节奏稍微不对，他都会很细心地指正。经过一段时间以后，她对教师的崇拜日益加深。即便双方年龄相差很大，他的严格远胜于鼓励，但是她最后还是嫁给了他。他在婚后继续教她，但是她的朋友发现她那优美自然的腔调已有了变化，带着拉紧、硬邦邦的音质，不再是以前那种清爽而悠扬的声调了。渐渐地，邀请她去演唱的机会越来越少。最后，他们几乎不邀请她了。

这时，她的先生，也就是她的老师去世了。以后几年，她很少演唱或根本没有演唱。她的才能很少发挥，直到又有一位销售人员追求她为止。有时候，当她正在哼着小调或一个乐曲旋律时，他会惊叹歌声的美妙："再唱一首，亲爱的，你有全世界最美的歌喉。"

他总是这样说。事实上，他可能不知道她唱得是好是坏，但是他确实非常喜欢她的歌声，所以他一直对她大加赞扬，她的自信心开始恢复了，她又开始前往世界各地演唱。后来，她嫁给了这位"良好的发现者"，又重新开始了成功的歌唱生涯。

那位销售人员对她的称赞出于诚挚、真心，衷心恭维是最有效的教导与驱动。赞美是一种艺术，它的魅力相信任何人都无法抵挡。

人是有情感的高级动物。情感是人的心理过程的重要组成部分，它是人对他人和外物是否符合自己的需要所产生的内心体验。这种内心体验具有情境性和直接性。情感的产生则需要外界的刺激，研究表明，饱含真情实感的言语是唤起情感的一种最神奇的武器。运用真情的言语策略，可以顺利促使双方产生情感共鸣，使双方关系融洽，形成良好的交际氛围；可以较快地促使双方强化相应的感性认识，形成并巩固某种态度倾向和观念信仰；可以有力地推动人们将某种行为动机付诸实施，并作出积极的反应，这就为赞美的有利作用提供了科学的依据。俄国文豪托尔斯泰说："真诚的称赞不但对人的感情，而且对人的理智也起着巨大作用。"

# 借用他人的言辞赞美客户

我们来看看推销员陈小姐是如何借用他人的话来赞美准客户李经理的：

陈小姐："李经理，您早。今天的天气太好了！"

李经理："是啊！空气很好，北京的冬天像这个样子的可不多见呀！"

陈小姐："是啊！李经理，您正在做重要工作，这时打扰您，真不好意思。早听说您年轻有为，为人正直，很讲信誉，大家都很敬慕您。"

李经理："我们经销部的宗旨就是：顾客是上帝。因此，恪守信誉是我们的第一目标。"

陈小姐："我们真应该向贵方多学习，多请教。"

就这样，陈小姐在寒暄与间接的赞美中打开了客户的话匣子，也成功地消除了顾客的戒备与抵触心理，为下一步的推销工作打下了良好的基础。

有时候，借用第三者的口吻去赞美客户会更有说服力。比如说："怪不得小李说您越来越漂亮了，刚开始我还不相信，这回一见可真让我信服了。"这样的赞美对客户来说就比直接说："您真是越长越漂亮了"的效果要好得多，而且还可以避免恭维、奉承之嫌，对方听了心里也会感觉更舒服。

间接地赞美客户有时能够获得比直接赞美客户更好的效果。

在平时接触客户的过程中，你可以尝试着多运用一下这些间接的赞美方式：

"您好，先生。今天早上，我听您的一位同事介绍说您在这一行里面有非常专业的知识，而且您对人特别友好，非常和蔼。"

"王先生，您好，我是你的老朋友张先生介绍来的，据说王先生聪明能干，不到30岁就开了好几家公司，手下的员工就有好几千。特别是王先生在事业成功的同时，也非常关心员工的福利待遇。今天我来的目的就是向王先生介绍本公司的职工意外健康保险，我们现在就开始好吗？"

"您的经理上回跟我说，您的工作又快又好，让您办事，他最放心。"

"您的员工跟我说，您不但能干，有魄力，而且特别宽宏大量，跟您干是对了！"

"听朋友说您是位学识渊博且非常谦虚的人，果不其然。才听您说了几句话，我就感受到您的人格魅力。"

# 恰到好处地赞美客户

艾伦是一家人寿保险公司的推销员，几经周折，他才获得了去拜访当地一位大人物钱伯斯先生的机会，而时间只有半个小时。

一见到钱伯斯先生，艾伦就非常激动地说："钱伯斯先生，我很小就听过您的大名，万分崇拜您。我想，如果我今天能亲耳听到您的那些传奇故事的话，我会非常荣幸的。"

"年轻人，你今天来的目的不是就为这个吧？"

"钱伯斯先生，您可不知道，有多少人做梦都盼着见您一面呢！"艾伦越说越起劲，又说出来很多赞美之辞，钱伯斯先生渐渐地也被他的赞美冲昏了头脑，开始向他讲述自己的创业史。结果，半个小时的时间很快就过去了，艾伦满脑袋都是故事，却忘记了此行的真正目的。

在与客户沟通的过程中，赞美会很快取悦于客户，并能够在客户心中留下美好的印象，因为每个人都喜欢受到别人的赞美和尊重，对赞美自己和尊重自己的人自然会抱有好感。但是，如果过分地赞美客户，就像上面的艾伦一样，就会使赞美远离实际，不能够与自己的推销工作有效结合起来，往往弄巧成拙。

因此，赞美是要讲究技巧和方法的，不是美言相送，随便夸上两句就会奏效，如果赞美的方法不当还会起到相反的作用。所以，在赞美客户时，要注意恰如其分，切忌虚情假意、无端夸大。那么，如何去把握赞美的话语而不过头呢？

有一位经理，开的汽车已经很旧了，因为在创业年代艰苦奋斗惯了，所以现在成功了，怎么也舍不得换新车。像他这样的人是各汽车销售公司最好的潜在客户。但是，在很长一段时间里，都没有人能成功地向他出售一辆汽车。原因在于这些推销员总是这样说：

"您这辆车太破了，太旧了，跟您的身份不符……""您这破车三天两头就要修理，修理费用得多少啊"等一类的话，让这位经理听了心里很不痛快。

后来，来了一位推销高手，他这样对经理说：

"您的车还能再用好几年，现在换了新车是有点可惜啊。不过，这辆车居然能够行驶12万公里，看来您开车的技术真是一流啊。"

推销员的话虽然含有汽车太旧的意思，但是表面上却是在夸赞这位经理。他的这番话真是说到经理心坎里了。可想而知，只要有需要，这位经理最后肯定会购买该推销员的汽车。


# 赞美要把握分寸


渴望被别人真诚地赞美，是每一个人内心的一种基本需求与愿望。而赞美对方是获得对方好感的有效方法。但是，赞美要把握分寸，要有技巧，否则会引起客户的反感。

### 1. 赞美要因人而异

人的素质有高低之分，年龄有长幼之别。因人而异，突出个性，有特点地赞美能比一般化的赞美收到更好的效果。

销售员小张曾经拜访过一个客户，这个客户是一个很有消费潜力的客户。但他脾气很怪异，年纪虽然不大，但早已秃顶了。就像阿Q听不得别人说"灯"这个字一样，他也很忌讳别人谈到他的头。客户的头发虽然梳得油光锃亮，但那却是他心中"隐隐的痛"。小张对准客户说："先生，我觉得您的头发真不错啊！"客户脸上已经有了不悦之色。小张接着说："我爸爸也是这样的头发，但怎么梳也梳不出你的效果啊！"客户哈哈大笑。

每个人都喜欢被赞美，销售员的赞美更要使客户感到愉快。在销售技巧中，采用的赞美就绝不是简单的"拍马屁"。一般来说，如何发现一个人真正值得赞美的地方也有一定的规律可循。比如说，对老年人，应该更多地赞美他辉煌的过去，赞美他"想当年"的业绩与雄风，同其交谈时，可多称赞他引为自豪的过去；对年轻人，不妨语气稍为夸张地赞扬他的创造才能和开拓精神；对年轻母亲，赞美她的小孩往往比直接赞美她本人更有效；对经商的人，可称赞他头脑灵活，生财有道；对有地位的干部，可称赞他为国为民，廉洁清正。当然，这一切要依据事实，切不可虚夸。

### 2. 赞美并非越直接越好

有时，间接的赞美更能打动人心。比如说，对方是个年轻的女客户。为了避免误会，不便直接赞美她。这时，不如赞美她的丈夫和孩子，这比赞美她本人还要令她高兴。也可以借用第三者的口吻来赞美，比如说："怪不得玛丽说您越来越漂亮了，刚开始还不相信，这回一见可真让我信服了。"这就比说"您真是越长越漂亮了"更有说服力，而且可避免轻浮、奉承之嫌。

### 3. 赞美要情真意切

虽然人人都喜欢听赞美的话，但并非任何赞美都能使对方高兴。能引起对方好感的只能是那些基于事实、发自内心的赞美。相反，若无根无据、虚情假意地赞美别人，客户不仅会感到莫名其妙，更会觉得销售员的油嘴滑舌。例如，销售员见到一位其貌不扬的小姐，却偏要对她说："您真是漂亮极了。"对方立刻就会认定销售员所说的是虚伪之至的违心之言。但如果销售员着眼于她的服饰、谈吐、举止，发现她在这些方面的出众之处并真诚地赞美，她一定会高兴地接受。真诚的赞美不但会使被赞美者产生心理上的愉悦，还可以使销售员经常发现别人的优点，从而使自己对人生持有乐观、欣赏的态度。

### 4. 赞美不能漫不经心

如果销售人员的赞美并不是基于事实或发自内心的，就很难让客户相信销售人员，客户甚至会认为销售人员在讽刺他。缺乏真诚的空洞的称赞，并不能使对方高兴，有时甚至会由于敷衍而引起反感和不满。一旦客户发现销售人员说了违心的话，最可能的判断就是销售人员是不可信的。

一般来说，赞美是实事求是的、有根有据的，是真诚的、出自内心的，是为人所喜欢的。最好的赞美就是选择对方最心爱的东西、最引以为自豪的东西加以称赞。

### 5. 赞美要翔实具体

在日常生活中，人们有显著成绩的时候并不多见。因此，赞美时应从具体的事件入手，善于发现别人哪怕是最微小的长处，并不失时机地予以赞美。赞美用语越翔实具体，说明销售人员对对方越了解，对他的长处和成绩越看重。让对方感到销售员的真挚、亲切和可信，销售人员与客户之间的人际距离就会越来越近。

如果销售人员只是含糊其辞地赞美对方，说一些"您工作得非常出色"或者"您是一位卓越的领导"等空泛飘浮的话语，不能不引起对方的猜疑，甚至产生不必要的误解和信任危机。

销售人员赞美客户，就是为了让对方获得"自己很美好"的感觉。一个人的外表有美丑之分，能力有高低之别，这些都是难以求全的。但是，一个人的心灵与其外貌、能力没有什么必然关系。明白这一点的销售人员，会把赞美的目标转到对方的心灵。

# 第10章

凭借他人影响力，找个"第三者"为你说话

# 通过"第三者"介绍加强与客户的亲密度

在可能的情况下，业务员也可以通过"第三者"介绍而接近顾客。这"第三者"一般都是业务员或顾客接近圈内的成员。所谓顾客接近圈，是现代推销学上接近圈理论的一个概念，是指一种相互接近的人际关系，在现实生活中，每一个人都要按照自己的意愿，以自己的方式接近他人，形成一定的接近圈。处在接近圈内的人们相互之间，比较具有良好的人际关系容易接近。其实，在动物世界里，也存在一定形式的接近圈。在人类社会里，孤独一人是难以生存的，人与人之间必须要相互联系，相互接近。接近就是一种人际交往活动，就是一种社会联系。接近圈正是社会联系的具体表现。

"第三者"介绍接近法的主要方式是信函介绍、电话介绍、当面介绍等。接近时，业务员只需交给顾客一张便条、一封信、一张介绍卡或一张介绍人名片，或者只要介绍人的一句话或一个电话，便可以轻松地接近顾客。

一般来说，介绍人与顾客之间的关系越密切，介绍的作用就越大，业务员也就越容易达到接近顾客的目的。介绍人向顾客推荐的方式和内容，对业务员接近顾客甚至商品成交都有直接的影响。因此，业务员应设法摸清并打进顾客的接近圈，尽力争取有关人士的介绍和推荐。但是，业务员必须尊重有关人士的意愿，切不可勉为其难，更不能欺世盗名，招摇撞骗。

"第三者"介绍接近法也有一些局限性。由于"第三者"介绍，业务员很快置身于顾客的接近圈内，第一次见面就成了熟人，顾客几乎无法拒绝业务员的接近。这种接近法是比较省力和容易奏效的，但不可加以滥用，因为顾客出于人情难却而接见业务员，并不一定真正对推销品感兴趣，甚至完全不予以注意，只是表面应付而已。另外，对某一位特定的顾客来说，"第三者"介绍法只能使用一次。如果业务员希望再次接近这位顾客，就必须充分发挥自己的接近能力。

最后必须指出：有些顾客讨厌这种接近方式，他们不愿意别人利用自己的友谊和感情做交易，如果业务员贸然使用此法，会弄巧成拙，不好下台，一旦惹恼了顾客，再好的生意也可能告吹。

# 让老客户与"局外人"为你宣传

美国销售专家乔·吉拉德在自传中写道："每一个用户的背后都有250个客户，销售人员若得罪一个客户，也就意味着得罪了250个客户；相反，如果销售人员能够充分发挥自己的才智利用一个客户，他也就得到了250个关系。"这就是乔·吉拉德著名的"250定律"。美国保险销售大王弗兰克·贝特格特别强调了这种方法的有效性，他还有这样的亲身经历。

一个意志消沉的年轻人来向弗兰克·贝特格请教。他说自己推销寿险已经1年多了，刚开始做得还不错，可当他把寿险销售给一些朋友及大学同学后，就不知该怎样继续了，现在他心灰意冷，准备放弃。

弗兰克·贝特格对他说："年轻人，你只做到事情的一半，回去找向你买过保险的客户，从每个客户那里至少会得到2个以上的客户。此外，不管面谈结果如何，都可以请拜访过的每个客户给你介绍朋友、亲戚等。"

半年后，这个年轻人又找到弗兰克·贝特格，他说："贝特格先生，回去后我紧紧把握一个原则就是不管面谈结果如何，我一定要从每个拜访对象那里得到至少2个介绍名单。我现在已经得到500个以上的名单，比我自己四处去闯所得的要多出许多。今年上半年，我已缴出23.8万美元。以我目前持有的保险来推算，今年我的业绩应该会超出150万美元！"

有很多销售人员认为，任何人只要肯介绍客户，他就是好的推荐人。从理论上来看这确实没有错，可是只有推荐人本身也是合适客户，才会更具有说服力。强有力的推荐人，对销售人员来说，具有很高的价值。可是通常只有满足以下两个条件，客户才愿意为销售人员做郑重的推荐：

第一种，推荐人跟销售人员有非同一般的友谊，以至于推荐人可以不计后果，而且不管结果会怎样，都愿意鼎力推荐。客户多半来自销售人员个人亲密的亲朋好友，再不就是曾经有恩于他，基于报恩，所以愿意大力相助。

第二种，推荐人有助人为乐的作风。也许是以前的客户、亲戚、朋友或者是一些有社交来往的人——当然不是仅限于这些人。

很多销售人员会觉得要人帮忙介绍客户是一件非常难开口的事，觉得这对销售人员的名声很不好。其实那是错误的，只要要求别人帮忙的时候说得适当、自然，就可以得到好的结果，而且销售人员自身寻求客户的技巧也会跟着大大提高。

不仅可以利用客户为自己宣传，还可以利用局外人为自己宣传。在一般情况下，法庭的陪审团很难对律师的辩护词给予充分的肯定，所以最终的判决与律师的努力形成不了正比。面对这种情况，辩护律师通常请目击证人到法庭上提供最有利的证词，以增强辩护词的可信度，取得预期效果。不妨将这种方法引入销售当中，"证人"可以让销售人员节省很多精力。利用"局外人"销售，会非常快捷而又有效地获得客户的信赖。

有一个公司的董事长打算去加拿大旅游，希望下榻到一家设施高档、服务周到的饭店。一些销售人员听到这条消息如获至宝，纷纷向董事长介绍他们的饭店和服务，结果让他不知如何选择。后来他看到了一封与众不同的信，信中建议他给一些曾下榻过他们饭店的人打电话咨询那里的情况。

这位董事长发现名单当中有一个是他认识的，于是给他打电话，这个人对这家饭店大加称赞，并极力向董事长推荐，最后董事长就选择了这家饭店。

利用"局外人"来拓展客户，是快速而又有效地获得客户信赖的一种方法，节省了精力，是与竞争对手争夺客户的最好武器。

想要快速进步与成长，同时又想要出色地工作，一定要学会开发推荐人的技巧，因为这才是销售成功的诀窍。

# 让满意客户为你介绍新客户

销售人员获得新客户的办法有很多，其中最有效的就是利用满意的客户的推荐来争取新客户。从策划之精心、对个人之尊重来看，加拿大"日产"的努力可称得上达到了这一方法的"艺术境界"。但是，这些还不是他们最成功的销售手法。

有1个做法使日产公司在个别顾客身上得到了更多生意，那就是请最满意的顾客群来进行推荐。

假设你一年内刚买了一辆日产新车，而汽车公司告诉你诚实地将意见提供给想买车的消费者作参考，就可以获赠雨伞或旅行袋之类的小礼物，另加一张价值200美金的购车折价券，你觉得如何？参加方式是将你的日夜联络电话留给15~20位附近地区有意购买日产汽车的人，而且不一定要这些人打电话来找你，你才能获得优惠。

日产汽车已经有足够的资料找出最满意的顾客，反正满意的顾客会向朋友推荐产品。那么，何不运用这些资料使推荐活动更积极呢？

这个技巧也可以用于其他选购性的商品和服务，例如个人电脑或软件，还有家电用品、脚踏车、化妆品、幼儿园、房地产、船运公司和承包商等。重点是要像日产汽车一样清楚：谁才是忠实顾客。小企业一样可以利用口碑相传的力量。比如说，对于正考虑是否送小孩去参加"夏令营"的家长，主办单位可列出附近地区去年参加过该"夏令营"的学生家长的姓名和电话给他们。

使用这种方法时，有两个要诀必须牢记：

首先，要创造利润，除了找出忠实顾客，还得知道谁可能会买。由于进行推荐，必须征求推荐人，并给予奖励，每位推荐人直接影响的范围有限，最后很可能导致费力不讨好。所以，一定要看准最有可能购买的顾客，才不会白白浪费请推荐人的钱。

其次，不要按推荐人所促成的实际销售额来奖励推荐人，这样容易给人"买通"推荐人的印象，反而会破坏整个计划，因为推荐人制度主要凭借的是消费者与消费者之间客观的口碑和建议。只要促进了这种口口相传的沟通，任务也就达成了。

必须让推荐人根据实际使用经验，表达客观、诚实的意见。同时，告诉潜在顾客，推荐人并不从销售额当中抽取佣金。只要试验一二次之后，就可以从记录中看出谁是最佳推荐人了。

优秀的推销员懂得让每位客户认为他有责任帮你再介绍客户。一旦介绍的程序开始运作，你就不需要面对陌生的准客户了。即使是被介绍的准客户，也很少会回过头去向原先的介绍人查证什么，这种方法会大幅度改善销售成功的概率。在一定的约访数字下，敲门次数，可以减少；会谈次数，可以降低；成交比例，可以增加；成交金额，可以扩大；还有更多的新名字被介绍，重新开始另一个销售程序。

你可以这样说："先生，您曾说过，您把工程的大部分都包出去了，其中哪家公司转包得特别多呢？从您这里分得最多工作的那个人是谁，他可能正是我要找的那一类人，您不会介意用您的名字来让我获得推荐，是不是？"

有时，取得介绍和完成交易一样困难。它的重要性，并不亚于促成交易。

准客户有时会说："我必须先和他谈谈详细情形。"

"李先生，这是对的，我很愿意您先跟他谈谈，不过别跟他谈得太细，他的状况和您的状况可能不大相同。您只要告诉他，只需花一些时间，就可以获得和您一样的好处。我仅占用他半个小时而已。"

现在，你获得了一张名单——也就是整个周期的第一步，下一步就要约访。此时，应该尽早与被介绍人联络，被介绍人可不是好酒，不会越陈越香。他们会像条鱼，不趁新鲜时烹了，久了就会坏掉，不宜久藏。

# 让客户群为你介绍潜在客户

让客户满意就是一种永久的广告，不但客户自己会再来光顾，还会把他的朋友、亲人带来，使销售人员的产品和人品被更多的人所接受和宣传。

比如下面这个小故事：

销售人员："夫人，我也十分喜欢这枚胸针。胸针上的这颗钻石出自南非最大的钻石矿，这是我们店里最好的钻石，希望您喜欢。"

顾客："我一开始还担心那颗钻石是不是真值那么多钱，听了你这么一说就放心了。"

销售人员："感谢您，夫人，希望您能再次光顾！"

顾客："小伙子，你的服务真让我满意。这次我把我的朋友也带来了。"

销售人员："谢谢夫人，我又多结识了一个新朋友。"

有些销售人员每天都忙于开发新客户，但业绩却不见好转；一些销售人员并没有那样"勤劳"地开发新客户，却好像有做不完的生意。这是因为一般的销售人员忽略了回头客。回头客已购买过销售的商品，并且与销售人员建立了信任和友好的关系，所以，销售人员不一定要去开发新客户，做好回头客的生意，也是一种有效的办法。

某品牌店的一个销售人员曾这样记录了他的服务心得：每位进店的顾客当他们跨进门店的那一步，我就要仔细打量他，记住他的长相或他的特点。在顾客下次再来时，会认出他，甚至在某天路过他们店时，一定与他点头笑着说："您好！"而顾客也会很自然地点头回应。当他第三次来时，我会像朋友一样与他交谈，并让顾客记住我。当他第四次来时我会很主动热情地以美女、帅哥、阿姨等称呼很亲近地与他打招呼，让顾客感觉到我是值得信任的朋友、亲人，与他聊聊家常，想尽一切办法让顾客能在店内多留一会，增加购买机会。

开拓潜在客户其实远远没有你想象得那么困难，你现有的客户群就可以好好利用。

注意分析一下你收集来的客户资料，你将不难发现，在现有客户群中，还隐藏着很多潜在客户，存在很大的客户市场，等待你去开拓！而开拓的最佳办法就是"转介绍"，也就是让客户不断帮你介绍新的客户。

通过"转介绍"，可减少初次拜访的陌生感，同时又有介绍者的认可，更具说服力，较易赢得潜在客户的认可，促成签单。于是，你的客户群就像滚雪球一样，越滚越大！

你要向客户提出请求，并解释什么是"转介绍"。只有得到客户的认可，客户才会把朋友的近况及家庭情况告诉你，从而获得潜在客户的详细资料。在经营客户时，一定要重信誉、讲信用，以实际行动赢得客户的信任，客户才乐意为你"转介绍"。只有以真诚的服务打动客户的心，才会获得客户的认可，客户才会放心地把这种服务介绍给朋友，把你推荐给朋友，自愿反馈朋友的信息。

当你获得客户的认可后，他会主动地把一些潜在客户的详细资料提供给你。你在收集这些资料时，主要应掌握潜在客户的姓名、年龄、家庭情况及单位地址和电话号码，教育背景及未来计划，目前收入和将来可能的最高收入。同时还应获知潜在客户的兴趣爱好，掌握潜在客户的情感与性格，为陌生拜访奠定基础。

这样，你就对潜在客户有了大致的了解和认识，轻松掌握了潜在客户的生活详情。再有计划性地为潜在客户做准备，对症下药，整理出购买计划，将更具说服力。

根据自己掌握的资料，认真对潜在客户进行筛选，选择最具有可能性和最具有购买实力的潜在客户，锁定主攻对象。锁定潜在客户后，选择恰当的拜访时间、拜访方式、拜访话题，精心为潜在客户设计购买计划。

虽然是陌生拜访，但要对客户资料了如指掌，如吃了"定心丸"，就能介绍更得心应手，句句说到潜在客户的心坎上。再则是经朋友介绍来的，潜在客户不会拒你于千里之外，更不会为难你，甚至还会产生一种亲切感、信任感。可以借助自己为以往的客户提供的服务，用事实证明自己的信誉与能力。如此双管齐下，作用更为明显，相信会事半功倍。潜在客户也会从心里接受你的观点，成为你的客户，最后促成签单。

在拓展新客户的同时，不要冷落了回头客，这就需要销售人员要与回头客建立良好长久的关系。要做到这一点，可以从下面几点入手。

**1. 挖掘回头客新契机**

人们都喜欢购买新商品，你的热心会带动购买欲，勾起回头客对新商品的期待。

**2. 向回头客推荐销售附加商品或服务**

你们公司也许销售各种不同的商品且提供不同的服务，但是客户很少会对你所从事的行业有全盘的了解。有时客户会说："哦，我不知道你也有那种东西。"当听见客户这么说的时候，就是销售人员的失职。

**3. 与回头客一起用餐**

如果你能把客户带离办公的环境，你就能发掘更多的销售机会（并请他带一位要转介绍给你的人一起前来）。

**4. 让回头客帮助介绍新客户**

不管你的销售是否成功，你必须继续出现在回头客面前培养关系，做好亲善工作。不要与回头客失去联络。有时候，3个月以上不与一位回头客联系，就有可能失去了这位客户。

**5. 回报回头客**

采取顾客分级的方式，对忠诚度越高的顾客做越多的投资，让他们享受特殊的优惠和更多的好处。比如，许多商家发行自己的VIP卡，用于奖励自己的常购顾客，顾客在持卡购物的时候就可以获得一般消费群体所不具备的优惠。对于具体的产品而言，则通常会使用下一次消费的折扣券或者累积购买的特殊奖励来达到奖励客户的目的。

# 让客户成为你的兼职推销员

在台湾有一位姓潘的男士在机关里待了近20年后，忽然觉得人生不应该是这样的，就离职跑去人寿保险做销售。

但是由于他没有任何人脉关系，所以做了半年才好不容易有了一位客户。与这位客户签完合同后，他每天8点半就跑去客户的公司陪客户上班，一个礼拜后那位客户实在忍不住了就问他："你能不能不要再跟着我了？难道你没有其他事可以做吗？"

潘先生回答道："没错，因为您是我唯一的客户，所以我的工作就是每天保证您的安全！"

客户问道："那你要怎样才会离开我去干别的事呢？"

潘先生道："如果您给我推荐其他的客户，我就马上离开您去为他们提供服务。"

这位客户立刻写了18位朋友的名单给他，潘先生就拿着这份名单千恩万谢地去了。后来这位潘先生果然成就了一番事业。

从这个小故事中你得到了什么启发？是的，客户身边的朋友大部分都是潜在客户，关键是他愿不愿意把名单告诉你。那么到底该如何使用这个推荐客户的策略呢？或者说如何让客户乖乖地为你推荐其他的客户呢？

## 1. 前提是让客户满意

以上小故事中的客户是实在无奈才告诉潘先生名单的，但故事仅仅是故事，我们要让客户愿意提供名单，关键在于他对我们的产品和服务是否满意。

如果某一天你去要求客户为你推荐，而客户说没有的话，说明你的服务还不到位，他还不够满意。所以让客户推荐的前提是：超越客户期望，无论是你提供的服务还是产品。那么如何超越客户的期望呢？

第一，成交前不要过多承诺，正所谓"期望越大，失望越大"。

第二，承诺的都要兑现，甚至你只承诺了做到1分，那你就要做到2分甚至3分，切忌说话不算话，如果做不到就不要承诺。

第三，当客户将钱付给你后，你要比过去还热情，切忌"先热后冷"。

第三点最重要，当客户将原先死攥在手里的钞票乖乖交给你之后，总是有些心不甘情不愿的。这个时候他们是最脆弱的，最害怕有人告诉他们：你多花了好多冤枉钱，你上当了，如果你拿到钱后忽然消失不见了，客户的心思就会往那些可怕的想法上靠，越想越不对，对你的信任会越来越少，有些客户甚至宁愿收回承诺而毁约，即使无法毁约，他们也会降低对你的印象分。

所以，当我们将客户签署的合约及钞票收入袋中之后，请大家用比过去还热情的态度和客户保持联系。成交后再去拜访，客户会把你当作好朋友，因为你去拜访他没有任何利益方面的目的，他们对你的满意度就会增加。即使你的产品有一些瑕疵，他们也会因为你的毫不退缩而谅解。

第四，尽力把售后服务(尤其是不在承诺之中的)做到完美。

如果把售后服务做好，公司的客户会源源不断，因为客户的满意度会增加，然后他们就会成为你的活广告。

当我们身在售后服务不好的公司时，就需要我们自己用服务去弥补了。比如客户提出的服务要求你公司无法马上满足，这时就需要你及时赶到现场给客户做解释，有时客户其实只需要看到你去就宽心了。

### 2. 预先制作推荐卡

如果你不做任何准备，就让客户在白纸上填写，一方面客户会觉得不知道该写什么；另一方面客户会觉得不是很正式。如果你将预先准备好的名片大小的卡片递给他，就更容易让对方写出客户名单，而且会觉得你做事很认真很细心，同时也会联想到你会如何对待他的朋友。

当然了，如果你的推荐卡做得足够精致、漂亮，客户说不定会多问你要几张作为范本，推荐给自己公司的销售团队成员使用，这不又是一个让客户满意的手段吗？

### 3. 主动回访客户，询问客户的满意度

当询问客户后，发现他对我们的产品和服务都非常满意，你才可以开始使

用"推荐策略"，如果客户有任何不满，都要先想办法将客户的不满解决掉。

### 4. 不能太贪心，一开始只要求推荐一个名单

如果你一下子要求对方推荐很多，或不讲要推荐多少个，反而会吓倒客户，所以一开始先提出只要求一个，以减少客户的压力。

客户身边的朋友都是你的潜在客户，要让客户愿意为你推荐，前提是让客户对你的产品和服务感到满意。

# 第11章

善用肢体语言，让客户不知不觉地听你的话

# 从客户的肢体语言判断他们的想法

少言寡语的客户是不好对付的，因为不管你介绍产品多熟练，多生动，他还是漠不关心，依然不说话。

专家指出，只有当业务员与客户沟通后，才能够知道他是否购买；而面对那些少言寡语的客户时，你就不那么幸运了。

这个时候你就要从他的肢体信号中捕捉你所需要的信息。

有些客户不爱与人说话，虽然少言寡语，但态度倒是蛮不错的，他们主要是不善言辞。对于你的到来以及你的推销，他自始至终都报以微笑，表示欢迎。"相当不错的商品，它会使你在短时期内业绩提升30%～50%，有兴趣吗？千万要把握住。"这些话在一般情况下都会引来客户的反感，但是他依然不温不火，一脸和气，不见一丝怒色，更没有"要打发你回家"的意思。

这下把你给搞糊涂了：对方到底有没有兴趣呢？说他没诚意吧，他却有那么好的态度，他的表情分明是"有些动心"嘛！可有诚意，为什么他又不开口说话呢？是想"逃避"吗？不会，否则不会在这儿坐这么久，始终和颜悦色地听你讲，那么是你来得不是时候，正碰上客户身体不适，不宜说话？也不像啊，对方明明是一副身体健康、精力旺盛的样子嘛。哦！原来是因为客户内向，不善言辞。

那么到底如何解决这些问题呢？是继续介绍，还是扭头就走呢？继续介绍，他依然报以微笑；跟他讲故事、讲笑话，他还是一样。

专家认为，碰到这种客户，首先要从他的形体语言、神态来分析。

抓住他们的心理，从外表观察。如果你是个洞察力很强的业务员，你就可以在时机成熟后，拿出协议书向他展示："你看，先生，我已经介绍完了，如果你还有不明白的，可以问我。如果你很有兴趣，那么你还犹豫什么呢？"你把笔给他让他签字。

如果客户觉得说是没用的，就只有作出行为。所以他是否有兴趣，只能看他的大笔是否挥了。不签字，说明客户根本没兴趣。

这在神经语言学上叫做强迫性交易法。

要完成对上述这类客户的促销，关键看你是否能捕捉到对方的真实意图。所谓"知己知彼，百战不殆"，掌握对方的心理动向，是制胜的根本保证。这种洞察力是靠自己培养的。

如何捕捉他的真实意图要讲究方式方法。因为这类客户几乎都不开口，你不可能从他的话中打探到什么，这样你唯一的方式就是"察言观色"。通过对客户的表情、举动的研究，捕获那些暗藏在他"形体语言"中的信息。专家"察言观色"的能力特别强，而且捕获的时机很准，这都是自己经验的延伸。所谓"察"，不光看对方的举动，还要将他前前后后的各种反应综合在一起来看，作一个纵向的比较，也就是说，片面地抓住一个小举动，很容易判断错误。例如，这类客户的一些动作给人好感，但切不可因此就对他下定论，因为他往往表达的是反意。所以说，要多方面考虑各种因素，作一个综合性的判断，准确率才比较高。

# 运用手势提升自己的人气和魅力

专家曾经指出：一个优秀的保险业务员不能光会靠嘴说，而且也要运用肢体语言来帮助说话。

手势的目的是为了进行强调或进一步澄清某个信息，它比说话更有吸引力，也更具生动感。有效地使用手势，会使有个人魅力的人显得更有生气。你可以观察一下，一般人们说话都是频频做手势，给人一种勃勃生机感。而且手势可以给客户留下一种亲近感，这种表达方式往往需要其他非语言行为的配合，特别是面部表情。使用这种方式表达感情，可以增强你的个人魅力。

有时候搔后脑勺表示这个人已经在认真思索你的问题了。这个动作容易给人留下热情、谦恭的印象，所以有助于增强个人魅力。用手捂嘴这个动作常常意味着神秘感，因此提升了做手势者的个人素质。作为业务员，你要记住手势是你热情的标志，是你修养的表现，更是你魅力之所在，而一旦从客户的动作语言中发现有购买的欲望，就要立即抓住不放。

手势是你说话有力的辅助，别人可以从你的肢体语言上看出你与众不同。

在日常生活中，一个人说话很有感染力，可惜从不爱打手势；另一个人说话同样有感染力，并且在演讲时，经常作出激昂的手势，可以想象一下这两个人，哪个人的演讲更有说服力呢？

无可争议，做手势是展现你的魅力和权威的好方法，看看下列这些非语言的手势信息是否能够增加你的魅力：

用力在空中挥动拳头，表示"出发！"

伸出一个手指作为指示棒，向别人指路。

伸开手掌拍打对方的手，表示同意或表示祝贺。

向上跷起大拇指，称赞对方做得好。

伸出食指和中指，让它们形成"V"字形，其余的手指聚拢，表示祝福对方的胜利。

向上伸出两只胳膊，把两个拳头高举，表示欢呼胜利。

把手合拢到自己的嘴边，以表示很神秘。

两手合抱，表示祝福对方。

轻捏一下自己的耳朵，表示在认真思索。

单手向地板的砍势，表示开始或停止。

希望每个业务员都能有自己独特的手势，这能促使你的客户从你的手势中信任你。

# 模仿客户的肢体语言

你能使用的最基本的模仿技巧是仿效一个人的肢体语言。如果模仿得像，你很快就会使对方愿意与你接近。

想象一下，假设你刚刚坐下，一个人就向你走过来，在你旁边徘徊，而且还盯着你看。然后，他试图同你交谈。这时你会有什么样的感觉？你觉得这个人与你合拍，是你的同路人，或愿意与他交往吗？你的回答无疑是否定的："不，当然不！"几乎没有人会对这种状况感到舒服。

相反，你还会觉得这个人试图表现得高你一等或占据上风。

设想你一边非常兴奋地谈着某人某事，一边身体前倾，而她却向后仰，看来她或许不想参加这样的谈话。她的肢体语言使你感到她对你所谈的内容并不感兴趣，至少，她不像你那样投入和有热情。

再设想你非常兴奋，身体前倾45°角，极力想把你感到兴奋的一件事告诉某人，同你交谈的那个人也向前45°角倾着身子，聚精会神地听你讲。虽然你们两人都身体前倾，你也会感到与那人在一起很舒服。为什么？因为你们的肢体语言表明你们两人合拍。

你与另一个人，站着或坐着，前倾或后倚，这些非常普通的例子向你说明巧妙地模仿是多么的有效。如果你想给某人留下好印象，模仿他的举止将是非常有成效的。

你可采取下面这些做法：

首先，你可以模仿这个人的站立姿势。如果他是站着的，你也站着。如果他斜着站，或斜靠着桌子，你也斜着站。如果他站得笔直，直得像根电线杆，你也站得笔直，直得像根电线杆。

你也可以模仿他人的坐姿。如果他向后靠着坐，你也可以向后靠。如果他向前倾着坐，你也可以前倾一点。

千万注意：模仿某人的肢体语言不等于故意模仿这个人。可以设想一下，在你5岁的时候，你如果企图激怒一个孩子，你就去惟唯唯肖地模仿这个孩子。这个方法保证是最快速的，连5分钟都用不了。当你这么做时，你很快会使这个孩子非常生气。在这种情况下，你模仿的对象可能开始大喊大叫，埋怨或指责你模仿他的肢体语言给他带来的不快。

作为一个成年人，如果你的目标是让某人愿意与你交往，你就不要走向那种极端，你要考虑如何去巧妙地仿效某人。使自己看起来多少与那人相像，以便给他留下好印象，而不是成为他的翻版。

不难发现，每个人都愿意与像自己的人交往。

# 销售中不可或缺的肢体语言

在使用口头语言和客户进行沟通的同时，销售人员还应该配合一定的肢体语言来对客户进行恰当的暗示，实施动作暗示的主要工具和外在表现，就是肢体语言。

肢体语言，就是用体态动作把自己的想法表露出来，从而达到暗示的效果。一个眼神，一个手势，都可以称为肢体语言。有时候，一个暗示性的肢体语言比口头上的语言更能影响人的心灵深处。如果销售人员在说服中配合以引导性的动作，或是给客户传达一定的暗示动作，就能够很好地影响客户的意识和行为。

肢体语言在隐秘说服中起着非常重要的作用。一方面，你可以通过肢体语言来传达口头语言很难传达的信息；另一方面，客户会通过你的肢体语言，很直接地来感知你的情绪、信心和可靠度，并由此决定是否该信任你、喜欢你，然后决定是否购买你的产品。

相对口头语言来说，肢体语言更加简单有效。因为它的直观性，能够更有效地吸引客户的眼球，获得客户的注意，并加深他们对你的好感。

很多销售人员都知道肢体语言的重要性，但却不懂得去学习这种技巧。因为他们认为，这种技巧很难掌握。其实，肢体语言并不难学习，至少比盲人的手语要容易得多。

简单来说，肢体语言可以分成四大部分。

### 1. 眼睛

眼睛是心灵的窗户，反映着人的喜怒哀乐，它能向客户传达很多信息。但凡是优秀的销售人员，都希望与客户保持目光接触。特别是当客户犹豫不决时，目光接触越多越好。

有的销售人员在面对客户时，不敢看对方的眼睛，就是看着对方，眼神也是飘移的。这让老练的客户一眼就能看出你的不自信，就是因为看到了你的弱点，才会不停地讲条件，本可以马上签下的订单，却迟迟没有结果。正确的肢体语言应该面带微笑，眼睛炯炯地、柔和地看着对方的眼睛，不卑不亢，让对方感觉到你的自信和平和，感到你的诚实和勇气。

### 2. 身体位置

销售人员与客户的角度与距离，都要表现出热情和尊重。

刚开始，销售人员可能需要站着和客户交流。可有的人站着不断地摇晃肩膀，不断地倒换双脚，这些动作很不礼貌，也会让客户感到你不耐烦，想尽快结束谈话。正确的做法是，像军人似的稍息的动作，一脚稍微在前，一脚靠后支撑重心。一定要稳重，不要摇头晃脑。

当坐下来谈业务时，要做到后背坐直，身体前倾，这样才能充分展现出你的热情、职业素养和对客户的重视。

### 3. 面部表情

微笑是用来创造良好形象的最有效的肢体语言。因此，在与客户交流时，脸上一定要始终洋溢着微笑，千万不要流露出不耐烦。否则，很容易得罪客户。

### 4. 手势

我们每一个人在谈话的过程中都会有不同的手势，只是有的手势是有助于我们表达的，有的会令人讨厌。比如，张开手掌这个手势会给客户诚实的感觉，可以提高你的可信度，增加你的交际能力。在谈业务时，最好不要出现用手指点指对方的手势，也不要在讲话时挥舞拳头，这些手势都是不礼貌的，会让对方非常反感。

# 客户表示积极态度的肢体语言

销售员遇到一位心无偏见而又愿意倾听自己的商品展示说明的客户，是一件令人愉快的事情。因为销售员有遭受客户拒绝、反对或遭人白眼的心理准备，所以，如果自己受到客户的尊重与友好接待，销售员的感觉当然很好。

当然，比较典型的情况可能是，由于销售员和客户之间已经建立了良好的关系，销售员取得了客户的信任，此时，客户才会发出积极的肢体语言信号。

下面是客户发出的积极的肢体语言信号：

客户微笑、点头或其他积极兴奋的面部表情。

双手自然地放在桌子上，或者手势自然、友好，双脚突然不再交叉，手臂也不再交叉放在胸前，其他动作也轻松自然，表现出当事人的观念已经在改变。

拍一拍你的手臂、肩膀或背部，这样的动作表现出对你的友好、关心或同情的姿态。但是，需要注意的是，触摸行为表达出一种强烈的情绪，而且如果这种行为发生在男女之间，那么，这种行为反而会给人以一种不真诚或胁迫的感觉，从而使人难以接受甚至感到厌恶。

身体坐得靠近一点。这看起来好像是一种彼此之间关系比较密切的信号。

讨论期间，解开外套的扣子或者脱下外套，或直接卷起袖子。可能表示愿意接受他人的看法与建议。

客户坐在椅子的边缘，上身微微前倾，表现出一副渴望仔细倾听销售员所讲的每一个字的样子，而其两腿却在桌椅下自然下垂，只用脚尖点地，这种姿势通常表现出客户已经准备签订购买合同或愿意同销售员合作等信号。

如果客户专注地观看商品展示或商品示范，这将是一个好兆头，表示客户对销售员和谈话内容有浓厚的兴趣。

头微微倾斜，这种姿势通常表示完全接受谈话的内容。

两手缓慢地相互搓揉，看样子是等不及想买下来。

站着时，两脚张得很开，而两手又放在臀部上。

销售员所谈内容确实引起了客户的购买兴趣，或者真正解答了客户的疑惑与需求时，客户会发出真正有兴趣购买的积极的肢体语言信号。

如果客户对销售员销售的商品表现出极大的兴趣与热情，那么，销售员也要表现出同样的热情，以使客户保持兴趣与热情，并使客户确信，如果他购买商品的话，他一定会作出正确的决策。

如果客户赞美销售员及其公司或者所销售的商品，此时销售员要感谢客户，有助于客户继续谈论积极的事情。如果客户还在对你感兴趣，你不妨继续使用开放型的肢体语言，同时使自己靠客户更近一些。

# 第12章

客户不听可能只缺一个字，多说"我们"少说"我"

# 用言语唤起客户的关注

乔治·汤普逊是一位35岁的塑胶业从业者，已婚，有两个孩子，年收入在6万元左右，而且每年都要付一笔总数约为3万元的房屋抵押贷款，已有一份3万元的保险，但就是在这种情况下，保险业务员麦克还是成功地向他推销了一份价值17万元的保险。

下面我们看看麦克是如何说服他的客户乔治的。

"乔治，您现在事业顺利，身体状况良好，但是，虽然我们不喜欢谈那些不吉利的事，可是万一您出现了什么意外，您的夫人怎么办？她能挑起生活的重担，把两个孩子抚养大吗？在大多数的情况下，一家之主发生了意外，那整个家庭就会随即陷入困境。如果因没能按时交房屋贷款，银行又要求收回房屋，那么情况就会更加不可想象了。您想想看，到那时候该怎么办？"

"我已经买了一份3万元的保险呀，我想这大概够了吧！"

"这张保单当然是能够起到一定的作用，可是您想想看，您现在的房屋贷款是3万元，所以这张保单保的不过是1年的贷款数额。如果还有一大笔的其他费用要支付的话，您又该怎么办？这些钱加起来至少也要5万元吧，需要花钱的地方真是太多了！"

"那我老婆可以去找工作做呀！"

"找工作哪有那么容易呢？"

"也有道理，不过她以前也有过工作经验，那个时候她教书……噢！不过教书这个行业已经不比从前啦，她可能还要去补修教育学分，可是现在教师的缺额又这么少，要找个职位还真是不太容易！"

"就算她能找到一份工作，您想想看，薪水够3个人的开销吗？假如她运气不错，找到一个薪水有您现在收入一半的工作，扣掉税金，还去银行贷款后，也将所剩无几；再说她还要交付社会福利金，还得请个保姆来照顾小孩，这一切费用都要从她的收入中去扣除，那最终还能剩下多少钱可以家用呢？"

"我可以想象这些问题，即使她能找到工作，我想日子也不会好过的。"

"这就是为什么我认为您应该再买一份保险。这样即使您遭到不幸，至少在5年以内您太太还能保持目前的生活水准。这样她就有一段缓冲时间，可以根据自己的具体情况去学一些东西，然后在没有太大压力的情况下，找一份比较理想的工作；而且在您的两个孩子还需要母亲照顾的时候，她也能多照顾他们一些。"

"那您看我是不是应该将保额提高到10万元呢？"

"这样当然会好一些！不过我们还忽略了一些问题，您再想想孩子们的教育问题，这要花多少钱呢？"

"一个孩子1年1万元吧，也许还不够呢，现在大学的学费越来越高了。"

"所以应该把这些款项都加在一起，才是最适合您的保额。您自己就可以算得出来：每年需要付3万元的房屋贷款，另外2万元作为孩子的教育费用，如果想在5年之内让太太和孩子继续享受目前的生活水准，至少需要10万元，再加上意外性费用5万元，这样您应该要保20万元的保额，扣掉您已经保了3万元，您需要再保17万元。"

"这可不是个小数目啊！"

"可是，乔治，假如您希望您的家庭能够不被一次意外摧毁，而失去现有的生活水准，您就需要这样的保额。想想看，您还有什么其他的方法能够给家人这样的保障呢？"

当然，也可能有些人不为所动，他们会说："这种计算未来的做法根本是多余的。你看我还不是从半工半读奋斗到今天，我的孩子也可以这样做呀！妻子出去做事有什么不好，这对她也是个很好的机会呀！在这个世界上，根本没有什么不劳而获的事情，我自己是这样苦过来的，别人也一样可以苦过来。"

说出这种话的人，通常都是以自我为中心，他需要别人肯定他的成就，而他对自己的关心也超过他对家庭的关心。于是，你就可以跟他谈些个人生活里的实质好处，例如，个人的积蓄、退休后的生活问题，以及万一失业时的收入问题等。

针对这种情况，你可以这么说："您已经辛苦了大半辈子，目前的成就和生活水准，事实上正是您辛苦的代价。依我的浅见，最重要的是要在退休以后，还能够保持这样的生活水准。假如买了这种保险，当您65岁的时候，1年可以从保险公司那里享受1.8万元的红利，而目前1年只需付3 400元的保费。"

这样，你就可以把重点从家人的身上移到被保险人自己身上。对方也觉得这样做，会让自己的余生过得更好些，因而就会接受你的建议。

# 把客户的错误揽到自己身上

作为一名销售人员，你的责任心就是你的信誉。你的责任心决定着你的业绩。

销售人员在与客户进行业务来往中，不可避免地会发生一些失误或其他一些意想不到的事情，而有些失误可能是客户单方面或者双方共同造成的，这时，你不妨抱着包容的心态，主动地把客户的错误揽到自己的身上，勇于承担责任。这是赢得客户的好方法。

有一位名叫克鲁斯的保险销售人员，他曾有过这样一次经历：

有一位客户在购买了克鲁斯的一份意外伤害保险后，忘记取回一张非常重要的单据。而克鲁斯在交给这位客户一叠材料的时候，已经把所有的单据都帮他整理好了，可能是这位客户在克鲁斯的办公室看完后遗漏了。于是，这张重要的单据就隐藏在克鲁斯存有一堆客户资料的文件夹里，之后被束之高阁了。

3个月之后的一天，这位客户在外出旅游时不慎摔伤，当他找到保险公司要求赔偿的时候，保险公司要他提供两张证明，否则不予赔偿，其中就有他遗忘的那张单据。

其实，在这种情况下，克鲁斯没有任何责任，他也不知道那张要命的单据就在他这里。当那位客户找到克鲁斯的时候，克鲁斯迅速和他一起寻找那张单据，他帮助客户仔细地回忆了存放单据的每一个细节，但始终找不出单据的下落。

后来，克鲁斯把存放客户资料的文件夹取出进行查找，当客户看到那张单据的时候，埋怨他不负责任，而克鲁斯却真诚地说："真对不起，是我工作的失职，没有提醒您取走这张重要的单据，差点就耽误了您的事情。"

经过了这件事情以后，克鲁斯不但没有失去这位客户，反而赢得了这位客户的信任。后来，他还为克鲁斯介绍了很多的客户。

就这件事情本身而言，显然客户是错的，是客户自己忘记拿走那张重要的单据，克鲁斯可以理直气壮地说明情况，如果这样做，能说克鲁斯错了吗？但他并没有这样做，他在为客户找单据的同时甚至将客户的错误主动地揽到自己的身上。试想，客户错了的时候如果你据理力争，把客户说得哑口无言，那么即便客户认识到是自己的错误，心里会舒服吗？感觉不舒服就不会再来，其结果是你做得再对，最终失去的是客户，与销售的最终目的——通过创造顾客获得经济效益是相悖的；相反，抱着尊重客户的态度，抱着"客户永远是对的"这样一种理念，以理解的方式处理客户遇到的所有问题，甚至主动地把责任揽过来，达到让每一位客户满意，则与销售的最终目标是一致的。

有一个发生在雅典的真实故事。

一天下午，两位中国妇女走进了一家专门经营旅游纪念品的商店。这家商店的经营面积不小，但商品的陈列非常凌乱，店里没有一只玻璃货柜，浮雕银器、彩瓶挂盘、仿古的大理石雕像，都随意地摆在一张张木台子上。

当时，商店里没有什么人，两位中国妇女闲逛了一圈后，在就要走出店门时，其中一位大概仍然留恋某件商品吧，转身要再看一眼——就在她转身之际，她腰间的挎包将门口木台子上的一个五彩瓷瓶挂到了地上，当场摔个粉碎。若在其他商店里出现这个场面，毫无疑问，店主要坚持索赔，顾客要据理力争，指责店主商品摆得不是地方。可这次不然，正当那位妇女有些不知所措的时候，店主已经走到她面前说："对不起！没吓着您吧？"那位妇女也连声道歉，问他，"要我赔吗？"店主说，"这件事情只不过告诉我，应该把东西摆在恰当的地方。请吧，欢迎您再来！"

最后的结局是这样的：那位中国妇女买走了一个古希腊的雕像。她的朋友大概也觉得这位店主可以信赖，买走了两个彩色挂盘。皆大欢喜。

为什么会出现这样的结局呢？就是因为这家店主从顾客的角度去思考问题，当商品打破时，他首先想到的不是自己的利益而是顾客的感受，他不认为这是顾客的错，相反却检讨了自己。把顾客的错误主动地揽到自己的身上，正是他赢得顾客的法宝。

把顾客的错误主动地揽到自己的身上，是一种高级的商界处事原则和职业素养。销售人员要树立"客户永远是对的"理念，不与客户发生争吵，主动承认自己的过失，不论事实如何，都要认真处理，力求使客户满意。

# 客户的利益是"我们"共同的利益

做销售的真正目的并不仅仅是将产品卖出去，而要以真正帮助客户解决问题作为首要目标，这样才会把生意做大做久，你的口碑也会越来越好。

培训公司的菲菲通过朋友介绍，去拜访一家即将开业的美容整形医院。

菲菲："吕总您好！看你们装修得差不多了，是快要开业了吧？"

客户："是啊，所以急着请您来为我们的员工做培训啊！您近期是否有时间为我们的员工做一到两天的培训呢？"

菲菲："时间可以调整，这个没问题，关键要看您想要达到什么效果？"

客户："我这次招来的员工素质太差了，我希望通过这一两天的培训，能够让他们焕然一新，能够拥有空姐那样的服务态度和精神面貌！"

菲菲："我明白了，不过我觉得你们做这样的培训是没用的，我不建议你们做。"

客户："啊？不建议我做培训？您不是专门做培训的吗？"

菲菲："正因为我是做培训的菲菲，所以更需要提醒您，这样做是没有用的，既浪费时间又浪费金钱。"

客户："为什么呢？"

菲菲："因为一个人的习惯是很难改变的，就算进行了两天的培训，也只能保持最多两个星期的良好状态，过不了多久就又恢复原样了，那您投入的钱不是都打水漂了吗？"

客户："那怎么办？"

菲菲："我建议您还是先把开业的日子顺延至少1个月，然后再重新招聘员工。从源头上抓起，筛选出一批优秀人才，最后再对这些优秀人员进行长时间的、有计划的军事化封闭培训，至少要培训1个月。在进行素质、礼仪、心态、专业知识等培训的同时，还要进行企业文化教育，让员工认同企业的价值观、理念、文化。因为如果对企业价值观不认同，培训了也是没用的，迟早要走人。"

客户："明白了，但是我得投入多少钱啊？我们开业经费已经超支了！"

菲菲："如果您想压缩成本，那么前面投入的这几次培训费就会全部浪费，反而增加成本。如果您进行了长期有效的培训，员工发生了真正的改变，对企业才会有实实在在的帮助，这才是真正有用的投资。"

客户："好吧，那我们什么时候开始呢？"

案例中，销售员站在客户的角度，为对方着想，博得了客户的信任和好感。而这个案例的厉害之处在于，销售员在博得客户信任之后并没有善罢甘休，而是利用客户对自己的信任，同时运用自己的专家身份，将业务无限拓宽，从一笔小业务扩展为一笔大单子。

但假设菲菲一开始就答应客户，先把一两天课程上完，钱赚到手再说，客户迟早会发现这一两天课是没用的，不但对菲菲产生负面看法，还会到处去做负面宣传，而且对培训的整个产品链产生连带的负面看法，认为培训没有用。所以从销售的角度来说，哪怕最后生意搞砸了，都是一个不错的结果。今天不做，下次可能还会有机会，而且客户会对你心存感激，从而留下良好的印象。不但未来有需求仍然会再找你，而且很可能会给你推荐客户。所以做生意不能只顾眼前利益，而要放眼未来。

# 我代表客户

贝吉尔是美国顶尖的保险销售员之一。有一次，贝吉尔去见一位准客户，这位准客户正考虑买25万美元的保险。与此同时，有10家保险公司提出了计划，参与竞争，尚不知鹿死谁手。

贝吉尔见到他时，对方应道："我已拜托一位好朋友处理此事，请把资料留下，好让我比较哪家便宜。"

"我有句话要真诚地告诉您，现在您可以把那些计划书都丢到垃圾桶里，因为保费的计算基础都是相同的起点，任何一家都是一样的。我来这里，就是帮助您做最后的决定。您的健康是最重要的。不用担心，我已帮您约好的医生是公认最权威的，他的报告每一家保险公司都接受，何况做25万美元保金的高额保险的体检，只有他才够资格。"

"我还需要考虑几天。"

"当然可以，但是您可能还会耽误几天，如果您患了感冒，时间一拖，保险公司甚至会考虑再等三四个月才予以承保……"

"哦！原来这件事有这么重要。贝吉尔先生，我还不知道您到底代表哪家保险公司。"

"我代表客户！"

贝吉尔顺利地签下了一张25万美元的高额保险，他所凭借的利器一是及时的行动，二是恰当地利用了一些推销方法。

"我代表客户"让客户相信，贝吉尔所做的一切都是为了客户的利益。

有许多客户做事是很有耐心的，他们在把事情弄清楚之前是绝不往前踏一步的。这时候，销售员最好强调自己是与他站在同一战线上，是为他着想，代表的是他的利益。

# 先交朋友，后做生意

推销员要和客户建立起良好的关系，就必须先和客户做朋友。倘若仅仅把目光放在推销上，只考虑自己的利益，那么你很难在客户心中留有地位。如果你的客户首先是你的朋友，那你再谈业务就是轻松的事情了。

销售人员小新最会拉客户了，用他的话说就是：客户都是我的朋友。同事们都很羡慕他，能和客户做朋友，真是件乐事。一位为客户头疼的销售人员连忙向小新请教，告诉他怎么和客户拉关系，套近乎，怎么能让客户对自己不反感，不警惕。因为在每次和客户接见时，客户都带着一副不信任的口气和他说话，让那位销售人员心里不爽。"我觉得我和客户之间彼此都有一种陌生感，仿佛就是一种纯买卖关系，没有任何感情在里面。"那位销售人员说。

正当小新告诉他接近客户的秘诀时，电话铃响了。小新得意地说："看我的吧！"

"我是公司的小新，请问您是……啊，原来是王总，您好！"小新对着话筒兴奋地说道。

"第一次跟您通电话，但我相信我们一定有共同点。"

"是吗？什么共同点？"对方被"迷惑"了。

"如果您想知道，明天下午两点钟在老地方等我。"

"什么老地方？"

"大自然高尔夫球场，我也是那里的会员，到时我再给您电话，咱们不见不散。"

小新满意地挂上了电话。"和客户打高尔夫球？"那位销售人员很吃惊。

"这就是秘诀。"小新说。

和客户打高尔夫球这类的事，似乎与推销工作挂不上边，但是聪明的销售人员却能用这样的办法拉近与客户的距离。与客户的距离拉近了，彼此的陌生感消除了，业务自然也就好谈了。相信上面案例中的这个销售人员的业务会顺利地进展，通过这个机智巧妙的套近乎方法，很可能把客户变成了熟悉的朋友。而不懂得运用沟通技巧的销售人员，只把客户当作客户，没想到把客户当作朋友会更有利于促成成交。

朋友的关系是要靠后天培养的，有的销售人员不擅长在销售过程中主动请客户帮助或主动给予客户帮助，一直被动地等着客户先开口，一而再、再而三地失去与客户"建交"的机会。所以才不会拥有快乐轻松的事业，当然也很难有好人缘、好机会和大财富。因为没有与客户进行情感的沟通，"陌生的"客户就会对你表现出不信任感，而对你处处设防。

当你在以后的交往中因为想方设法改变客户之前的不好印象而烦恼的时候，你可以采取以下策略重新挽回客户朋友。

### 1. 与客户建立友善关系

销售人员与客户接触之初就建立友善关系是非常重要的。它使你与客户和睦相处，彼此信任。建立友善关系包括五个要素：恰当得体的语言，令人愉悦的肢体语言，受人尊敬的举止行为，以及善于聆听和诚实守信。

语言是表情达意的工具，销售人员需要有出众的口才，需要掌握一些讲话技巧。肢体语言可以让客户感觉到你对对方的关注，表达出你对他的尊敬。举止庄重得体，更是综合素质的表现。善于聆听客户，会让客户感到你关心他的想法和需求。同时，倾听也是获取信息的重要方式。

密切的关系往往建立在相互理解的基础上，你完全能从每个人身上找到一些人人都有的共同点，你也会发现秉性、背景以及兴趣大相径庭的人也能在一起很好地合作。

### 2. 把握好与客户接触的尺度

根据一些实际经验，销售人员可以遵守以下几条守则：

（1）当你按响门铃听到有人出来开门时，一定要后退五六步，不可靠门站着。

（2）访问新顾客时，要给主妇送一点实用的小礼物，不管她买不买（可冲淡打扰人家所引起的反感）。

（3）必须自然大方、服装整洁，不让人误认为你是"坏人"。

（4）利用机会为客户做点小事情，如放在门下的报纸，你不妨把它拾起，叠好交给主人。凡是应拾起的东西，都应顺手代劳。

（5）不经客户允许，绝不进入顾客家里。

（6）向客户列举一些实例，让客户自己做决定，适时地通过一些日常谈话拉近与客户的距离。

### 3. 对客户多一些情感投资

随着竞争的加剧，产品、服务越来越相差无几，此时，真正能吸引客户的就是隐藏的利益和深藏的利益——关系、情感、感受和信任。所以，要想成交，就要与客户沟通感情，增加彼此的信任度。不仅要舍得在客户身上花钱，还要舍得花时间投资情感。

销售人员小舒在县内开发销售网点，相中了南城家电商场，可是该老板邱总是个心高气傲的客户，根本看不上该品牌，小邱数次拜访都遭到冷遇。小舒心有不甘，通过家电销售人员透露信息，邱总最大的爱好是喜欢汽车，对车模的收藏情有独钟。这天，小舒带着上海朋友快递过来的3款最新款式的赛车模型，走进邱总办公室，说："邱总，听说您是爱车一族，我托朋友带来3款最新的赛车模型，不知您喜不喜欢？"邱总接过车模，大喜过望，如获稀世珍宝，连声说好，一改往日那种"不食人间烟火"的模样。结果，两人仿佛是相见恨晚，大侃特侃关于各类轿车的性能优劣和各种赛车的故事。没出10天，邱总就在商场里腾出一块位置给小舒作为冰箱的销售区域，而且作为主推品牌进行操作。

对客户多一些情感投资，可以从客户的兴趣、爱好和近期关注的问题入手，当你和客户谈及一致的话题，客户会更加高兴。当客户得知你和他有着共同的爱好，或者你能满足他的某种爱好，那客户你对会倍加信赖。为此，你可以通过多种渠道和方式了解客户的爱好和兴趣，在能给予帮助的时候尽量帮助对方。

# 掌握逆反心理，获得客户的信任

在推销过程中，很多销售员往往会口若悬河地夸赞自己的产品有多么的好，但是现在的消费者都非常理性，很难被这种自我推销说服，有时甚至会产生反感。

但是如果我们反其道而行之，不说产品有多好，而说自己的产品哪里有缺陷，哪里有不甚如意的地方。这样做不但不会吓跑客户，反而会引起客户的好感，因为你是实实在在地为客户着想。客户就会自然而然地对你产生信任，哪怕真有一些瑕疵，他们都会认为这是正常的，继而从你手里购买商品。

营业员："看您很诚心，我也不想瞒您，这套热水器好是好，但它有一个小缺点，就是在您使用时，若关掉热水阀10分钟以上，主机就会自动熄火。要想打开热水，必须重新点火。"

顾客："哦，我明白了，它这是为了节约能源。"

营业员："是啊，您真聪明！它就是一个节能装置，同时也是为了安全考虑，我就是怕您嫌麻烦。"

顾客："这个没关系的，一般掌握好时间就可以了，洗澡时也不会关掉那么久的，冻都要冻死了，呵呵！"

营业员："是啊是啊！我刚才已经介绍过了，这台机器其他方面都很不错的，比如出水量大、节能、数控水温等，就是这个小设计，有些顾客会想不明白。"

顾客："是啊，有些人可能不理解。"

营业员："就是，我这个人喜欢什么事都提前说明，要是等您回去使用后觉得不舒服，再要换啊什么的，大家都不开心，您说对不对？"

顾客："是的，你很坦率呢！"

营业员："谢谢您的夸奖！请问您还有其他问题吗？"

顾客："没问题了，你都解释得很清楚了。"

营业员："好的，那您是付现金还是刷卡呢？"

顾客："现金好了。"

在说自己产品的某一项缺点时，千万要记住这个缺点不要是太严重而妨碍正常使用的，比如案例中所谓的"缺陷"其实就是一种省电和安全的设计。千万不要将客户最担心的问题直接暴露给客户，比如客户买燃气热水器最担心的是安全问题，而你直接就说"抱歉，我们产品最大的问题就是不够安全"，客户再理解，再认为你是在为他们着想，也断然不会买一台有安全隐患的热水器回家。

# 第13章

站在客户的立场说话，学着用客户的说话方式说话

# 站在客户的立场说话，为客户多着想

推销精英弗兰克·罗塞尔打电话给他的客户说："您好，杰克先生，现在我要为您提供一项服务，这是其他人无法替您设想的。"

"究竟是什么服务？"顾客不解地问。

"我可以为您供应一货车石油。"

"我不需要。"

"为什么？"

"因为我没有地方可以放啊！"

"杰克先生，如果我是您的兄弟，我会迫不及待地告诉您一句话。"

"什么话？"

"货源马上便会很紧缺，那时您将无法买到所需要的油料，价钱也将上涨，我建议您现在买下这些石油。"

"我现在用不上，而且我真的没地方可以放。"

"为什么不现在租一个仓库呢？"

"还是算了吧，谢谢你的好意。"

不一会儿，当罗塞尔回到办公室时，看到办公桌上放着助手记录的一张留言条，上边写道：杰克先生让您回电话。

罗塞尔拨通了杰克的电话，就听见杰克在电话那头说："我已经租好了一个旧车库，能存放石油，请将石油送过来吧！"

当销售员能够为客户提供有价值的信息时，客户就会为销售员着想。无论何时，要获得对方的认同，就要先为对方着想，关心对方的利益，只有如此，销售员和客户才能成为最佳的合作伙伴，获得利润上的双赢。

# 客户才是推销员真正的上司

不管你从事什么职业，首先你要让你的上司信服你。王平觉得业务员的工作就是为自己工作，不要误认为是帮公司打工。一个业务员没有上司，如果有的话，上司只能是客户。

所以关键是，一个从事业务的人员如何能让"上司"信服呢？尤其在保险行业更应先让对方信服。

王平曾经拜访一位退役军人，军人有军人的脾气，说一不二，刚正而固执。讲再多也是白费口舌。所以，王平直截了当地对他说："保险是生活不可缺少的保障。"

"年轻人的确需要保险，我就不同了，不但老了，还没有子女，所以不需要投保。"

"您这种观念有偏差，就是因为您没有子女，我才热心地劝您参加保险。"

"道理何在呢？"军人用刚正的语气反问。

"没有什么特别的理由。"

王平的答复出乎军人的意料，他露出诧异的神情。

"哼，要是你能说出令我信服的理由，我就投保。"

王平故意压低音调说："我常听人说，一个男人，没有子女承欢膝下，并非是一生最大的遗憾。如果不善待陪伴自己一生的妻子，才可谓是人生的遗憾。您说对吗？"

王平接着说："如果有儿女的话，即使丈夫去世，儿女还能安慰伤心的母亲，尽抚养的责任。一个没有儿女的妇人，一旦丈夫去世，留给她的恐怕只有不安与忧愁。您觉得没有子女所以不用投保，如果您有个万一，请问尊夫人怎么办？您赞成年轻人投保，还是无子女的老夫妇投保呢？当然，寡妇有再嫁的机会，您的情形就不同喽。"军人默不作声，一会儿说："您讲得有道理，好！我投保。"

对准客户晓之以理，动之以情，站在准客户的立场，多为准客户考虑，定能找到使对方信服的方法。

# 善于运用易于被客户接受的说法

内容和中心意思都一样，但由于所用的语言不同，产生的效果就可能大不相同。销售员要把商品的好处引申，并做详细、生动的描述，让客户觉得亲切，易于接受。

通常情况下，销售员如果只是反复强调商品的一种优点，未必能发挥太大的作用。因为不管什么商品，它的价值只有在使用之后才能得以证明，所以使用前的说明，其说服力往往不会太大，而真正高明的做法应当是主动向客户说明购买某种商品会带来的各种好处。对这些好处详细、生动、准确地描述，才是引导客户购买商品的关键。

比如说："这种传真机目前的速度已经达到12秒了。"这样的性能说明很难让人感受到有什么直接的效果。若换一种说法："使用这种传真机，每传送一张，在市内可以节省×元的费用，在市外则可以节省×元。"这样说来，使人一听就知道："噢，原来有这样的作用。"

一般来说，说明购买某一商品会带来的益处时，应该围绕客户的需要，并站在他的立场来考虑："如果是我，为什么要买这个东西呢？"朝着这个方向去思考，才能深入了解到客户所要达到的目标，也就能抓住所要说明的要点。

一位客户走进一家电器行，她想买台冰箱，但拿不定主意该买哪种。于是她向店员询问："我该买大一点的好呢，还是小一点的？"这时，过来一位很有经验的销售员，告诉她说："这台大的比较好一些，夏天您不仅可以为每一个家人准备好冷毛巾，甚至还可以将您先生的家居服装放到里面，使他度过一个凉爽的夏天。相信您和您的家人都会为此感到高兴。"于是，那位客户点头作出决定："是啊，那我就买这一台了。"体会一下这位销售员的说法，是不是你也会觉得不太容易拒绝呢？通过上面的例子，可以看出：成功的销售员总是善于运用容易被客户接受的说法，引起客户的购买欲望，从而使自己的商品销售出去。

# 为客户着想，拉近彼此间的距离

顺着客户的思路，站在客户的角度，见缝插针，巧言善辩，才能进行零距离的交流，探知你想要的信息。

有个玩具店的销售员，迎来了一位看上去愁眉不展的男士，在玩具展台前瞧来瞧去，拿不定主意。销售员赶紧走过去，彬彬有礼地发出试探的信息："先生，您好，是给小孩买玩具吗？"

客户说："是的，我也不知道该买什么样的，现在的小孩真是难伺候极了。"不经意的回答，尤其是最后一句，让销售员的心里顿时兴奋起来，马上就接着客户的话题说："是呀，尤其是10岁以前的小男孩，好像什么都满足不了他，当爸爸的可真是费脑筋呢！"

"太对了！我觉得爸爸是世界上最累心的角色了！"男士好像一下子找到情绪的发泄口，抬起头，跟销售员聊起他8岁的儿子，说他是多么的调皮，买了十几个五颜六色的气球，一会就扎破，给他买画册，也全给撕坏了，不管什么玩具，都玩不了几天，特别淘气。

销售员听到这里，顺势拿起一款玩具飞碟，向他推荐说："以我多年跟小孩打交道的经验看，这种飞碟一定适合您的孩子。"

她一边说，一边打开玩具飞碟的开关，拿起遥控器，熟练地操纵着，强化着自己的语气："这种玩具飞碟，玩起来特别有趣，不像气球或画册，看两眼就没意思了。您的孩子很聪明，对新鲜玩具肯定是一学就会，所以，这种操纵较为复杂的飞碟，他一定能够长时间喜欢的，这样您就不必为了寻找更新更好的玩具而费心了。而且，还可以从小培养他强烈的领导意识呢！"

介绍产品的时间用了两三分钟，言简意赅，符合这位男士的期待心理。果然，客户马上就问："多少钱？"销售员说："100元，赠送两个遥控器。"男士皱了皱眉头，犹豫地说："太贵了！"

销售员用亲和与理解的口吻，笑着说："的确，现在市场上很多同类的玩具都太贵了，在一些店里，这款玩具卖到了150元呢！孩子的玩心足，做爸爸很费心呀！每年在玩具方面的花费，就是一笔不小的数目！这样吧，价格给您降到90元，您看可以吗？"

看到销售员这么善解人意，男士爽快地答应了，买了一套玩具飞碟。在即将出门时，他转身回来，又购买了两辆遥控小汽车，留下了电话号码，并且对销售员说："谢谢你的建议，我今后一定多给他找一些耐玩且益智类的玩具，希望你也帮我留意一下，有新的玩具到货时，及时给我打电话。"

销售员认真地记下客户的电话，递上了自己的名片，最后又特意叮嘱客户："现在市场上很多玩具质量都不好，如果您从本店购买的玩具发现了质量问题，3天之内可以凭借发票无条件更换、退货。"

这位客户是缺乏耐心的爸爸，因为孩子对玩具喜新厌旧，让他不胜烦恼。销售员巧妙地抓住了他的这一心理，站在他的立场上，用替他解决问题的方式，向他推荐本店合适的产品。客户此时也许已对玩具有了逆反心理，站在玩具店里不知道该买什么好，突然听到销售员这体贴入微的话，大有同感，自然就产生了认同心理。

接下来，就是推荐产品的绝佳时机了。而且，在介绍产品的过程中，销售员时刻站在客户的角度，提醒他注意产品质量，替他说出心中的牢骚。当客户对价格不太满意时，她首先做的不是为自己产品的价格辩解，而是主动降价，并借机暗示市场上的同类产品价格极高，掌握了销售的主动权。

说话时投其所好，沿着客户的思路对他循循善诱，对销售产品非常有益。根据客户的口吻和说话的习惯，用心揣摩客户说话时的心情、神态，同时调整自己，用客户说话的方式和他交流，更容易打动他的心。

摸清客户的消费心理后，再沿着他的想法，顺藤摸瓜，将他需要的产品推荐给他。既让客户如沐春风，又卖出了产品，还会在这样的交易中，留住客户在你这儿长期消费的机会。

用客户说话的方式说话，就是学会跟客户交朋友，处处为他着想，理解他的心声。让客户觉得，你不仅是个销售员，还是一位愿意为他分担烦恼、解决问题的知心朋友！

# 站在客户的立场考虑和说话

在一家电器商店里，一位年轻的售货员陪着一位中年妇女挑选洗衣机，几乎把店内所有的洗衣机都看过了，可是这位顾客还是没下定决心购买。

这时，售货员不急不躁地与这位中年妇女拉起了家常，了解到她家有一个瘫痪的婆婆，买洗衣机主要是为了洗被褥，既然如此，为什么这位顾客还是"举棋不定"呢？原来，这位顾客认为：多少年来我靠手工搓洗也熬过来了，好不容易才积攒了这点钱，一下子花掉，值得吗？对此，售货员一面表示同情，一面在心里琢磨：看来，就洗衣机谈洗衣机已经不能促成这笔交易了。

售货员："大姐，您的小孩上学了吗？"

顾客："再过两个月就上学了。"

售货员："那将来您就更忙了。既要做家务，又要辅导孩子学习，孩子初学阶段可要打好基础啊！大姐，我看这洗衣机值得买，既可以使您从繁重的家务中解放出来，又可以有更多时间来指导孩子的学习。"

这番话，终于打动了那位中年妇女，她高高兴兴地把洗衣机买走了。

这个售货员的确很会说话，她能站在客户的立场上考虑，使对方感受到她的同情和体谅，所以这位中年妇女才下定决心购买洗衣机。

# 站在双赢的角度向客户推销

有一位金牌汽车销售员，刚开始卖车时，老板给了他1个月的试用期。29天过去了，他一辆车也没有卖出去。最后一天，他起了个大早，到各处去推销。到了下班时间，还是没有人肯订他的车，老板准备收回他的车钥匙，告诉他明天不用来公司了。

这位销售员坚持说，还没有到晚上12点，他还有机会。于是，这位销售员坐在车里继续等。

午夜时分，传来了敲门声，是一个卖锅者，身上挂满了锅，冻得浑身发抖。卖锅者看见车里有灯，想问问车主要不要买口锅。销售员看到这个家伙比自己还落魄，就请他坐到自己的车里来取暖，并递上热咖啡。

两人开始聊天，这位销售员问："如果我买了你的锅，接下来你会怎么做？"

卖锅者说："继续赶路，卖掉下一个。"

销售员又问："全部卖完以后呢？"

卖锅者说："回家再背几十只锅出来接着卖。"

销售员继续问："如果你想使自己的锅越卖越多，越卖越远，你该怎么办？"

卖锅者说："那就得考虑买辆车，不过现在买不起。"

两人越聊越起劲，天亮时，这位卖锅者订了一辆车，提货时间是5个月以后，订金是一口锅的钱。因为有了这张订单，销售员被老板留下来了。

他一边卖车，一边帮助卖锅者寻找市场，卖锅者生意越做越大，3个月以后，提前提走了一辆送货用的车。

在考虑自身利益的同时，考虑顾客的利益，只有做到互惠互利，才能把销售搞好，只有让顾客有利益，你才会有利益。

# 第14章

这样说话，让客户的拒绝话无法说出口

# 从"不"到"是"

进行隐秘的说服时，最怕对方一开口就说"不"，这是最不容易克服的障碍。

每个人都有自己的观点和立场，人们从潜意识里就不愿意被别人说服。当一个人发现有人试图说服他时，他第一个反应就是表示反对。好像只有对别人说"不"，才能显示自己的存在，才能突出自己的地位和重要。

当一个人说出"不"字后，为了自己人格的尊严，他就不得不坚持到底。事后，他或许觉得自己说出这个"不"字是错误的，可是，他必须考虑到自己的尊严。他所说的每句话，必须坚持到底，所以使人在一开始的时候，就往正面走，那是非常重要的。

要想成功进行隐秘说服，在刚开始的时候，就要想办法得到很多"是"的反应，唯有如此，他才能将听者的心理往正面的方向引导。

希腊大哲学家苏格拉底，是个风趣的"老顽童"，他一向光脚不穿鞋。40岁时已秃顶，可是，却跟一个19岁的女孩子结婚。他对世人的贡献，很少有人能跟他相比。他改变了人们思维的方式，直到今天，还被尊为有史以来最能影响世界的劝导者之一。

他运用了什么方法？他曾指责别人的过错？不，苏格拉底绝不是这样做的。

他的说服技巧，现在被称为"苏格拉底辩论法"，就是让对方不停地说"是"。他提出的问题中所包含的观点，都是他的反对者所愿意接受并且同意的。他连续不断地获得对方的同意、承认，到最后，使反对者在不知不觉中，接受了在数分钟前自己还坚决否认的结论。

# 让对方不停地说"是、是"

就一个人的心理状态来讲，当他说出"不"字时，他心里也潜伏着这个意念，从而使他所有的器官、腺、神经、肌肉，完全集结起来，形成一个"拒绝"的状态。如果反过来说，当一个人回答"是"的时候，体内那些器官，没有收缩动作的产生，组织处于前进、接受、开放的状态。所以，当一次谈话开始的时候，如果能够诱导对方说出更多的"是"，我们以后的建议或意见，就比较容易获得对方的认同。

运用"是"的方法，纽约一家储蓄银行的出纳员成功地拉住了一位阔气的储户。

这个出纳员叫艾伯逊，他是这样介绍情况的：

这人进银行来存款，我按照规定，把存款申请表格交给他，有的项目他马上就填写了，可是有的项目他拒绝填写。这事如果发生在以前，我会告诉那位顾客，如果你不把表格填上，那我就拒绝你的存款要求。很惭愧，我以往都是这样做的。当然，每当说出这种具有权威性的话后，我就会感到很自得。

但那天上午，我就运用了一点实用的知识，不谈银行所要求的，而谈些顾客方面的需要。最主要的，我决定使他一开始就说"是、是"。我说，我的意见跟他完全一样，他既不愿填满表格，我也认为并不"十分"必要。

我对那位顾客说："如果出现什么事情，你有钱存在银行里，你是不是愿意让银行把存款转交给你最亲密的人？"

客人马上回答："当然愿意。"

我接着说："那么，你就依照我们的办法去做如何？你把你最亲近的亲属的姓名、情况，填在这份表格上，如果出现什么情况，我们立即把这笔钱移交给他。"

那位顾客又说："是，是的。"

　　那位顾客态度软化的原因，是他已知道填写这份表格完全是为他打算。他离开银行前，不但把所有情况都填在表格上，而且还接受了我的建议，用他母亲的名义，开了个信托账户，有关他母亲的具体情况，也按照表格详细填上。

　　我发觉使他一开始就说"是、是"，我们之间就没有机会为了填表格的事而发生争执，并且顾客就很愉快地依我的建议去做了。

　　也许真实的说服没这么简单，但这个案例却提供了一个思路。下次当我们被拒绝时，要问一些能够获得对方"是、是"反应的缓和问题。

　　让客户不停地说"是"，是一种十分有效的手段。它能够使客户在不知不觉中进入你早就计划和安排好的交易之中，从而为你的销售成功增加筹码。我们再来看看这样一个例子：

　　销售人员小谢在进入真正的销售话题之前，总会随便地与客户谈上几分钟的时间，聊一些很普通的话题。下面是他去拜访林先生时的一段对话：

　　他一到林先生家，第一句话就是："好整洁的屋子哦！一定是您的太太整理的吧？"

　　林先生回答："是啊！"

　　小谢："哇！很可爱的孩子啊！看上去特别机灵，好聪明的孩子啊！"

　　林先生什么也不说，只是微笑地看着自己的孩子。心里肯定默认了"是"。

　　小谢："您还养小狗啊！可爱的小狗这么干净，您常给它洗澡吧？"

　　林先生："我太太常给它洗澡！"

　　趁着林先生接连地认可了他的话，小谢顺势将话题转入销售，说道："林先生您好！我是汽车公司的销售人员，您叫我小谢就可以了。这个地区的销售工作，由我来负责，我今天带来了一些新款汽车的目录，请您参考一下。"

　　林先生把目录拿过来道："我正有点想更换汽车呢！我的汽车开了很多年了，发动机好像有点问题了，开起来不是很顺手。"

　　小谢说道："这里的车有各种款式，也有自己的优点和特色。如果方便，我可以给您具体介绍一下。"

　　林先生回答："好啊！"

以上案例中，销售员小谢就是运用一些与销售主题不相干的问题，诱导顾客连连说"是"，以创造良好的销售环境，在此基础上很自然地转入销售主题。

销售员在谈话之初，尽量避免让客户说"不"的问题。否则销售就有可能变得很糟。要运用心理战术，让顾客主动地说"是"，并且尽可能让他不停地说"是"，这样就会有助于销售的展开，成功的可能性才会更高！如果上例中的小谢不是那样地提问，而是采取下面的方式，结果又会怎样呢？

小谢："您好！我是汽车公司的销售人员，今天特意为汽车的销售事情来拜访您，能打扰您一段时间吗？"

林先生："汽车？对不起，我有汽车啊，而且我最近也没有什么买车的计划。我今天很忙，再见！"

很显然，如果小谢以这样的问题开始话题，就很有可能得到客户"不"的回答。一旦客户说出"不"，就很难让客户主动说"是"了，销售工作也就陷入了僵局，很难成功。因此，在销售人员拜访客户之前，首先要准备好几个能让客户说出"是"的问题。

# 先肯定顾客的眼光再找理由

对于一些季节变化较快的消费品，比如衣服、鞋、包等更新较快，难免会随着款式的变化而产生库存的问题，公司一般都会为了处理库存而将上季度或者跨年的产品拿出来促销。有的公司因为设计、开发的原因，会将往年的款式拿出来重新包装后投放市场。经常购物的顾客，很可能就会看出来。面对顾客的质问，销售人员应该如何回答呢？

如果你说："我们的新货过两天就到了。"或者是："这些款式今年还是很流行的"，"是的，这是以前的货，就剩下这些了"，这样是无法吸引顾客的注意力的，也不能积极引导顾客成交，是一种非常消极的说法。

其实老款有老款的优点，虽然款式不流行，但是质量稳定，技术成熟，价格也实惠。作为销售人员要学会从不同的角度寻找自己的产品卖点，把它转化为销售的亮点凸显给顾客，引导顾客成交。

如果顾客说："这些都是以前的货了。"销售员不妨这样说："您真是好眼力，一眼就看出来了。不过不管是老款还是新款，关键是是否适合您，是吗？"顾客即使不说，在心里也会回答："说的倒也是呢！"

这样的回答，首先肯定顾客的眼光，然后为过去的货品找一个非常有说服力的理由——不管是老款还是新款，关键是是否适合。用提问的方式获得顾客肯定的回答。最后销售人员通过介绍产品的优点，同时引导顾客体验，销售产品的可能性就会很大了。

# 主动出击，引导全面成交

做生意，有时候会因为一件产品谈不拢而卡壳；有时候，又会因为一件产品顺利成交而带动更大的一笔订单。

在建筑工地，某下水材料推销员与水电安装工程的主管洽谈一笔下水材料生意。

"S311-085的下水管16元1米，卖不卖？"主管漫不经心地问道。

"您开玩笑吧，出厂价都不止16元1米呢？这么便宜，我们怎么能卖啊？"

事实上是，的确S311-085的下水管出厂价都是18元1米，加上送货到工地的运费需要花到18.5元的成本。

于是，由于这个销售员的坚持，这笔生意泡汤了。

再看看下面的一个销售情景：

主管对另外一家的销售员这么问：

S311-085的下水管16元1米，卖不卖？"

　　销售员知道，建筑工地购置下水材料总共需要的是二三十种不同型号、数目较大的下水管及配件。他在推销S311-085下水管的时候不赚钱，反而亏钱了，但是他可以想尽办法从其他的型号中将利润"补"回来，以保证整体上是赚钱的，为了保证生意得以继续下去，销售员说了：

　　"主管，那你们还需要别的么？为了保证管道的配套统一，都要用一家的产品才会更好。"

　　"那么你们S311-085的弯管，是多少钱？"主管问道。

　　"这个10元钱1个。"

　　"什么？这个都要10元钱1个？"主管故作惊讶地回答。

　　"主管，市面上这种型号的弯管您又不是不知道，都要卖到12元1个了。您放心，价钱上面我能便宜您，就便宜您了，就像S311-085下水管一样，16元1米，您上哪儿都找不到这样便宜的货。"

　　"好吧，10元就10元吧！"

　　销售员抓住主管因为图S311-085下水管便宜而不愿意轻易放弃这笔生意的心理，在后来的20多个商品价格上，常常以S311-085下水管作为挡箭牌，顺利挡住了主管讲价的气势，终于在后来商品谈价中取得理想的地位，将生意反败为胜。

　　聪明的销售员，在掌握了这种"暗度陈仓"的方法后，也可以主动出击，有时候故意将客户了解的第一个商品的价格开得很低，甚至低于成本价，以吸引顾客的注意，然后再在其他商品上增加利润。这样，万一客户只购买你那种低价产品，你就可以说："先生，我很想满足您的要求，但是您知道，我们这里的商品是配套的，您买一种的话，就会让我们其他的商品难以卖出去。所以，请您一起购买了吧！"这样说，不仅是一种引导全面成交的努力，也是一种对单一买卖的婉拒，可令人进退自如，立于不败之地。

# 不急着排除反对意见，让客户在你的肩膀上哭诉

哭诉是指客人对这笔交易的异议，包括他的借口、实际的原因或想象的理由以及其他推托之辞。

克服异议，就是克服成交的所有阻碍。在排除反对意见时，要记得加入同情的成分。先让客人畅所欲言，提供给他宽阔的肩膀，然后你再作出回应。许多时候，回答客户的异议就好比玩扑克牌时把对家的王牌吃掉一样。你或许回应了客户的反对意见，不过他们会觉得你太直接、太自以为是。而同情的成分，往往具有缓和的作用。

许多成功的推销员都会这一招。比方说："我知道价格可能稍微高了点，不过通货膨胀对我们的影响实在很大。我能够体会你预算的考虑。这样吧，我会提供轻松的付款方式，让我们皆大欢喜。"

用一些"我同情"、"我了解"、"我懂你的意思""我也有这种感觉"之类的字眼。这些字眼表示你真的了解，你也很开心，并认同他提出的异议（不论是价格、尺寸、颜色还是款式等），不过你会确保各方面都能令他满意。提供宽阔的肩膀、同情的心态，来解除更多客户的疑惑、犹豫，甚至敌意，而不是无情地指出冷硬的事实。

# 不轻易否决顾客的意见，不妨多说"是"

推销中说服对方时，一次时间不要太长，一般来说每一次不要超过 5 分钟。自己若一直长篇大论地说，对方会听得不耐烦，因此要适可而止，给对方预留提出问题的时间，要让对方说话并作出回答。如果对方不提问题而紧闭着

嘴巴，可以耐心地问对方："您对这种产品有何看法？请提出宝贵意见。"

和新客户进行商业谈判更是困难，弄不好，对方连产品价格也不问就说："今天就谈到这里吧！"对你下逐客令，但若谈得好就会步步深入。因此初次会谈至关重要，务必要重视。

在客户面前业务员确实不好当。如果说服力不强，对方会打呵欠，太热心了对方又会觉得你难缠而起反感。因此业务员需要有见机行事的应变能力。经验不足的推销人员也不必担心，你可用热情来弥补。回答对方的问题时，必须首先说个"是"，即使不同意对方的意见，也不要说："不是那么回事。"因为对方一听"不"字就会皱眉头，就该说："是的，好多人都提出过类似这样的问题，事实上……"首先肯定一下对方提出的问题，然后再婉转地、心平气和地说明事实真相，这样一来对方就不会反感了。

在有的情况下也可以在先回答"是"之后再说："不是那么回事"，对方会感到你这个人很直爽，反而会很喜欢你，这也是博得对方好感的一种方法，你不妨试一试。不过，在采用这种办法之前，一定要根据会谈的气氛和对方的性格而定，不可造次鲁莽。否则，不但不能博得对方的好感，反而会被对方看不起，他们会说："这家伙说话语无伦次、颠三倒四的。"

# 学会附和对方

在销售人员同顾客的交流过程中，附和对方起着举足轻重的作用，是与客户的粘合剂。因为附和就意味着同意对方的观点，这种在心理学上称为"承认"。当你承认对方的观点是正确的时候，那么在对方的心里就会对你产生一种认同感，从而拉近双方的距离。

韦森先生在没有研究人际关系学之前，他损失了无数应该获得的佣金。韦森是一家服装图样设计公司的销售人员，他几乎每星期都去找纽约某位著名的设计师，这样做已经有3年的时间了。然而，每次这位设计师不但不拒绝见韦森，而且还总是把韦森带去的图案仔细看一遍，但就是不买。

经过了150次的失败后，韦森觉得自己必是过于墨守成规了。所以他决定每星期利用一个晚上的时间，去研究一下人际关系的法则，以帮助自己获得一些新的思想，产生新的热诚。

不久，他决定采用一种新方法。他拿了几张那些设计师们尚未完成的图样，走进那位买主的办公室。这次，他并没有像往常那样请求买主购买这些图案，而是请求设计师提出自己的意见，然后把它完成。设计师把草图留了下来，让韦森3天后去找他。

3天后，韦森又去他那里，听了建议后，把图样拿回去，按照那位买主的意思画完。这笔交易结果如何？不用说这位买主完全接受了。

那是9个月以前的事，自从那笔生意完成后，这位买主又订了10张图样，都完全是照着他的意思画的，韦森就这样赚了1 600多美元的佣金。

韦森过去失败的原因——总是强迫设计师买他认为对方需要的图样。可是现在韦森所做的，跟过去完全不一样了。韦森请设计师提出他自己的意见，使设计师觉得那些图样是自己设计的。现在韦森不用去求他买，他自己也会来向韦森买。

遵照设计师的意见办事，别人怎么说就怎么做，这也是一种赞美方式。听从他人的意见，无形当中就制造了"你很好，你的意见都是对的。你说什么我随声附和就是了"的效果。仔细领会一下，你就会发现，在使用这样的方法时，被附和的一方总会产生被尊重、被崇拜的感觉，在效果上，同直接赞美是一样的。

在饭店里，我们经常会听见服务员这样说："先生，您可真会选，这是我们店里最好的葡萄酒，对那些精于品评美酒的人是再合适不过了。是的，有一点儿贵，不过我想您会喜欢的。您愿意再来一瓶吗？"

这样赞美我们的成熟品味和鉴赏力，我们怎能拒绝？而且价格因素增加了葡萄酒的诱惑力，我们通过向周围人显示有能力消费生活中的奢侈品而使自己的能力表现需求得到了满足。

威廉·詹姆斯曾经明确地指出："人性中最殷切的需求，就是渴望肯定和受到赞扬。"

作家马克·吐温也曾幽默地感慨："一句美好的赞扬，能使我快活上两个月。"

我国清朝有一部叫《一笑》的书，里面记载了这样一则笑话：

古时有一个说客，当众夸口说："小人虽不才，但极能奉承。平生有一愿，要将1 000顶高帽子戴给我最先遇到的1 000个人，现在已送出了999顶，只剩下最后一顶了。"一长者听后摇头说道："我偏不信，你那最后一顶用什么方法也戴不到我的头上。"说客一听，忙拱手道："先生说的极是，不才从南到北，闯了大半辈子，但像先生这样秉性刚直、不喜奉承的人，委实没有！"长者顿时手捻胡须，洋洋自得地说："你真算得上是了解我的人啊！"听了这话，那位说客立即哈哈大笑，说："恭喜恭喜，我这最后一顶帽子刚刚送给先生您了。"

这虽然只是一则笑话，但它却有深刻的寓意。说客能够成功地送出最后一顶高帽子，究其原因，在于他懂得随声附和。在附和的同时，得到了长者的认同，最后终于达到了自己的目的。之所以如此，最主要的原因便在于赞美他人能满足他们的自我。如果你能以诚挚的敬意和真心实意的赞扬满足一个人的自我，那么任何一个人都可能会变得更令人愉快、更通情达理、更乐于协力合作。

老王自从政以来官运亨通，一步步青云直上。很多人对此感到奇怪，因为老王从政这么多年来，并没有作出什么令人瞩目的成就，也没有为广大百姓谋得多少福利，更没有见他有哪个能人当后台，他是怎样一步步地走到今天的位置的呢？

原来老王的成功之道就在于他擅长随声附和，人称"好好先生"。哪个领导发言，老王肯定一连三声"好、好、好"；哪个领导提出意见，老王肯定也是"好、好、好"。谁会不喜欢赞同自己观点的人呢？只有赞同自己的观点，才意味着赞同了自己这个人，因此，几乎所有的上级视察都喜欢让老王陪同，久而久之，老王也依靠这几句"好、好、好"成为了各位领导的红人，升官晋爵就成了理所当然的事了。

将这个道理应用到销售方面，也能收到异曲同工的效果。例如，如果顾客说："这件衣服的颜色很特别。"聪明的销售人员应该说："对、对，你的眼光真是不错，今年就流行这种颜色。"这时，顾客就会心里喜滋滋的，因为自己的观点得到了认同，同时自己又被认为是"比较有眼光的人"，也就不太可能放下一件"有眼光的人"认为"比较好"的衣服了。

人总是喜欢被赞美的，随声附和也是一种赞美的方法，这可能是很多销售人员没有注意到的。抓住这一点，赞美的诀窍也就不再那么难以掌握了。在现实生活中，多数人爱听附和的话。你附和别人的观点，如果恰到好处，他肯定会高兴，并对你有好感。

不少人说自己对人云亦云很反感，愿意接受批评。一旦你信以为真，毫不客气地对他批评，他表面上虽然不一定有所表示，但内心多半是不高兴的。实际上，真正能做到"人告之以有过则喜"的人，是很少的。适当地运用赞美的方法，投对方所好，可以收到意想不到的效果。

# 第15章

量体裁衣因地制宜，因人说话因景说话

# 对待十分难缠型客户，要以退为进

如果你真的遇到了一个特别难缠的客户，没办法，只能以退为进了，这一招有的时候特别奏效。如果你只是一味蛮进，那么，就会犹如逆水行舟不进反退。

人总会有犯错误的时候，问题是犯错误之后，要懂得随机应变，要有灵敏的反应，以便挽回劣势，反败为胜。

下面是刘涛使用"以退为进"战术的例子。

刘涛有一天去烟酒店拜访。

这家烟酒店是前次直接加盟的新客户，不过，投的保额很小。由于已成为客户，而今天是第二次拜访，刘涛自然而然比较松懈、随便，以致把原来头上端端正正的帽子都戴歪了。

刘涛一边说晚安，一边拉开玻璃门，应声而出的是烟酒店的小老板，虽然是小老板，但年纪已经不小了。

小老板一见刘涛，就生气地大叫起来："喂！你这是什么态度，你懂不懂礼貌？歪戴着帽子来拜访你的客户吗？你这个大混蛋。我是信任明治保险，也信任你，真没想到我所信赖公司的员工，竟然那么随便、无礼。你出去吧！我不投你的保了。"

听完这句话，刘涛恍然大悟，马上双腿一屈，立刻跪在地上。

"唉！我实在惭愧极了，因为你已经投保，就把你当成自己人，所以太任性随便了，抱歉！"

刘涛继续道歉说："我的态度实在太鲁莽了，不过我是带着向亲人的问候来拜访你的，绝没有轻视你的意思，所以请你原谅我好吗？千错万错，都是我的错，我太鲁莽了。"

小老板突然转怒为笑："喂！不要老跪在地上，站起来吧，站起来吧，其实我大声责骂你，是为你好，我是不会介意的。不过你想如果这个样子拜访别人，别人肯定以为你没诚心。"接着他握住刘涛的双手，说："惭愧！惭愧！我不应该这样对你，咱们是朋友。我也太无礼了。"

两人越谈越投机。小老板说："我向你大发脾气，实在太过分了，我不是投保了5 000元吗？我看就增加到3万元好啦！"

推销员随时都要有心理准备，万一碰到类似的情况，要能及时观察准客户的心理反应，扭转颓势，反败为胜。

# 对待忠厚老实型客户，要真诚以待

这类客户对待每件事都很认真谨慎，他们不会轻易决定一件事是该做还是不该做。他们对于销售员都有一种本能的防御心理，对于交易也如此，所以这类客户一般都比较犹豫不决，没有主见，不知是否该买，同样，这类客户也不会断然加以拒绝。

这类客户考虑的因素比较多，一般来说销售员很难取得他们的信任，但只要你能够诚恳地对待，他们一旦对你产生了信任，就会把一切都交给你。他们特别忠厚，你对他怎样，他也会对你怎样，甚至会超过你为他们所做的。

这类客户通常情况下很少说话，当你向他们询问问题时，他们只是"嗯""啊"几句应付你。平时听你说话，他们只是点头，总觉得别人说的都对似的，他们一般不会开口拒绝别人。

销售员可以抓住这类客户不会开口拒绝的性格特点促使他购买，只要一次购买对他有利或者觉得你没骗他，他就会一直买你的商品，因为他对你产生信任了；反之，如果他认为这次你欺骗了他，即使你有十分好的商品他也不会理睬你，因为他认为你不值得信赖，不值得为你这种人承担一丝一毫的风险。

这类客户还有一种通病，就是有时太腼腆了，所以对他们说话要亲切，尽量消除他们的害羞心理，这样，他们才能静下心来听你销售，交易也才能更顺利。而有过第一次成功圆满的交易后，这类客户对于再一次的销售，只要销售员说上几句话，十拿九稳交易就又成功了，他们绝不会寻找理由拒绝你。

这类客户，大多时候提出理由或是反对意见都会有些犹豫不决，他们会担心说出来伤害到销售员的自尊心。因此，销售员在处理他们不愿购买的理由时，一般是等到他们询问之后再有针对性地予以解决。

因此，对这些客户要尽量亲切一些，不要欺骗他们，这样在保持信誉的同时，也可以增加销售员的直接收益。

# 对待专家型客户，要以守为攻

现代很多推销行业，客户都多少了解一点，特别是保险。有的人一见到保险业务员就开口道："你别说了，我比你知道得多，保险的险种有很多，比如……"说得也头头是道，弄得业务员不知所措，一头雾水，继而只能扭头便走。

专家认为，这类客户，自以为很伟大，就像一个上司正在作报告一样，令你毫无对策。当你向他推销产品时，他表现出一种不屑一顾的态度，总以为你懂的都在他的知识范围内；当你转移话题，将说话的内容转到谈一些层次比较高的事情时，他也不感兴趣；反正，他永远都是"专家"，有时还给你提点儿刻薄的问题，让你下不了台。

这种客户的心理有两种情况。

## 1. 业务员没有什么了不起

总以为对方和自己有很大的差距，因而在内心产生一种优越感。他们自认为是高一层次的人，对那些他们认为是低一等的人不屑一顾，对保险业务员更是如此。

形成这种心态可能源于非常讨厌业务员，特别是一些登门拜访的。所以他们自己以狂妄的态度来对待业务员，觉得业务员层次低。

## 2. 不要与这些业务员接近

高高在上的人，不容许别人谈论自己的缺点，同时也将自己的弱点深深地隐藏起来。这一类人，假装对某领域很专业，其实可能只是道听途说，以一种高姿态来对待业务员，意思是我是专家，快点走吧！我都明白，不必再介绍了。

人的气质性格与后天因素有很大关系，你所处的环境对你的性格起着很强的作用。像这一类客户害怕自己掉入你的陷阱，怕被强卖于身，所以不敢让你介绍。他们这是在防卫，不得不用某种方式来进行自我保护，但他们同时也希望能引起他人的注意，希望别人给予他很高的评价。

这一类客户，保险推销员很难对付。他们很难友好地与人交谈，更不必说与他们开开玩笑、说说俏皮话之类的。但是，如果对他们做一番仔细的研究，你会欣喜地发现，这类客户其实是最好对付的一种，只要你采取了恰当的方式。

"你别说了，我来说，你听……"

"好的，我向您请教了！"

当他说完后，你还要加以夸赞一番："哇！你对我们的产品很关注呀！"或"不错，你讲得太对了，你真是专家。"

当客户正陶醉在自大的感觉中时，你可以突然提问题："先生，你所知道的还有什么呢？"他可能还知道，让他接着说。当他说："我不知道了。"这时你就可以发表自己的意见了。

"那好，我站在客观的角度帮你补充几点可以吗？我觉得你对我的产品很感兴趣，应该会听的，你说是吗？"

不让对方回到现实，应继续恭维，让他继续漂在"自高自大"的潮中。

他肯定会回答说："嗯！说吧！"

这样你就算击破了他的第一道防线。

# 对待自命不凡型客户，要显示自己的专业

这类客户都喜欢夸夸其谈，甚至喜欢吹牛，认为自己什么都懂，别人还没说出观点，他就会打断人家说"我知道"。这种客户一般都非常令人讨厌，但销售员万万不能表露出自己的真实感受，因为对于销售员来说，销售商品、发展同盟才是最终目的。

这些客户常常是在炫耀自己，对销售员总是这样说："你们这些业务，我都清楚。""我以前见过你们这些销售员，他们一个个都从我这儿逃走了，谁也别想赚我的钱。"好一阵炫耀，让人听了有些反感。

不过，这些客户有一个最大的优点，那就是毫不遮掩，心里有什么就说什么，你如果想探询什么消息，就可以找这些客户，他们一定会炫耀似地说给你听，并且知无不言，言无不尽。但你千万别告诉他们什么内部消息，否则这些内部消息很快就会人尽皆知！对于这类客户即使不能顺利达成交易，也千万别得罪他，也许将来探询消息时你还需要他的帮助。

这些客户时常想在别人面前炫耀自己，表现自己比别人特殊，比别人知道得多。他们难免会由于自己的过分夸张而下不了台，这时，如果你能给他一个台阶下，他们会感激你的，这对于以后你的工作大有益处。

由于这类客户比较善于表现自己，销售员在与他们交谈时，必须尽量显示出自己的专业知识，使他们对你产生敬佩。这样他就会对你产生信任感，并且交易成功率也就很大。

还有一种方法，就是根据他这一种自夸的心理，抓住他说的话，然后攻击他，使他进入你所设的陷阱中，他为了顾全面子，会硬着头皮与你成交的。当他说对你们公司的业务很熟悉，或者他打断了你的销售介绍说明，并且说这些他都知道，也不屑看你带来的商品样品时，你可以这样对他说：

"先生，对于我们的商品，我就不说什么啦，您都知道了嘛！对于它的优

点您就更熟悉了，而我们的业务您也是再熟悉不过了，看在这么优秀的商品与服务质量的面子上，您打算选取哪个品种？准备购买多少呢？"

这样一说，由于前面的话是他自己说的，他不能否定，所以为了顾全面子，他就必须考虑与你成交，否则就会感到尴尬。他连一个理由甚至都不能说，否则他就是一个出尔反尔的小人了，而他最不愿意的，就是做一个小人，他甚至自以为是地认为自己非常"君子"。

对于这种客户还有一种特别的销售方法，大致是这样的：你可以让客户觉得你把他看成一个客户的客户。你要表现出对和他成交与否漠不关心的样子，并且不时地对他说："先生，咱们成交与否，我倒不是十分在意，只是想和您交个朋友。况且，我们公司是一个很专业的公司，对于所服务的客户与产品都是有一定条件的，您不想买，大概就不符合我们公司的条件，所以成不成交无所谓，但是我们相识一场，交个朋友还是应该的。"边说边装出一副不在乎的样子。这样一来，会伤了他的自尊心，于是他为了显示自己的特殊，为了显示自己符合这些条件，他会立刻抓住你想与他交个朋友的机会，要你把商品卖给他。

见到这种客户，不要一听他说对你的业务都很熟悉，就胆怯，就不向他说你的专业知识，其实他们只不过是挖空心思在你面前炫耀罢了。他们都是纸老虎，你若怕他们，他们就更凶，就会看不起你，就不可能与你成交了，即使与你成交，他们也觉得那是对你的施舍罢了。

# 对待夸耀财富型客户，要满足其虚荣心

这类客户与上一类型客户类似，重点并不是夸大自己的知识面广，而是炫耀自己的财富。

这类客户有两种类型：一种是真正拥有一定的财富；另一种则不是，他们只不过崇拜金钱罢了。

第一类客户有钱，但不希望别人奉承他们，他们的主要目标是有个品质好、包装好的名牌商品。所以对这类客户要诚恳地把商品的优点告诉他们，并且对他们的财富怀着一种不在乎的神情。这样客户会对你这种神情产生好奇，然后你在他对你好奇的基础上，加快自己推销的步伐，他与你交易的成功率就增大了。

对于第二类客户，你就必须对他们进行奉承，恭维他们，使他们知道你非常羡慕客户有钱，满足他们的虚荣心。最后为了给他一个台阶下，使他能买你的商品，你就必须再作一些处理说明。你可以这样说："您就先交订金吧！余款以后交，我相信您的付款能力和个人信誉。"这样他会很感激你的。

交易成功后，别忘了说一声："还要请您以后多多关照。"

对于第二种类型的客户，切不可揭露他们的虚伪面具，这样会伤他们的自尊心，使交易产生困难。

# 对待精明严肃型客户，以推销自己为先

这种客户都比较精明，并且都拥有一定的知识，文化素质比较高，能够比较冷静地思考，沉着地观察销售员。他们能从销售员的言行举止中发现端倪和问题，他们就像一个有才能的观众在看戏一样，演员稍有一丝错误都逃不过他们的眼睛，这种客户总给销售员一种压迫感。

这种客户讨厌虚伪和造作，他们希望有人能够了解他们，这就是销售员应利用的工具。他们大都很冷漠、严肃，虽然与销售员见面后也寒暄，打招呼，但看起来都冷冰冰的，没有一丝热情，没有一丝春风。

他们对销售员持有一种怀疑的态度。当销售员进行商品介绍说明时，他看起来好像心不在焉，其实他们在认真地听、认真地观察销售员的举动，在推测这些说明的可信度。同时，他们在思考销售员是否真诚、热心，有没有对他说谎，销售员值不值得信任。

这些客户对自己的判断都比较自信，他们一旦确定销售员的可信度后，也就确定了交易的成败。也就是说，销售员给这些客户的不是商品而是销售员自己。如果客户认为你对他真诚，他们可以与你交朋友，他们就会把整个心都交给你，交易也就成功了。但如果他们确认你有些造作，他们就会看不起你，会立即打断你，并且下逐客令把你赶走，没有丝毫商量的余地。

这类客户的判断大都正确，即使有的销售员有些胆怯，但很诚恳、热心，他们也会与你成交的。

对付这类客户有两种方法：一是脚踏实地，对其真诚、热心，不但商品品质好，你本身表现也应不卑不亢，温文尔雅，使之无话可说，对你产生信任；二是在某方面与之产生共鸣，使他佩服你，成为知己，因为他们对于朋友都是很慷慨的。具体操作方法就是与他们多谈，特别是多谈一些他们所喜欢的事物，这些都要在洽谈前经过调查，这样他们会认为你与他们有共同的话题，他们就会把你当作知心朋友对待，那交易自然也就成功了。还应当让他们尽量了解你的一些情况，并且告诉他们你的一些隐私，把他们当作朋友看待，这样，他们也会把你当朋友的。

另外，对于这类客户有时也可用严肃的神情与之对阵，但要保持礼貌以及注意分寸，并且大方一点，对于他所要求的，要给予热心的支持。这样他就会认为你比较能干，有才能，会对你产生信赖，这样交易也就成功了。

# 对待沉默寡言型客户，忌施压催促

这类客户都不爱说话，但颇有心计，做事非常细心，并且对自己的事都有主见，不为他人的语言所左右，特别是涉及他的利益时更是如此。

他们表面看起来都很冷漠，有一种对一切都不在乎的神情，使人难以与之接近。其实他们的内心都是火热的，你只要能点燃他们内心那把火，他们就会把一切都交给你。

这类客户看起来有种让人觉得冷漠的感觉，他们对于销售员不在乎，对于推销的商品也不重视，甚至销售员在进行商品介绍说明时，他也不说一句话，没有什么表情变化，冷淡淡的，其实他们在用心听，在仔细考虑，只不过不表现在脸上和话语中而是在他的脑子里。

他们往往不提问题则罢，一提就会提出一个很实在、并且很令人头痛的问题。这时销售员不能蒙混过关，因为想要骗他们是绝对不可能的。如果你解决不了他们的问题，他们就会立刻停止与你谈话，因为他们本身就是惜话如金。所以销售员要小心地为他们解决问题，要抓住问题的关键所在。只要解答了他们的问题，他们就会立即要求购买商品，使交易成功。

对付这类客户，千万别运用那些施压、紧逼迫问等销售方法，这样对他们一点用也没有，只会令他们生气，令他们对你产生厌恶心理。也不要盲目地夸耀你的商品，因为他们不会听你的，说了也白说，反而会令他们讨厌，他们会自己看商品样品，你只要作一些介绍说明，再解决一些他们提的问题，交易就成功了。

对这类客户，首先在进行销售说明时，要小心谨慎，说得全面一点，绝不可大意，要表现出你的诚恳，好像是你在问他问题。介绍完之后，他会进行一段时间的思考，这时你要闭嘴，等他抬起头之后，会问你一些问题，这时你再回答。你可以顺便说些商品的优点，使他对商品产生更大的兴趣，这样达成交易的可能性就大了。

这类客户也极易与人交朋友，只要你对他诚恳、真心，他也会用同样的态度来对待你，建立起友谊是没有多大问题的。


# 对待吹毛求疵型客户，要有耐心


有的客户经常吹毛求疵地讨价还价，销售人员必须要吃透这一点。客户通常会利用这种战术来讨价还价。他们往往先是再三挑剔，接着又提出一大堆的问题和要求。这些问题有些是真心的，有的却只是虚张声势。

陈先生的冰箱坏了，急需买一台，为求物美价廉，他采取了吹毛求疵法来还价。在商店里，推销员指着他要的冰箱，告诉他价格为1 500美元。

陈先生说："可这冰箱外表有点小瑕疵！你看这儿。"

推销员说："我看不出什么。"

"什么？"陈先生说："这一点小瑕疵似乎是个小割痕，有瑕疵的货物通常不都要打点折扣吗？"

陈先生又问："这一型号的冰箱一共有几种颜色？"

推销员说："30种。"

"可以看看样品本吗？"陈先生问。

推销员回答说："当然可以。"说着马上拿来了样品本。

陈先生边看边问："你们店里现货中有几种颜色？"

推销员回答："共有22种。请问您要哪一种？"

陈先生指着商店陈设产品里没有的一种颜色说："这种颜色与我的厨房颜色相配，其他颜色同我厨房的颜色都不协调。颜色不好，价格还那么高，要不调整一下价格，否则我将重新考虑购买地点了，我想别的商店可能有我需要的颜色。"

陈先生又打开冰箱门，看了一会说："这冰箱附有制冰器？"

推销员回答："是的，这个制冰器全天24小时都可以为你制造冰块，而且1小时只需要2分钱的电费。"（他以为陈先生会满意这个制冰器）

陈先生说："这太不好了，我孩子有慢性喉头炎。医生说绝对不能吃冰，绝对不可以。你可以帮我把这个制冰器拆掉吗？"

推销员说："制冰器是无法拆下来的，它同冰箱的门安装在一起。"

陈先生说："我知道……但是这个制冰器对我根本没用，却要我付钱，这太不合理了，价格再便宜点？"

陈先生如此这般，其目的不外是：

（1）压价；

（2）表现自己的精明；

（3）为对方的让步创造条件。

经过如此艰苦地讨价还价之后，售货员作了让步，他向其上司交代时，说自己只作了极小的让步，并说这种让步是有理由的。售货员往往会把客户刚才的抱怨作为自我辩解的理由。

换个角度来说，若你是卖方，又该如何抗拒这种吹毛求疵的战术呢？

（1）必须要有耐心。那些虚张声势的问题及要求自然会逐渐露出马脚来，并且失去影响力。

（2）遇到实际的问题，要能直攻腹地、开门见山地和买主私下商谈。

（3）对于某些问题和要求，要能避重就轻或视若无睹地一笔带过。

（4）当对方在浪费时间、节外生枝，或做无谓的挑剔或无理要求时，必须及时提出抗议。

（5）向买主建议一个具体且彻底的解决方法，而不去讨论那些无关紧要的问题。

# 第16章

逆鳞莫触，销售中不能踩的话术地雷

# 说了不该说的话

经常看到在销售中，因一句话而毁了一笔业务的现象，如果能避免失言，销售员的业绩肯定会百尺竿头，更进一步。也许有人认为不说实话是虚伪，但有时候实话不实说并不是虚伪。话是说给他人听的，销售员的话可以使客户心情舒畅，也可以使客户情绪一落千丈，使客户心情舒畅，于己于人都有好处，销售员何乐而不为呢？

小娟是一名服装销售员。一天，一位穿着一件旧外套的客户走进了店门。看着他身上的破旧外套，小娟就想卖给他一件新外套。小娟心里在想："这人怎么还穿这种破衣服？这还是好几年以前流行的款式，他居然穿了这么多年，这衣服早该当抹布用了。"当然，小娟心里可以这样想，但嘴上却不能这样说，如果实话实说，那肯定会离销售成功越来越远。

如果是一名汽车销售员，当客户问，他那辆旧车可以折合多少钱时，销售员心里想的也许是："这辆破车还能值几个钱？"这可能是大实话，那辆车也许确确实实就是一辆不值钱的破车，它的轮胎也许已经磨损得不像样了，它烧起汽油来也许比柴油引擎还要多，车里的气味也许很难闻，总而言之，它就是一辆破车。但这种大实话销售员绝对不能说，因为这是客户的车，客户可能很爱这辆汽车，毕竟开了这么多年，多少总会有点感情。即便不喜欢这辆车，也只有客户自己有资格来评价这辆车。如果销售员先开口说这辆汽车如何如何糟糕，这无疑是在侮辱汽车的主人，不知不觉中已经伤害了客户的自尊心。这样，还能向客户销售吗？想想这些，销售员还敢说客户用过的东西不好吗？

有时，客户会说自己的东西不好，比如说："这辆车太破，想买辆新车。"这时销售员也不能跟着附和："你这车确实够破了，早该换辆新车。"特别是在谈及孩子时，当客户说他的孩子太淘气时，销售员若顺着客户的话说："是够淘气的"，那销售员就休想让客户买产品了，销售员可以说："聪明的孩子都淘气。"所以通常情况下，销售员在与客户沟通时，不能说以下的话：

第一，直接批评客户。

这是许多销售员的通病，尤其是刚从事销售这一行的，有时讲话不经过大脑，脱口而出伤了客户，自己还不觉得。虽然销售员无心去批评指责，只是想打一个圆场、有一个开场白，而在客户听起来，感觉就不太舒服了。人人都喜欢听好话，人人都希望得到别人的肯定，不然怎么会有"赞美与鼓励让白痴变天才，批评与抱怨让天才变白痴"这一句话呢。在这个世界上，又有谁愿意受人批评？销售员从事销售，每天都是与人打交道，赞美话语应多说，但也要注意适量，否则，让人有种虚伪造作、缺乏真诚的感觉。

第二，攻击性语言。

我们经常可以看到这样的场面：同行业里的销售员用带有攻击性色彩的话语攻击竞争对手，甚至有的销售员把对手说得一钱不值，致使整个行业形象在人们心目中不理想。多数的销售员在说出这些攻击性话语时，缺乏理性思考，却不知无论是对人还是对事的攻击词句，都会造成客户的反感。作为销售员应尽量杜绝，最好是做到闭口不谈，这对销售会有好处的。

第三，过度吹嘘。

不要吹嘘产品的功能！这一不实的行为，客户经过日后的使用，终究会清楚销售员所说的话是真是假。不能因为要达到销售业绩，就夸大产品的功能与价值，这势必会埋下一颗"定时炸弹"，一旦纠纷产生，结果就很难圆场。有些销售员确实会这样做，明明是69岁时的保单现金值，却说成是65岁；某种耳疾的治愈率只有72%，但却说成92%。

任何一个产品，都存在着好的一面，同样，也存在不足的一面，作为销售员理应站在客观的角度，清晰地与客户分析产品的优与劣，帮助客户"货比三家"，唯有知己知彼才能让客户心服口服地接受产品。给销售员的忠告是：欺骗与夸大其辞的谎言是销售的天敌，它会使销售员的事业无法长久。

第四，个人隐私。

与客户打交道，主要是要把握客户的需求，而不是一张口就大谈特谈隐私问题，这也是销售员常犯的一个错误。有些销售员可能会说，我说我自己的隐私问题，这样总可以吧。就算只谈自己的隐私问题，不去谈论客户，试问销售员推心置腹地把自己的婚姻、性生活、财务等情况和盘托出，能对销售产生实质性的帮助吗？

第五，不雅之言。

每个人都希望和有涵养、有层次的人在一起，不愿与那些"粗口成章"的人交往。同样，在销售中，不雅之言对销售产品必将带来负面影响。诸如，在销售寿险时，最好回避诸如"死亡""没命了"此类的辞藻。不雅之言会使销售员的个人形象大打折扣，是销售过程中必须避免的。

# 妄自贬低对手

"同行是冤家"，在销售中遇到竞争对手是一件很正常的事。这时你很可能为了竞争而贬低对手，不过奉劝你千万不要这样做，因为贬低对手只会让客户降低对你的评价。

某公司的董事长正打算购买一辆不太昂贵的汽车送给儿子作毕业礼物。福特牌轿车的广告曾给他留下好的印象，于是他到一家专门销售这种汽车的商店去看货，而这里的售货员在整个介绍过程中总是在说他的车哪些哪些比"菲亚特"和"大众"强。作为董事长的他似乎发现，在这位销售员的心目中，后两种汽车是最厉害的竞争对手，尽管董事长过去没有买过那两种汽车，他还是决定最好先亲自看一看再说。最后，他买了一辆"菲亚特"。

不贬低诽谤竞争对手的产品是销售员的一条铁的纪律。做一名合格的销售员一定要记住：把别人的产品说得一无是处，绝不会给你自己的产品增加一点好处。

销售员除了赞扬对手之外就不应当提到他们。万一客户首先说起竞争商品的情况，你就赞扬它几句，然后转变话题："是的，那种产品很好。但现在还是看看我们的！"完全回避竞争对手，就不会导致客户再去考虑别的商品。销售圈的座右铭似乎应当是："各卖各的货，井水不犯河水。"自然地就会把客户的需求转入自己一方。

不幸的是，按这种观点办事常常不是最佳战略。一个竞争厂家的牌子可能早已在准客户的脑子里占据了重要位置，用回避的办法是难以将它驱除的。可是，有的客户并不愿意主动谈论他们内心宠爱的另一种产品，因为他们害怕销售员会指出他们的偏爱有问题。所以，保持沉默便可平安无事。

这样，如果销售员决心要对付竞争对手，首先就必须设法让客户把心中喜欢的另一种商品讲出来，并听听他对其产品的看法。精明的汽车销售员在刚一开始谈生意时，就要探明竞争对手在客户心目中的地位。为了搞清客户都见过哪些汽车和最喜欢哪一种，这样问："到目前为止，在您见过的所有汽车当中您最喜欢哪个牌子的？"这个问题的答案可以为洞察力很强的销售员提供大量信息。如果客户的回答是"赛车"，那你再向他销售稳稳当当的轿车就是对牛弹琴了。绝大部分汽车销售员都害怕跟头一次买汽车的人打交道，因为销售员们知道，不管你给这类客户提供多么优越的购物条件，他们仍会认为有必要先转一圈看看再说。聪明的汽车销售员都喜欢等客户看过了其他牌子的汽车后再接待他们，这时就有成交的希望了。

毫无疑问，避免与竞争对手发生猛烈"冲撞"是明智的选择。但是，要想绝对回避他们看来也不可能。销售员如果主动攻击竞争对手，将会给人留下这样一种印象：他一定是发现竞争对手十分厉害，觉得难以对付。人们还会推断，他对另一个公司的敌对情绪为什么会这么大，难道是因为他在该公司手里吃过大亏。客户下一个结论就会是：如果这个厂家的生意在竞争对手面前损失惨重，那么他的竞争对手的货就属上乘，我应当先去那里瞧瞧。

# 用语不慎伤害对方

有一种能使讲话水平进一步提高的方法：一个人在和别人讲话的同时，其声音也能传到自己的耳朵里，就是这样，一面确认自己讲话的声音，一面进行讲话。大脑里有那么块地方，它在不停地确定"好！这个讲法好。""哎呀！讲糟了！"我们可利用这一点，在和客户说话时，一边选择词句，一边对自己所要讲出的话进行控制。

客户当中什么性格的人都有，有的很任性，有的性子急，有的爱发脾气，有的说话带口头语。作为一名销售员，要和各种各样的人打交道，如果老是用自己所固有的一种调子谈话，就无法和所有的人谈得来，弄得不好，会遭"白眼"，使得还没进入商谈就被对方拒绝了。面对上述情况，要不断地检查自己的说法，并及时地作出决策，在冷场之前就迅速地转换话题，使会话顺利地进行下去。

会话往往是反复无常的。在聊天时，讲些有趣的话可使对方捧腹大笑，可是一旦进入商业谈判则往往急转直下，激烈地争论起来。不管在什么场合下都是不允许失言的，如果失去风度，出言伤人，把对方给惹翻了，就会中断交易，造成不可挽回的后果。为此，优秀的销售员在和用户对话时会绞尽脑汁地选择词语。不过讲话时过于恭敬，乱用敬语也不行，要用通俗易懂、朴实亲密的语言，只有这样才能取得成功。

以上所说的看起来好像很难，其实只要有心，谁都能做到，只要多练习多用就能够做到和任何客户打交道都有共同语言。另外，学会了上述方法并使之成为习惯，不仅对用户，对上司，对同事讲话也同样有用。这里再提醒一次：在会话时，请注意谈话内容，千万不要伤害到对方。

# 不会掩饰自己的情绪

很多销售人员的失败，都是源于不懂得掩饰自己的情绪。如果客户表现出对商品没有兴趣，销售人员的脸上就会浮现出失望或不耐烦的表情。在与同事和朋友的交往中，往往也不管时间场合、对象是否适当，更不理会讲话的后果，心里有啥就说啥，想怎么做就怎么做。这种直率会让销售人员丧失很多本来有潜力的客户，也容易得罪人，结果自己陷入孤立的状态。

其实，直率是明智的交际准则，直率的人往往给人以一种心胸坦荡、胸无城府的感觉，他们比那些深藏不露、遮遮掩掩的人更令人放心，更容易博得对方的信任和好感。但过分的直率却会起到适得其反的作用，很多人也正是在这一问题上不知不觉地吃了大亏。况且销售是一个交际性很强的工作，这个工作需要你时刻笑脸相迎。一个带着不耐烦或愤怒的情绪的推销员肯定会到处碰壁的。

每个人都是有自尊心的，每个顾客都希望自己被当作上帝来对待，他们喜欢享受买东西时所受到的友好和尊敬，销售人员的直言快语很容易就变成了挑衅和侮辱，而有些销售人员往往不顾及这一点，也不掂量话的轻重，经常无意中就伤了人。

# 不要急于求成

有一个商人，到外地去买了一车沉香，运回故乡来贩卖。结果因为沉香较昂贵，所以只有很少人购买。而旁边刚好有一个卖木炭的小摊，因为木炭便宜，一下子就卖光了。

这位商人眼见隔壁摊位的木炭一下子就销售一空，而自己的沉香却卖不出去，心中甚是着急，左思右想，他终于想出了一个办法。

于是他用火将整车的沉香烧成木炭，果真一下子就被大家抢购一空，他也高兴地回家了。

销售的目的并不仅仅是将产品卖出去，而是以合适的价格卖给需要的人，虽然卖出去的目的达到了，但是失去的可能更多。

有一些销售人员的性子太急，做事总是匆匆忙忙的，尤其是在推销的成交阶段。

有一对姓马的夫妇，因为丈夫工作需要，全家搬到一个新的地方居住。刚刚搬到新地方，他们的孩子自然觉得新鲜得不得了，总是喜欢跑出去玩。

有一天，这对夫妇出门了，回来的时候却发现自己的小儿子不见了，这可把他们吓坏了，于是开始分头去寻找。他们还报了警，而且，因为这对夫妇所住的地方不是很大，所以不一会儿就有很多人都帮着找。

但是，就在这么一个节骨眼上，一个不知深浅的推销员却凑到马先生跟前，向他推销保险，当时马先生很生气，没好气地说："拜托，等我把儿子找到再说好吗？"

谁知这位推销员看马先生没有反对便更是喋喋不休，大谈保险的种种好处，还想让他停下来听他讲，这下可把马先生气坏了，马先生忍无可忍地对推销员大吼："你如果肯帮忙把我儿子找回来，那么保险业务的事情咱们日后找个时间再谈。但是，我警告你，你现在要是再跟我提什么见鬼的保险业务，就请你先滚出去！"

推销员被马先生说得面红耳赤，夹着公文包灰溜溜地走了。马先生这才注意到，这个推销员名义上是来帮助自己找儿子，实际上却早就计划好要来乘机做推销，这可把马先生的肺都气炸了。他等推销员走出去，就狠狠地把门摔了一下。最后，在大家的帮助下，马先生找回了自己的儿子。

但是从此以后，马先生很痛恨这个推销员，而且经常给别人讲述这件事情并描绘他的长相，这下推销员的业务就可想而知了。但他怪不得别人，难道还有比他更不谙人情世故的吗？

细心是销售人员必须具备的重要品质。急功近利，行事冲动，极易导致推销失败。尤其是在促成阶段，顾客在作出买不买、买多少、何时买等购买决策时，都不是一时冲动，他们需要权衡各种客观因素，如产品特征、购买能力等，同时还要受到主观因素的影响，如心情好坏等。因此，作出购买决策是一个极其复杂的过程，并不是一蹴而就的。在这个时候，销售人员应该给顾客合理的考虑时间，并耐心等待顾客作出决定。

# 东拉西扯没有重点

销售人员在与客户进行沟通时，应该清楚哪些话是该说的，哪些话是不该说的，切不可说起来东拉西扯，没有边际，一定要掌握好洽谈的重点，否则，就很容易偏离你推销工作的主题。

客户在与销售人员交谈时，由于自身的需要，往往要对产品进行详细的询问与了解，而客户的这种了解又会具体地反映在产品的某些方面上。比如品牌、价格、安全性、质量、售后服务等，所以销售人员就应该根据这些情况来把握客户所关心的重点，定出接下来的谈话重点，进而对客户进行详细的说明，这是成功销售的一大"法宝"。

但在实际的推销洽谈中，有些销售人员却不能够做到想客户之所想、答客户之所问，尤其对顾客特别关心的问题不能给予及时准确的回答，不是充耳不闻、轻描淡写，就是回答笼统含糊、答非所问。究其原因，无外乎以下几点：

（1）粗心大意，忽略了客户所关注的问题；

（2）对客户的问题不够重视，甚至会认为是多余的；

（3）认为客户的问题很简单，泛泛之谈就足以说清；

（4）怕引起客户的疑虑而有意回避。

以上任何一种情况的出现都会影响销售工作的成败。泛泛而谈缺乏说服力，不够具体，那么顾客的疑虑就得不到合理的答复，当然也更容易引起对方的警觉。在这种情况下，你想顾客会作出购买决定吗？

看看下面这个案例。

张先生平时工作比较繁忙，很少有时间照顾家庭。前不久，一次意外事故使他的女儿被暖气中的热水烫伤了，于是他怕家里的取暖设备再出故障，就决定安装一台家用中央空调。针对他的这种情况，请看推销员是如何进行推销的。

推销员对他说："先生，如果使用中央空调的话，不仅非常舒适，而且也很安全，只是价格稍微贵了点……"

张先生说："价格贵点倒没什么，不知道这种空调到底能够安全到什么程度？"

"这您就放心了，我们中央空调还从没出过事呢，使用过的客户对它都非常满意！我们还负责上门安装和提供其他的一些配套服务。"

"这都好说。"张先生还是不放心，"从来没用过，不知用起来到底怎样，会对孩子有益吗？"

对于上面这位客户，很明显他对产品的要求主要体现在安全问题上，而并非价钱、安装、配套服务等。而那位推销员却没能够及时意识到这一点，只是在安全性之外的问题上盲目地进行说明，没有抓住顾客关注的重点。

销售人员在与客户洽谈时，一定要从顾客的言语表情中判断出他所希望知道的重点，从而进行有针对性的答复，切忌泛泛之谈。

# 心不在焉，注意力不集中

精神涣散、心不在焉是推销中的大忌。如果销售人员在与客户接触的过程中展现出的是一副词不达意、六神无主的样子，就很难使客户对你的产品产生兴趣，他们会认为你没有足够的诚意。因此，在向顾客推销产品时，做到精力集中是相当重要的。

只有做到精力集中，才能及时发现问题，解决问题，而且能够有效吸引对方的注意力，可以很好地控制整个局面，使你处于主动的地位。

关于精力集中这一主题，成功的推销员乔·吉拉德是这样介绍他的成功经验的：

"推销时要精力集中，一旦我的眼睛正视着顾客时，他就一定能够感到我的注意力集中在他身上。我会把别的一切杂念都抛在脑后，我不允许任何想法来分散我的精力。从我和顾客握手、作自我介绍的时候起，就没有什么能把我的眼光从顾客身上移开。

"即使有5辆消防车在旁边呼啸而过，我也不会转过头去。我曾看见别的推销员一听到警报声或撞击声就会冲到窗户边去；我还看见有的推销员在欣赏某位顾客小姐美丽修长的双腿时，眼珠都快鼓出来了！要是我生活在西海岸的话，即使发生大规模的地震，我也不会失去方寸，丢开我的顾客。

"我为什么要如此控制局面呢？首先，这样可以让顾客也能做到集中精力，因为我在观察他的每一个动作，聆听他的每一句话。

"几年以前，一位年轻的推销小姐请我观察一下她的推销过程，并对她进行指导。'我一定做错了什么，乔，'她说，'可我就是不知道错在哪儿。'

"结果，我发现她在整个推销中没有说错任何话，推销进展也顺利，她自己的自我感觉也不错，可是最终却未能使生意成交。

"'乔，我做错了什么？'她问我，'那人想买一辆新车，而且他也买得起，我的推销似乎也不错，可……我到底哪儿做得不对？'

"'海蒂，你做得对，你做的所有事都对，可是你犯了一个致命的错误。我想你自己肯定没有意识到。'

"'是什么？'她急切地问，'我想知道。'

"'我数了一下，在推销的过程中，你一共看了6次手表。每次看的时候，你的顾客都有些不悦，而且还会沉默一会儿。他们心里一定在想：她的兴趣可能在别的事情上，而不是跟我谈话。好了，就这些。他觉得你想尽快摆脱他。'

"'说实话，我并不在乎什么时间，这只是我的一个坏习惯。你说得对，我不会再那样了。'

"几个星期之后，她已经能够做到精力集中地去做推销了。"

精力集中意味着你对这件事情很重视，对方也就觉得你尊重他，他也就会与你进行思想沟通，愿意接受你的思想，最终使推销成功。所以，你要懂得精力集中就是控制局面的最有效的方法和策略。

# 开场后直奔主题

销售人员：早上好，张先生，很高兴见到您。

顾客：你好，有什么事吗？

销售人员：张先生，我今天来拜访您的主要目的是给您带来了我们的最新产品——智能A200型设备。我知道，您一定很希望您的企业生产成本降低，收益提升。

顾客：是啊，但你们公司的产品性能怎么样？

销售人员：张先生，这项设备是引进的德国SA技术，它的制造效率是普通设备的2倍，而且比一般设备的单位能耗要低20%。另外，这款产品的操作平台非常人性化，操控性能很稳定，安全性能也非常好。还有就是安装了自检系统，这样就不需要经常安排大量人工来检查，节省了大量的人力成本。您觉得怎么样？

顾客：不错，那这款产品已经应用在哪些行业呢？

销售人员：主要是挖掘机制造、油田开发等领域。

顾客：这套设备大概需要多少钱？

销售人员：仅需要20万元人民币。

顾客：是吗？我知道了。这样吧，你把资料放下。我先了解一下，回头给你电话。

销售人员：张先生，我们公司的设备曾荣获国家设备制造金奖，每年销售量达到5 000万元人民币呢。

顾客：我知道了。我们领导班子需要研究一下，才能给你电话。再见。

销售人员：唔？……

这是一个拜访客户的典型个案。销售人员第一次拜访顾客，他希望顾客对自己的产品感兴趣。这位本分的销售人员遇到一个愿意参与对话的顾客是非常幸运的。但不幸的是，他的行为印证了推销泛滥的时代人们脑海中根深蒂固的销售人员形象，最终他失去了机会。

美国一份关于公众对销售人员评价的调查报告显示，人们最讨厌的销售人员的形象就是：一见面就喋喋不休地谈自己的产品与公司，千方百计想向顾客证明自己的实力与价值。

销售人员失败的一个主要原因往往就是这种情况——被顾客控制了局面。在整个会谈中，顾客成功地控制了会谈节奏，并最终轻松地摆脱了销售人员。为什么会这样呢？就是因为销售人员一直在说！在人际沟通中，尤其在和陌生人的沟通中，是说得少的人控制局面还是说得多的人控制局面呢？显然，是说得少的人控制局面！

本案例是首次拜访，销售人员希望通过陈述自己的公司和产品有多么好来吸引顾客，谈话的焦点一直在自己身上，顾客被置于次要的位置，甚至被完全忽略。这样做的结果是顾客心理产生了巨大的购买成交压力。为了释放或抵抗这种压力，顾客会本能地采取质疑的态度，全神贯注地关注销售人员陈述中存在的缺陷。销售人员的陈述一旦停下来，顾客就会开始反击——提问，提出主观的甚至幼稚片面的问题与异议。当然，顾客几乎会本能地问到销售人员最不愿意回答的问题——价格，而价格恰恰是顾客拒绝销售人员最冠冕堂皇的理由。就这样，顾客赢得了对话的控制权，轻易摆脱了销售人员：顾客主观地得出"不需要"的武断结论，或者干脆以"先考虑考虑再联系"之类的话来推托。

那么，是不是不要给顾客提问的机会呢？当然不是，只是当顾客还没有认识到销售人员的真正价值，没有解除心理抗拒时，就让顾客来提问是很危险的。如果销售人员保持沉默，让顾客说又会怎么样？因此，一个聪明的销售人员既不会冷场，也不会一直站在自己的立场上说个不停。

# 第17章

绘声绘色讲故事，用故事将客户引入佳境

# 用讲故事的方法来介绍

讲故事可以引发共鸣，可以激发兴趣，显得平易，更能深入人心。用讲故事的方法来介绍自己的产品，与客户沟通，能够收到很好的效果。

有一客户来到海尔冰箱的柜台前，对海尔的销售人员说："你们的质量有保障吗？"这时销售员倒没有就质量本身说那么多，只是讲起海尔的总裁张瑞敏上任时砸冰箱的故事，一个故事立刻令人对海尔冰箱的质量刮目相看。

像乔·吉拉德、甘道夫、原一平、柴田和子都是讲故事的大师。原一平每次在推广保险的时候，都会讲一个因没有买保险发生意外和死亡的悲痛故事，他的真情感动得客户流下了泪水，这时他便说道："我真的不希望这样的故事发生在我遇到的任何一个人身上，我有责任去帮助他们，我出售的不是保单，我出售的是爱和保障。"就因为原一平讲故事真挚，一次又一次地打动了客户，从而帮助他成交了一个又一个的保单，让他成为受人尊敬的推销大师，被誉为"推销之神"。

所以各位朋友，不管你今天卖何种产品，你一定要收集那些能令新客户产生共鸣、激发需要的故事。任何商品都有自己有趣的话题：它的发明、生产过程、产品带给客户的好处，等等。

销售人员可以挑选生动、有趣的部分，把它们串成动人的故事，以此作为促进销售的有效方法。所以销售大师保罗·梅耶说："用这种方法，你就能迎合客户、吸引客户的注意，使客户产生信心和兴趣，进而毫无困难地达到销售的目的。"

# 为客户编一个属于"他"自己的故事

销售为什么需要讲故事，为什么要将故事讲得浪漫一些呢？因为人都喜欢听故事，尤其是和自己有相似背景的人和事。只要你将这样的故事与产品结合，你就已经成功了一半。

三流的销售摆出产品；二流的销售对产品表达观点，陈述事实；一流的销售则是擅长讲故事，将观点和事实融入故事，提升产品的档次，打动消费者。

你会为客户编一个"他"的故事吗？一个浪漫感人的故事，会让你的产品变得妙不可言，动人心魄！

有一家钻戒公司，为自己的钻戒设计了一个销售广告，集合了文字与影像，编织了一个美丽的故事：一对纯真的情侣，真心相爱，历经磨合，从冬天的白雪，走向春天的繁花，经过夏天的浮华，最终携手迎来秋天的果实！他们坐在秋天的公园里，周围是一片丰收的颜色，枫叶在身边缓缓飘落，代表着成熟与长大。他们含情脉脉地注视着对方，而女孩的手，则似乎无意地放在显眼处。那里，一颗钻戒闪闪发光。旁边写着：两心相系，一生一世！

这是妙到极致的故事广告，利用一个动人的故事，将产品推到大众的面前。用这样一个"她"的故事告诉全天下的男孩：如果你爱她，就去为她买一款这样的钻戒吧！

对销售来说，说服是一件很重要的事。想卖出产品，总要说服客户。

如果你能讲出一个好故事，让故事与产品结合起来，就会给客户留下很深刻的印象。所以，学会讲故事，能够让销售变得很简单。这是销售的秘诀，同时也是销售高手的天赋，他们每个人都是讲故事大师！

为客户讲一个故事并不困难，实际上，这是销售员的日常工作。你需要在平时就注意收集资讯，加大阅读量，并将得到的信息分门别类，存储在大脑中。当你需要时，就把它们调动出来，加以润色，在合适的时机，结合不同的产品，用合适的方式讲给你的客户。

故事销售的好处是什么呢？它可以吸引客户的注意力，故事本身还可以引导出客户的心理需求！这是吸引法则，起源于心理学，百试不爽！只要你想，你就可以为你的客户讲出最具有煽动力的购买故事，让他感同身受，视你的产品为灵丹妙药，并且马上为它付钱，拿着它去追寻属于他自己的完美故事！就像这个成功的钻戒广告！

讲故事需要学习，但是更重要的是练习。从现在开始，就向你的客户讲一个动听的故事。你可以把一款手表的名称，说成是一位帅气王子送给可爱公主的礼物的名称，这份礼物曾经让两个矛盾中的国家和平相处，然后相爱的王子和公主成为两个国家的功臣，并最终得到了属于自己的爱情。于是，这块价值连城的手表就产生了，为的是纪念这段感人的爱情故事。你也可以将你的产品与一个著名的人物联系起来。

只会讲观点的销售不能生存，只能将产品摆出来然后撞大运的销售更是不入流的销售者。要想让自己成为一名销售高手，讲故事的技能是必不可少的。尤其是，为客户讲一个"她"的故事，这关系到你的产品是否能够一下拴住这位消费者！

# 讲好故事的七大诀窍

真正的营销高手，都是讲故事的好手。讲故事就是为客户设计一个产品的应用情景，让他们看到美好的使用效果。但是，如何将故事讲得引人入胜、妙不可言呢？销售故事有没有什么学之即会、用之即灵的诀窍？

学会讲故事，有七大诀窍：

### 诀窍1：量身定做

根据客户的身份、地位、收入、年龄、性别、购买目的，以及产品的不同，结合当时的场合和气氛，选择合适的故事进行产品销售。这很重要，如果你讲了一个客户不感兴趣甚至很反感的故事，那么就会弄巧成拙，甚至让客户产生厌烦感。

### 诀窍2：细节需具体

故事要有具体的细节，让客户可以用心灵触摸到，感受到，从而可以在脑海中模仿，而且在未来的产品应用中，可以进行套用。比如，那个成功的钻戒广告，对于场景的设计，要有实用性。如果你让男女主人公坐在云彩上，而不是公园里的长椅上，效果就会大打折扣，因为观众会潜意识里觉得太虚幻了！

使用客户能够涉及的细节，这是故事打动人的基本因素。让你的故事听上去越真实、越特定化、越有现实感，客户就越能够理解和认同。但是也不能太过详细，比如最好不要涉及具体的城市和地点，让大家都有进行想象的空间。还是以钻戒广告为例，如果你说"上海的公园"，那么观众的感觉一下就冷淡了很多，难道这款钻戒是专卖给上海消费者的吗？难道只有上海的公园才这么浪漫吗？客户会有这种想象空间被剥夺的感觉，从而产生疏离感。

### 诀窍3：场景符合真实生活

只有让客户感觉到这是真实的生活，你所讲的才是一个成功的好故事，才能进而让他对产品感兴趣。只有跟客户可能的生活经历联系起来，让他有所触动，并能体验到可操作性，他才会产生强烈的购买欲望。比如一款相机的销售方，设计了一组去全国各大文化景点旅游拍摄的效果图，地点选用了长城、天安门、青藏高原等几处代表性的景点，既让客户看到了这款相机拍摄出的高清图，又让客户对携着这款相机去这些地方实地体验的感觉很是向往，于是就很容易作出购买决定。

### 诀窍4：偶尔适当的自嘲

在与客户交流时，聊到即兴处，可以偶尔适当地谈论一下自己的困难、糊涂事甚至是无知，衬托出产品的优点。比如当你向客户推荐空调时，你可以说："我现在还没钱买一台空调，每天回到家，就像热锅里的蚂蚁，别提多狼狈了！拿着扇子，拼命地扇啊！也没感到有一点风！"这种自嘲似的讲述，会起到出其不意的效果，首先，会衬托出空调的重要性，并让客户产生心有灵犀的感觉，因为你把夏天没有空调可用的难堪讲了出来，一下子就能促使他下定决心购买！同时，在你自嘲的时候，还会拉近与他的距离，因为很多客户在这时会在你身上看到他自己的影子。

### 诀窍5：轻重要有别

故事里的元素，要有轻有重，突出你要表达的信息。故事当然要有趣，但千万别让"有趣"盖过了"产品"的信息。这是一个尺度的问题，有趣的故事要为产品服务，否则故事就对销售毫无价值，你只是讲了一个让客户聚精会神的故事而已。

### 诀窍6：做到灵活改编

同一个故事，对不同的客户讲出来，就要根据需要作出适当的改变。侧重点可能不同，长短也可能不同，这需要你有随时改编的能力。你可以通过增加细节或改变主人公的身份、故事的情景等重要因素，轻而易举地改编故事，让它适用于眼前的客户。

### 诀窍7：永远别忘了故事的目的

让故事与销售保持一致，这是永远不能忘记的原则。否则，你的故事就白讲了！换句话讲，你可以让故事吸引客户的注意力，但千万别让客户忽视了你的产品！

# 用比喻来推销

在保险推销技巧中，喻义行销法不失为一种非常好用而又容易见效的推销方法，它巧妙地运用了日常生活中常见的事物，通过形象生动的比喻，向客户阐释应该及时购买保险的道理。

在中外保险大师推销经历中，我们不难发现此法的妙用。黄伟庆"救生艇"的案例就很精彩。

一次，黄伟庆同莫先生乘坐渡轮去九龙。莫先生在听完黄伟庆的介绍后，微微一笑说："小黄，你看我有必要买保险吗？美国友邦的实力与规模都是一流的，不过我虽然不能和友邦相比，但以我的财力，我可以买下整个友邦公司的三分之一。"

听了这话，黄伟庆当场一愣，眼看船将到岸，头脑中也没理出个头绪，不知该怎样对眼前这位财大气粗的先生再次进行保险说明。忽然，黄伟庆看到了停泊在码头的"伊丽莎白二号"，不觉眼前一亮，面带微笑对莫先生说："莫先生，您见多识广，我有个问题想要请教一下，可以吗？"

"什么问题尽管提出来。"莫先生欣然应答。

黄伟庆指着"伊丽莎白二号"说："您看，那艘巨大的轮船，行驶的时候一定很平稳很安全吧？它应该不会有什么意外发生吧？"

"是的，我看很安全，不会有什么事发生。"莫先生答道。

"那就奇怪了。莫先生，您看，它上面装了足有20条救生艇。既然它很安全，很可靠，那为什么还要准备那么多救生艇呢？那么多救生艇放在它上面，对它来说不是一个很大的负荷吗？这不是多此一举吗？我真想不通，请您告诉我一下其中的道理，好吗？"

莫先生一听就明白了，他再次仔细打量了一下面前的黄伟庆，笑道："小黄，真有你的，明天早上到我办公室来。"

就这样，黄伟庆赢得了一个大客户。

看似简单的比喻帮了黄伟庆一个大忙。很多时候，跟高层客户沟通，直白的讲述未必能收到好的成效，但是寓意深远的比喻却能让客户深刻地体会到其中的道理。

从黄伟庆的经典案例中，我们可以体会到喻义推销法的妙用。喻义推销法最大的特点就在于不需要直白地阐明而道理又表露无遗。

在推销中适时使用恰当的比喻，不仅可以让话语变得活泼生动，还可能带来意想不到的惊喜。

有一位著名的棒球运动员，无论是在运动场上，还是在保险公司销售员的眼里，他都是一个难以攻破的"堡垒"，因为他对保险的事根本不感兴趣。

原一平却攻破了这个"堡垒"。他没唱那些令人生厌的老调，也没对保险好处进行宣传，而是对棒球运动表现出极大的兴趣，听对方大谈棒球。他的倾听，他的插话，他的问题以及他简短的议论，都给这位职业球手留下了深刻的印象。

在一个适当的时候，原一平向球手提出了一个关键的问题："您对贵队的另一位投手川田的评价如何？"

"川田，正是有了他，我才能放手投球的，因为他是我的坚强后盾和依靠，万一我的竞技状态不佳，他可以压阵。"

"请原谅我打个比方，您想过没有，如果把您的家庭比做一个球队，您家里也应该有川田。"

"川田？谁？"

"就是您。"原一平说，"您想想，您的太太和两个孩子之所以可以'放手投球'，换句话说，能无忧无虑地幸福生活，就是因为有了您，您是他们的坚强后盾和幸福的保证，所以您就是他们的'川田'。"

"您的意思是……"

"请原谅我的直率，我是说人有旦夕祸福，万一您有个不测，我们就可以帮您，帮您的太太和孩子。这样，您就可以放心地驰骋球场，无后顾之忧。所以，从这种意义上说，我们也是您的'川田'。"

至此，那位棒球运动员才想起原一平的身份，然而他已经被感动了，因为原一平用形象的比喻使他深刻地体会到了他的人身保险与家庭幸福的关系，这场生意当场就成交了。

利用生动又切合客户心理的比喻来说服客户，远比讲一通客户不愿听而又听不懂的长篇大论有效得多。

# 用故事来渲染枯燥的谈话

约翰刚参加工作不久，就碰上了一位自称永远都不需要保险的医生，他很有钱，同时也很吝啬。

　　这位医生夸口说有一天他将拥有200万美元。约翰告诉他应该通过保险为他的家人保证收入来源，但他根本不想花这笔钱，他认为支付保险金会减少他的储蓄。很明显他不懂保险，他喜欢储蓄、有价证券和定期存款等除保险以外的任何一种金融工具。面对如此固执的客户，约翰需要想办法消除他的偏见，给他提供最好的储蓄方案。

　　在会谈将要结束时，约翰决定再试一次。约翰说："您的目标是攒够200万美元，确实很了不起。任何拥有那么多钱的人都不用为养活自己和家庭发愁，而且不需要再去工作。但是假设您的200万美元是一座40层大楼的顶层，如果您的目标是到那儿，您怎么上去呢？您是爬楼梯呢，还是乘电梯？"没等医生回答，约翰接着说，"您显然属于爬楼梯的这一类人。"

　　"你说什么？"医生有点恼怒。

　　约翰却一点儿也不着急："您现在就像是在爬楼梯。您要爬到200万美元，而不是乘电梯到200万美元。"

　　医生怒视着约翰，等他解释。

　　约翰不慌不忙地说："按照您目前的计划攒钱就像在爬楼梯。当您买高收益率的股票时，您一步三个台阶，但您仍然是在爬楼梯。爬楼梯的缺点是您有可能停下来，您也有可能摔断腿，或者摔死，再也爬不上去。不论您滞留在哪一层，您都实现不了您的目标。您和您的家人该怎么办？"约翰停下来看着这位医生，他仍然沉默不语。

　　"但是，"约翰接着说，"有了保险，您就不会被困住。免缴保险费如同你受伤后我每次给你按一下电梯按钮，您就上去一层，直到你到达顶层。如果你死了，我就按直达键，直接把你送到顶层。"

　　这位医生点点头。几分钟后约翰就拿着医生的保险支票离开了他的办公室。

　　在推销过程中，客户对产品可能已经很了解了，这时再就这个产品谈来谈去只能让客户觉得厌烦。或者这个产品本身不是很有趣，那么大肆宣扬只能增加枯燥无味的感觉。因此，在推销工作中用点儿比喻的方法，可以让客户更加透彻地了解销售员的方案，并最终下决心签单。

# 第18章

销售不是唱独角戏，要给客户说话的机会

# 尽量创造倾听的机会

要想营造一种较为理想的谈话氛围，并鼓励客户谈下去，再谈下去，作为倾听方，就需要采取一些策略。

第一，要善于鼓励。倾听对方的阐述需要做好相应的准备，否则，倾听时心不在焉，会让对方觉得你根本就没听，从而会让对方感到不愉快，也会觉得你缺乏合作的诚意。因此，在倾听时一定要给对方造成一种心情愉快、愿意继续讲下去的氛围，其基本技巧之一，就是用微笑、点头、目光等赞赏来表示对客户的呼应，来显示自己对客户谈话的兴趣，从而促使对方继续讲下去。

第二，要善于表示对客户的理解。试想一下，如果在推销谈判中，你侃侃而谈了半天，而对方却一点儿听懂或弄明白了的表示都没有，那么你还有兴致谈下去吗？所以，不妨设身处地地为对方考虑一下，在推销谈判中，当你充当"倾听者"时，一定要注意以"是""对"等答话来表示自己的肯定，在对方停顿下来的时候，也可以用简单的话语来指出对方的某些观点与自己一致，或运用自己的经历、经验来说明对讲话者的理解。有时，还可以适当复述对方所说过的话，这些表示理解的方式都是对讲话者的一种积极呼应。

第三，要善于激励客户讲下去。有时候，适当地运用反驳和沉默，也可以激励客户继续谈下去。当然，这里所说的反驳并不是指轻易地打断对方的讲话或插话，而是当对方征求你的意见或稍作停顿时，对其进行适度的反驳。另外，根据具体的谈判情况，你也可以保持适当的沉默，因为沉默有时也不等同于承认或忽视，它可以表示你在思考，是重视对方意见的体现，也可能是在暗示对方转变话题。

# 少说多听：倾听是沟通的开始

教育家卡耐基说："做个听众往往比做一个演讲者更重要。专心听他人讲话，是我们给予他的最大尊重、呵护和赞美。"每个人都认为自己的声音是最重要的、最动听的，并且每个人都有迫不及待地表达自己的愿望。在这种情况下，友善的倾听者自然成为最受欢迎的人。

小李的父亲是位知识分子，为人古板，不喜欢与人交往，每次小李来了熟人，父亲就独自躲到书房，很少与人打招呼。一次，小李的三个高中同学来到家里。大家一见分外亲热，其中有两位喜欢下棋，闲谈中都是些术语、行话，而另外一位对"黑白世界"一无所知，无聊中去了父亲的书房。这外边三位在棋局上杀得天昏地暗，没去管他。等玩够后，才从书房中把那个同学叫出来，令小李吃惊的是：老父亲居然送他出房门口，还问儿子为什么不留他们吃饭，临行还一再叮嘱：以后有空来玩。在小李的记忆中这是父亲第一次留他的同学吃饭，而且以后还经常问及那位同学为什么不来玩。

小李在惊叹之余，问同学怎样赢得父亲的欣赏。结果那同学说："没什么呀，你们下棋我不懂，就去你父亲书房，见你父亲在看一本水利方面的书，就问你父亲是否搞水利的，然后就好奇地问长江大桥的桥墩怎么做的，你父亲就开始给我讲解，如何先将一个大铁筒插进去，将里面的水抽干，挖出稀泥，打地基，直到做好干透，再将铁筒抽掉，你父亲在说，而我只是认真听，也没说什么。"

倾听不仅体现着一个人的道德修养水准，而且关系到能否与对方建立一种正常和谐的人际关系。而缺乏倾听不仅会让我们显得无知、无礼貌，而且往往还会导致错失良机。

德怀特·莫罗是一名刚刚出道的外交家，受柯立芝总统之命出任墨西哥大使。"这是一件很困难的差使，"布鲁斯·巴顿说，"墨西哥是山姆叔叔手上最敏感的一个手指头，到那边去做大使是很麻烦的一件事。"鉴于此，对莫罗而言，第一次拜见墨西哥总统卡尔士的表现，是具有历史意义的。

如何给墨西哥总统留下一个良好的印象呢？在这样的紧要关头，莫罗运用了一个策略。莫罗绝口不提起那些应当由大使来负责谈判的严重问题。他只是称赞厨子，多吃了几块饼，点着了一支雪茄，请卡尔士总统给他讲一些墨西哥的情形，内阁对于国家的希望如何？总统所想做的是哪些事情？他对将来有些什么看法？当卡尔士发表意见时，他则在一旁全神贯注地听。结果，第二天，卡尔士总统对一个朋友说，莫罗才是真正会说话的大使。

卡尔士总统的这句话让情绪紧张的墨西哥人、焦急不安的美国人都长长地舒了一口气。

初出茅庐的莫罗如此轻易地折服了卡尔士总统，并非采用了什么特别的策略，只不过让卡尔士总统发表意见，自己洗耳恭听罢了。

很多人认为，倾听不过是一种最基本的沟通手段而已。事实并非如此简单，倾听不仅是一种沟通的手段，更是一种礼貌，是尊重说话者的一种表现，是对说话者的最好的恭维。专注倾听对方说话，可以使对方在心理上得到极大的满足。这正是莫罗成功的秘诀。通过倾听，无形之中，他显示了自己对卡尔士总统的尊崇，让卡尔士总统感受到了充分的尊重。

人人都渴望得到他人的尊重，没有谁会拒绝耐心而专注地听自己说话的人。当你想赢得陌生人的好感时，不要试图多"说"而要多"听"。

# 某些时候，我们要学会闭嘴

对销售人员来说，懂得在关键时刻让自己闭嘴，这并不是所有人都能做得到的。许多销售员都在客户面前眉飞色舞，说个不停，却丝毫不注意客户厌烦的神色。他们也从不判断当时是什么场合，什么氛围，总是努力地向客户讲个不停。

在销售培训班上，培训师提出"关键时刻学会闭嘴"这个问题，然后得到了五花八门的答案：

急于让客户购买；

不知道什么时候该闭嘴，只好继续说下去；

担心客户转移注意力，或生怕客户打消购买的打算；

也想闭嘴，但那得是交易完成之后……

知道什么该说，什么不该说，什么时候说，什么时候不说，这是销售人员应该具备的最基本的销售常识。有时你需要向客户展示你的风趣动人的表达能力，有时你却需要沉默不语，倾听客户的意见，让他自己作出选择。

有一位美国的保险销售员，这一天，他接待了一位女士，没用任何技巧，也没说几句话，就做成了一笔大生意：这位女士为她的11个儿子买了11项储蓄保险。因为她的先生刚刚遭遇车祸去世，心情低落，所以这位销售员自始至终都扮演了一个倾听者的角色，耐心地听她讲述自己的遭遇和需求。中间只是偶尔安慰她几句，更多的时候他都在沉默，一脸严肃，充满对她的同情与尊重。

直到最后，这位女士停止了讲述，他才建议她购买这些保险，并简洁直接地告诉了她理由：即使她未来没有固定收入，孩子的教育和未来也不至于无以为继。女士马上就接受了他的建议，为她的每个儿子都买了一份储蓄保险。

销售员从这笔生意中获得的佣金，是过去他3个月的收入。后来，他在公司的营销会议上，对同事们说："我没想到，沉默的作用会是如此之大。"

闭口沉默是你遇到特殊客户时应该采取的态度，如果那位保险销售员面对这位女士夸夸其谈，丝毫不理解她刚失去丈夫的哀伤的心情，那么结果很可能是导致客户的不愉悦和反感，这笔生意也就泡汤了！

有些销售员，为了避免在客户面前出现失误，或者客户突然间走掉，只好不断地说话，说了又说，说个没完。这其实是一种语言轰炸，会让客户产生厌烦不安的情绪，反而容易赶走本来可能成交的客户。

不敢说话的销售员卖不掉产品，但是说话太多的销售员会叫客户感到害怕。

20世纪最伟大的科学家爱因斯坦，有人问他成功的秘诀是什么。爱因斯坦回答："成功就是X加Y再加Z。X是工作，Y是开心，而Z则是闭嘴！"

这是大师留下的至理名言，造物主为什么给我们两只耳朵和一张嘴？就是让我们多听少说，该闭嘴时就闭嘴。

如果你有所疑惑，在说什么与何时说之间掌握不住正确的尺度，那么就记住这个销售员的闭嘴法则：

（1）如果你不知道说什么，那就让自己真诚地倾听；

（2）永远不要在客户说话的时候写东西；

（3）任何时候，都不要排斥和打断客户的说话，这是一种愚蠢的行为；

（4）自己不懂的问题，不要假装内行，闭嘴才是最佳的选择。

孔子说："知者不失人，亦不失言。"聪明的销售员，应该好好体会这句话，不要在客户的面前失言。一场成功的销售就像一个好的电视节目，有美妙的画面，还有悦耳的音响。音量太小不行，音量太大则太刺耳，也会把人吓跑。当需要你沉默的时候，你不妨安静下来，思考一下客户到底在想什么。

# 倾听客户话语，尊重客户需求

经朋友介绍，重型汽车销售人员乔治去拜访一位曾经买过他们公司汽车的商人。见面时，乔治照例先递上自己的名片，说："您好，我是重型汽车公司的销售人员，我叫……"

才说了不到几个字，商人就以十分严厉的口气打断了乔治的话，并开始抱怨当初买车时的种种不快。如服务态度不好、报价不实、内装及配备不精、交接车的时间太久等。

商人在喋喋不休地数落着乔治的公司和当初提供汽车销售服务的销售人员时，乔治只好静静地站在一旁认真地听着，一句话也不敢说。

终于，商人把以前所有的怨气都一股脑儿地发泄了出来。这时，他才发现，眼前的这名销售人员好像很陌生。于是，商人便有点不好意思地对乔治说："小伙子，你贵姓呀？现在有没有一些好一点的车？拿一份目录来给我看看，给我介绍介绍吧。"

当乔治离开时，他兴奋得几乎要跳起来了，因为他已经拿到了两台重型汽车的订单。

从乔治拿出产品目录到商人决定购买的整个过程中，乔治说的话加起来也不超过10句。重型汽车交易成功的关键，是由那位商人道出来的，他说："我是看到你非常实在，有诚意又很尊重我，所以我才向你买车的。"

倾听是一种礼貌，是一种尊重讲话者的表现，是对讲话者的一种高度赞美，更是对讲话者最好的恭维。

每个人都希望获得别人的尊重，受到别人的重视。当销售人员全神贯注地听客户讲话时，客户一定会有一种被尊重和被重视的感觉，双方之间的距离也因此会被拉近。

所以，在适当的时候，让你的嘴巴休息一下吧，多听听客户的话。当你满足了客户被尊重的需要时，你也会因此而获益的。

# 不给别人说话的机会，永远拿不到订单

一个只会说话，而从来不愿意静下心来听别人说话的人，即使你说得再多，再精彩，也不会得到别人的认可，更不可能得到别人的尊重，因为你从来没有用"听"来了解对方，熟悉对方，从而进行心与心的沟通。这种人就算口才再好，也是枉然，被别人认为是一个无知的人。

作为一名销售人员，你可以滔滔不绝，可以口若悬河，但是一定要给客户说话的机会。我们常说："听比说更重要。"是的，耐心地听对方说话，这不仅是一个人自身修养和素质的体现，更是对客户的重视和尊重。

聪明的人会发现，一旦你成为说话主角，你不但不会变得主动，反而会变得更加的被动。因为你一直在唱"独角戏"，没有给客户说话的机会，从而忽略了客户内心真实的想法。不明白客户的真实想法，我们又如何对症下药呢？

有一个中年人，不喜欢自己年老的父亲娶来的继母。感觉这个女人并不是真的爱自己的父亲，只是为了父亲的钱才和父亲结婚。他对很多人说了自己的想法，很多人也信以为真。不久，他说的话也传到继母的耳中，好几次继母都想在他面前把事情讲清楚，可是，他从来不给继母任何解释的机会。

后来，他的父亲去世了，他就离开了原来的家，和妻子、儿子搬到城里居住，从此再也不理那个让他讨厌的继母了。但是继母没有怪他，而是一直给他打电话，让他回老家一趟。可他总是以"太忙"为借口来推辞继母。他的妻子也劝他，让他去看看继母，毕竟是陪父亲走了几十年的女人，也算得上是自己半个母亲。他认为继母让他回去的目的，无非是为了向他要赡养费，于是就让人捎了些钱回家。

可是他的继母说她不需要钱，哭着求人帮忙打电话让他回去，但是，他铁了心，一直没有回家。他认定继母是缠上他了，嫌自己给的钱太少，于是从心里更加厌恶继母。

他决定彻底摆脱自己的继母。所以，买房子的时候，就特意买了顶层，他认为这样他的继母就爬不上来了，反正她这个乡下老妪也不会搭电梯。

但是，有一天，他的老继母还是找上门来了，他开门的时候，老继母上气不接下气地倒在门口，看到他的一瞬间，她笑了，她拿着一张存折对他说："孩子我对不起你，我是你的亲妈，但是在你小的时候，没有尽到抚养你的义务，这存折里有10万块钱，我老了，用不着，你留着给孩子读书用吧。"说完，继母就晕倒在地上。他赶紧把继母送往医院，但是一切都晚了。

后来，他听知情的人说，这个继母其实是他的亲生母亲。他以前的母亲是父亲的第一个老婆，因为没有生育能力，父亲就和其他的女人生了一个儿子，儿子出生后，那个女人就从此消失了。父亲一直感觉自己对不起第二个女人。当自己的第一个老婆去世之后，父亲就决定把这个女人接回来，然后和她一起度过自己的余生，这个女人就是他现在所谓的"继母"。

为了不打乱儿子正常的生活，父亲并没有告诉他事情的真相，希望他能够从母亲对他的态度上悟出些什么。而他却枉费了父母的一片真心，最后也只能带着无限的忏悔和遗憾度过自己的余生。

试想一下，如果他不那么固执，如果他给继母一个与他说话的机会，如果他肯听继母的哪怕一句话，他就不会为自己的人生留下如此的悔恨！

在现实生活中，无论是你的亲人、朋友或是自己的客户，我们都应该给他们一个说话的机会，只有学会冷静地对待问题，你才能知道事情的真相，才能了解别人内心真实的想法。

不给别人说话的机会，你永远不知道对方想说什么，更不知道他内心真正的想法和需求，自然也就拿不到订单！

# 要把耳朵而不是嘴巴借给客户

一位推销电器的年轻人，来到一所农舍前叫门。听到敲门声后，对方只将门打开一条小缝，当她看到来人像销售员后，猛然把门关紧了。销售员再次敲门，敲了很久，她才又将门打开，仍然是勉强地开了一丝小缝，而且，还没等对方说话，她就不客气地破口大骂。

虽然事情比想象中的艰难得多，但销售员不想放弃。他决定换个法子碰碰运气。他改变口气说："太太，我看您是误会了，我来拜访您并不是来推销东西的，我只是想向您买一些鸡蛋。"

听到这儿，这位妇女的态度稍微温和了一些，门也开大了一点。销售员接着说："您家的鸡长得真好，它们的羽毛长得真漂亮。这些鸡大概是多明尼克种吧？您这儿还有储存的鸡蛋吗？"

这时，门开得更大了。

这位妇女问销售员："你怎么知道这是多明尼克种鸡？"

销售员知道自己的话已经打动了妇女，他接着说："我家也养了一些鸡，可是像您家养的这么好的鸡，我还没有见过呢？我家饲养的来亨鸡，只会生白蛋。太太，您应该知道，做蛋糕用黄色的鸡蛋比白色的鸡蛋要好一些。我太太今天要做蛋糕，所以我跑到您这儿来了……"

妇女一听这话，心里暗暗高兴，她迅速转身到屋里取鸡蛋。

销售员只有跟着客户的兴趣走，才能将谈话继续下去。销售员利用这短暂的时间，迅速看了一眼周围的环境，他发现院子角落有一整套务农设备，等妇女出来的时候销售员对她说："太太，我敢肯定，您养鸡赚的钱一定比您先生养奶牛赚的钱要多。"

这句话说得妇女眉开眼笑，心花怒放，因为她丈夫一直不承认这件事，而她总想把自己的成就感与别人分享。

于是她对销售员的戒心解除了，她把销售员当作知己，带他参观鸡舍。参观时，销售员不时地发出赞叹。两人畅所欲言，互相交流养鸡方面的常识和经验，他们越来越像认识已久的朋友。当妇女谈到孵化小鸡的麻烦和保存鸡蛋的困难时，销售员不失时机地向妇女成功推销了一台孵化器和一台大冰柜。

上面这个案例的关键点就在于：如果销售员不是引导这个妇女自己作出决定的话，根本没法把电器产品卖给这个她！给他人说话的机会，有时比自己唠叨不停更有价值。著名作家陶勒斯·狄克曾经说过："要把耳朵而不是嘴巴借给别人，这才是通向成功的捷径。对别人说他不感兴趣的话毫无意义，你应该说能不能多告诉我一点儿？"

在销售过程中，销售员应鼓励客户说，听取他们的意见直至理解他们的观点，包括他们的需求和顾虑。如果要成为销售行业中杰出的人，销售员一定要在倾听方面多下工夫。


# 不要把销售沟通变成一场独白


一位中年男顾客走进了瓷砖超市，四处看看。尽管这位客人的衣着很简单，但富有经验的老板知道，这位顾客很可能是做跟工程有关的工作，这种人要是一下订单就是大买卖，于是让店员好好接待。

店员询问顾客的购买意向时，对方只是简单地说"看看"。于是店员只得尽可能详细地向顾客介绍店内的产品，在这个过程中顾客也只是随口答应，并没有说什么。

20分钟后，顾客空手出店，什么也没买。

案例中店员把与顾客的销售沟通变成了自己的一场独白，尽管也费了很多心力，但却未能打动顾客，这次沟通是失败的。事实上，在销售中，店员有一项最重要的工作就是让顾客开口说话，与店员形成互动。

与顾客说话，就是与顾客沟通思想的过程，这种沟通是双向的。我们自己在说话的同时要引导顾客多说话，通过顾客的话，我们可以了解顾客对你所介绍的东西是不是喜欢。要知道双向沟通是了解顾客有效的工具，不要一人在那里滔滔不绝、喋喋不休、唾沫横飞、口若悬河地一吐为快，全然不顾顾客的反应。

一些店员抱怨在销售对话中自己总是感到被动，原因就是沟通中你总是在说，而你的顾客总是在沉默或不停地发问。顾客一直提问，是在探你的底牌。其实你不一定知道顾客真正关心的是什么、主要的问题在哪里，因为你只说不问。

顾客和你谈话，是期望你可以在专业方面给出建议。你应当像医生一样，对现状进行诊断，而诊断的最好方式就是有策略地提问，诱导顾客开口。

一般的店员通常滔滔不绝地说一大堆之后，就用陈述句结尾了。这时候顾客的表现通常是"好，我知道了，我再看看"或"我考虑一下再说"等。如果你在陈述完后紧接着问："您觉得如何呢？"或"这个产品您能接受吗？"

这样做效果会好很多，顾客至少不会冷冰冰地拒绝你，提问给了顾客阐述其想法的机会。

回应的一般形式。顾客的回应实质上是一种信息反馈，在一般的销售沟通中，各种信息类型的影响力为：情绪语言是30%~40%；肢体语言是50%~60%。

情绪语言。所谓情绪语言是当顾客感觉到痛苦或兴奋时，通常在对话中会通过一些字、词表现出来，如"太好了""真棒""怎么可能""非常不满意"等，这些情绪性字眼都表现了顾客的潜意识导向，表明了他们的深层看法，我们在倾听时要格外注意。一般而言，在成交的那一刻，顾客做决定是感性的。所以每当顾客在对话中流露出有利于成交的信号时，都要抓住机会，及时促成。

此外，店员要注意沟通中少用"我""我们""我认为"等主观性较强的语言，这些字眼很容易使顾客反感，应多用极具亲和力的"您"，这样也能促成顾客开口。如果你发现顾客在高频度地使用"我""我认为"等词语时，你一定要注意倾听，并适当控制和引导。因为这样的顾客一般主观性强，喜欢发表自己的观点。这样的顾客不太容易被打动，但你只要对他表示欣赏并建立信任关系，双方一旦成交，这将是非常理想的忠诚顾客。

当然，还有一些常用的词语，换一个说法往往效果大不一样。例如，顾客很不喜欢"买"和"卖"这两个字，如果换成"拥有"则顾客的感觉就会好很多。当你希望顾客购买你的产品时，你说："阿姨，当您购买了我们的这款空调之后……"你的顾客会非常敏感，这意味着你要从她的钱包里掏钱了。更好的说法是："阿姨，您知道吗？当您拥有了我们为您量身推荐的这款空调之后，您将享受到它特有的非凡感受，对老年人尤其适用。"听话要听音，当顾客在沟通时一再强调"买"或"卖"等字眼的时候，你要注意了，这样的顾客可能还未真正了解产品的真实价值，她们只是假装对产品感兴趣。

肢体语言。肢体语言是非常重要的交流方式，这一点前文已经有过描述，这里不再重复，只介绍一下辨析肢体语言的技巧和方法。在销售对话过程中，常见的积极肢体语言有：歪头、手脸接触、吮吸、屈身前倾、手指尖塔形、拇指外突等；消极的肢体语言有：假装拈绒毛、拉扯衣领、缓慢眨眼、腿搭在椅子上、缓慢搓手掌等。顾客在销售沟通中总是习惯"言不由衷"的，我们要懂得通过无意识的肢体语言把握顾客的心理动态，审时度势，作出正确的判断和对策。

当店员的努力获得顾客的回应时，店员还要判断顾客回应的真假以及顾客的真实意图。通常情况下，店员可以通过以下两种方式获得问题点。

### 1. 渗透性提问

所谓渗透性提问就是说排除顾客的回应，再进一步深入提问。举例来说：当顾客给出意见后，店员可以马上追问一句："除此之外呢？"提问之后马上停止，然后让顾客说。顾客一开始说出的理由通常不是真正的理由，当你说出"除此之外"之后，顾客都会沉思一会儿，谨慎地思考之后，最后说出他为什么要拒绝或购买的真正原因。

### 2. 诊断性提问

在确认顾客真正的问题或需求时，可首先利用诊断性提问限定范围，确立具体细节，如："您是需要柜式空调还是挂壁式空调？"接下来再用相同的方法，进一步缩小"包围圈"。如："那么，柜式空调您是喜欢哪方面的功能呢？"

# 第19章

不要只说你想说的，重要的是要听客户想说的

# 倾听顾客的心声

多听少说的道理大家都知道，但是在生活当中，能够做到"善于倾听"的，真的是少之又少。交谈中，渴望被倾听的一方往往会因为一些情况不愉快。比如大家都有一肚子话要说，沟通起来是各说各的，都说了很多，但是根本就没说到一起去，反而会因为一些根本就不矛盾的观点争得面红耳赤；你说的口干舌燥，他好像是在认真听你说，然而他一开口，说的全都是跟你刚才讲的风马牛不相及的东西，搞得你一下子很沮丧；对方特别好说，你刚想开口，他就将音调提高几度，搞得你兴致全无。

优秀的服务人员要善于掌握人性的弱点，让顾客畅所欲言，不论顾客的称赞、说明、抱怨、驳斥，还是警告、责难、辱骂，都要仔细倾听，并适当有所反应，以表示关心和重视。因为顾客所言是"难以磨灭的"，服务人员可以从倾听中了解到顾客的购买需求，又因为顾客尊重对那些能认真听自己讲话的人，愿意去回报。因此，倾听——用心听顾客的话，不论对导购新手还是老手，都是一句终身受用不尽的忠告。

沟通的时候就需要自己能够尽量站在对方的角度，去思考和揣摩他说的每一句话的意思。能够做到这样并且能够经常做到这样，就不仅仅需要一些"技术"，而是自己在内心里真正尊重沟通的对象，真正将自己放在与对方平等的地位。

学会并善于倾听其实是很容易的事情，只要你用心，在别人讲话时，给予他人以充分的尊重，那么你也将会得到更多的尊重，与人交流也会变得更加愉快。

作为销售人员，经常会面对各种不同类型的顾客，几乎所有顾客都会对货品有一些不满或抱怨。遇到这种情况，首先，要有耐心，尽量不要与顾客正面对峙，更不可争吵。面对顾客的生气、抱怨要认真倾听。不要提高嗓门，也不要作负面反应或负面设想。顾客总是认为他们是正确的，需要做的是要让他们认识到是他们自己错了。若遵循这三点，大多数情况就不会难以解决。其次，与顾客一起找出问题的关键所在。只要顾客有意见，就让他提出来，这是改进服务质量的重要手段。面对顾客的抱怨或意见时，请把握以下原则："理解顾客，换位思考"。

一位顾客在选购传真机时，抱怨到"哎呀！这东西的价格太高了。"并且怀疑"它真的值那么多吗？我有没有必要非买这么贵的东西？"

促销员巧妙地为顾客算了一笔账，陈列了"费用不高"的理由："您说得不错，现在一下子要拿出一笔钱来的确是一个不小的负担，但是您想想看，这种东西不是用一两年就会坏的，只要您使用方法正确，用上10年也绝对没问题。我们就以5年来算，实际上您1年只需花1 200元，再除以12个月，每月只需要100元；换言之，每天只要3元，这也不过是您每天抽一两支烟的钱，这样算起来不是很便宜吗？而且，它可以给您带来多大的方便呀，这项投资的回报可高呢！"

顾客听了，觉得你说得很有道理，就会决定买下传真机。

有一些倾听抱怨的小经验，供大家参考：

（1）任何时候都应让顾客体会到你的认真态度，并对顾客的抱怨进行调查。

（2）顾客并不总是正确的，但有时为了让顾客冷静下来，"让顾客正确"是有必要的，也是值得的。

（3）一定范围内，顾客的抱怨是难以避免的，但作为营销人员要意识到，这种抱怨并不是对自己的指责。

（4）为了能正确判断顾客的抱怨，营销人员应该站在顾客的立场上来思考问题、看待顾客的抱怨，通常来说，顾客的抱怨是由一些微不足道的原因引起的。

（5）顾客在发怒时，情绪一般是很激动的，这时顾客对销售员流露的不信任、不重视或轻率的态度特别敏感。因此，销售人员应保持冷静的态度。

（6）在你未认识到顾客说的话不真实之前，不要轻易下结论，即使顾客是错的，也不要直接责备顾客，等顾客自己意识到了，问题就可以迎刃而解了。

（7）在处理顾客的无理抱怨时，不管顾客的抱怨是否有道理，都应保持真诚合作的态度。这并不意味着你已接受了顾客的抱怨，而是表示他的抱怨已引起了你的足够重视。即使顾客言语粗鲁，你仍表现出友好的态度，这样可以避免争执。

（8）不要向顾客提出不能或难以兑现的承诺，以免引起进一步的纠纷。

# 善于倾听客户的意见和建议

客户的意见和建议是企业创新的源泉。通过倾听，我们可以得到有效的信息，并可据此进行创新，促进企业更好地发展，为客户创造更多的经营价值。

当然，还应要求企业的销售人员能正确识别客户的要求，正确地把信息传达给产品生产者，以最快的速度生产出最符合客户要求的产品，满足客户的需求。

宫守毅是青岛市某化工厂的工人，1997年8月下岗后来到一家小区的农贸市场，摆摊卖起了冷冻肉食品。夏末秋初是青岛天气最热的时候，他每天上的货很快就化冻了，有的卖到下午就开始变味，如果再招上苍蝇，就更加无人问津。算上减价处理和扔掉的货物，宫守毅经常干亏本的买卖。观察了几个月后，善于动脑筋的他给海尔集团写了一封信，建议生产一种适合农贸市场使用的台式副食品保鲜柜，既能保鲜，又能防止苍蝇和灰尘污染食品。接到信后，海尔冷柜总公司用1个月的时间拿出了样机，并摆在了宫守毅的摊位上。接下来的几个月里，宫守毅又帮助海尔总结新产品使用过程中的利弊，并提出了自己的意见和建议。在海尔和客户的共同努力下，"小海牛"副食保鲜柜终于面市，解决了许多客户食品保鲜的难题。

"小海牛"批量生产的第一天，海尔冷柜总公司特别要求宫守毅作为嘉宾参加首发式，以感谢他的协助与支持。

海尔集团董事局主席张瑞敏认为：出色的公司不仅是在服务、质量、可靠性和开拓市场方面比别人强，它们还善于听取客户意见。这些公司之所以在质量、服务等方面这么强，很大程度上还是由于他们注重客户需要，善于倾听客户的意见，并把客户请到公司里来。

张瑞敏曾为洪秀銮女士出版的《优质服务——抱怨是最好的礼物》一书写了推荐序。他写道：海尔集团创立16年间，能把一个年销售额仅348万元人民币、资不抵债的小厂，发展到年销售额超过400亿元人民币的国际化公司，就是靠了解抱怨、化解抱怨，不断为客户提供优质服务获得的。客户的怨言对企业是良药忠言，企业要视抱怨为黄金、为礼物。

张瑞敏在序中最后写道：其实能根据客户的抱怨不断改善工作，是真正增加了企业的资产。从狭义上看，企业的资产是厂房、设备、资金等硬件。但从广义上看，企业永恒的资产是指那些忠诚于本企业品牌的客户，谁拥有更多高忠诚度的客户，谁就拥有了更多的资产；反之，不仅失去了市场，资产也会成为负债，以致资不抵债。

客户的抱怨是最好的礼物。客户抱怨的内容，正是企业工作改进的方向。

在山东济宁一个农家院里，海尔集团产品经理看到了这样的一幕：夫妻两人正抬着洗衣机往院子里走，"小心点，别碰着洗衣机！"妻子一边小心地走，一边提醒丈夫。在水井旁，两人小心翼翼地放下洗衣机。妻子把地上的一大堆衣服放进洗衣机，丈夫则用手压泵从水井里往洗衣机里压水。

经理走上前和夫妻俩人聊起了家常。"我们这儿没有自来水，每次洗衣服都得把洗衣机抬到院子里，洗完再抬回去。抬进抬出太麻烦，还免不了磕磕碰碰。瞧，这是以前不小心磕的，都生锈了。俺邻居家塑料外壳的就好。"妻子抱怨着。

"一次洗这么多衣服？"经理看着一大堆衣服，问道。

丈夫说："家里人口多，农活又忙，攒一块儿洗还省事，这洗衣机我都嫌小了呢！"

于是，聪明的海尔人开发了洗得净、大容量、全塑外壳的洗衣机，非常受农村消费者的欢迎。

善于听取客户的声音是企业进行产品开发，改进服务，赢得市场的根本。有许多企业的销售人员不善于听取客户的意见，也就不能根据客户的需求创新和服务。有的企业虽然每天都在接触客户，也建立了这样或者那样倾听客户声音的渠道，但对客户的意见和建议仅仅停留在一个较低的层次上，只满足于对一些具体事情的处理上，没有提高到为企业开拓市场服务这个层面上来，对客户的需求和想法常常是做一番"对不起，我们暂时没有这种产品"的解释，虽然也是听了，却称不上"善听"。

市场源于需求，需求来自客户。企业要开拓市场，很重要的一项工作就是要善于听取客户的意见和建议，摸清客户在想什么，需要什么。把客户的想法和需求琢磨透了，就会针对这些想法和需求，开发出功能完善的产品，为客户提供满意的服务，从而在激励的市场竞争中找到好的卖点。

# 有时候眼见未必为虚，耳听未必不是实

一个真正的倾听者，不仅要懂得用耳朵倾听，更是用心来听。在面对一个人，一件事物的时候，千万不要被眼前的假象所迷惑，不要让自己眼前所见的东西占据自己的内心，而是要用自己的心去倾听。在倾听的过程中，要做到眼到、耳到、心到。用心去听，让自己的耳朵打开客户内心之门，这样，我们才能够在销售中立于不败之地。

果果和莉莉是一个村的，同时也是从小玩到大的好朋友，高中毕业后，她他同时应聘到省会一家大商场珠宝专柜当实习营业员。经理告诉她们："你们俩长的都十分漂亮，而且冰雪聪明，都很适合做珠宝销售工作，但我们只需要一名销售员，给你们1个月的时间，谁的营业额高，谁留下。"作为一名实习员工，她们俩都想用自己的实力证明自己，得到这份不错的工作。

一个星期过去了，果果的口才好，能说会道，会说一些客户喜欢听的话，而且她懂得随衣挑人，专挑那些穿着比较高档的客户。她的努力没有白费，营业额是3万元，而莉莉却不像果果那样见到客户就滔滔不绝，也不会挑客人，她喜欢微笑着静静地倾听客户说话，她的营业额只有区区1万元。

两个星期过去了，果果的营业额是5万元，莉莉的营业额是2万元。

三个星期过去了，果果的营业额是8万元，莉莉的营业额是3万元。

转眼之间，1个月的时间结束了。还有半个小时就要下班了。而此时果果和莉莉的营业额相差悬殊。果果心中暗喜，自己马上就要获得这份工作了。虽然她心里为自己高兴，同时也为莉莉感到惋惜，觉得莉莉的嘴太笨了，不会说话，也不会挑人，要是她能有自己的能力，也就不会输了。

果果正在窃喜之时，一个衣着普通，头发花白的老者向她走来。果果凭借自己的经验，从衣着来看，这个客户是个没钱的主。不过她并没有因为来者的身份而感到失望，反而很热情地向他销售一些比较低档的珠宝。

果果滔滔不绝地给老者介绍那些廉价的钻石，不给老者说话的机会。果果想凭借自己的经验做成这单生意。

老者没有说话，只是静静地听果果的介绍。果果看老者没有买的意思，激情立即消失殆尽："先生，要买赶快买，我们快下班了。"老者没说话，而是静静地来到了莉莉所在的柜台。

"先生，请慢慢看，喜欢了可以拿出来看看。"莉莉仍然是这种处事风格。给客户充分的时间看。

"我想看看钻戒。"老者说。

"请随我来这边，钻戒在这边，您慢慢看。"莉莉将老者带到钻戒专柜。"您买钻戒是想送给您的亲人吧？"莉莉微笑着问了一句。

"嗯，送给我老伴。年轻的时候没有钱送给她。明天是她60岁生日，想给她补回来。小姑娘，你看哪一款适合呢？你给我推荐一下，我要最好的。"老者边看边笑着说。

"那就要一款经典的吧，既代表您的心意，也具有纪念意义。您说呢？"莉莉拿出了一款经典的钻戒。"您看这款您满意吗？3颗钻石镶嵌在心形的白金钻戒上。很别致，很有纪念价值。"

"不错。我就要这款。"老者很满意，"我想我老伴也会喜欢的。"老者说着就拿出自己的银联卡。

这款钻戒的价钱是5.1万元。最后莉莉的营业额是11万元……

莉莉就这样笑到了最后，她不是靠自己的口才，也没有靠什么心计，而是坦诚地对待客户，用一颗心对待每一位客户，用心去倾听客户的需求。她没有相信自己的眼睛，而是用自己的倾听扭转了战局。一颗会倾听的心能够带给我们更多的惊喜。

我们的倾听，不但给了客户好的印象，而且在和客户的交流之中让客户找到了"归属感"。有了你耐心真诚的倾听，客户就不会把自己的内心掩饰起来，而是把自己内心真实的想法告诉你。这个时候，我们也就不必再像"算命先生"那样，去算客户的"生辰八字"了。

很多成功的营销人员不是靠自己的处心积虑来获得客户的需求的，而是靠倾听让客户自己主动地"送上门来"。客户内心的需求，在你耐心倾听的过程中逐渐浮上水面，毫无保留地呈现在你的面前。这样，你就可以在对客户的需求了如指掌的情况下有的放矢，自然也就轻松地成交！

当你面对一个个形形色色、穿着各异的客户时，千万不要以着装来判断客户的层次，这样会丢掉很多能够成交的客户。从现在开始放弃"耳听为虚，眼见为实"的误区，在客户面前，要更相信自己的耳朵，在耐心倾听的过程中，不要再犯"不知者不成交"的错误。相信自己用耳朵听到的往往比用眼睛看到的东西更可靠更真实！

# 不要只顾着自己的想法，要倾听客户想说的

在和客户交流的过程中，客户刚刚说了几句和产品主题无关的话，你就开始变得不耐烦了，试图把客户拉回销售的主题，相信这样的销售者，客户绝对不会买账，既然你对客户都不真诚，傻子才会把钱掏给你来赚！要知道，客户不是不愿意花钱，而是愿意把钱花在自己信任的销售者手中。作为销售人员，

在和客户交流时，不要只听那些对自己有用的东西，更要学会听客户想说的东西，当你对客户足够了解的时候，你们之间也就真的成为无话不谈的好朋友，客户自然也就会心甘情愿地买你的东西。在沟通的过程中，客户得到了倾诉的满足，而你也达成了成交的目的，各得所需，何乐而不为？

老李的太阳能热水器销售公司最近碰到了一件相当棘手的事情，一名客户痛骂其公司售出的热水器，声称非要退货，还列出了多项罪名，欲将公司告上法庭。老李亲自登门去解决了好几次，可那位先生没什么文化，很不讲道理，说话很难听，每次老李刚想跟他解释，他就开始牢骚满腹、骂骂咧咧，让老李甚感头痛，没有耐心再听下去。就这样拖了3个月的时间，事情发展得越来越糟糕！

最后，公司的一位业务员小王，登门拜访了这位暴躁凶悍的客户，并顺利地解决了问题。老李在欣赏小王的能力的同时，很好奇小王是怎样将这个难缠的客户摆平的。

小王谦虚地说："我也没做什么特别的事，在拜访这位客户的时候，我唯一所做的事就是专注地听对方将满腹牢骚倾泻出来，并一再地点头称是。"在听那位客户说话的时候，小王并没有和客户争辩，也没有表现出不耐烦或者轻视的态度，而是认真地听他说话，并不时地点头微笑，表示对对方观点的肯定。最后终于明白，这个客户的热水器并没有出现任何毛病，而是因为他有一个邻居只花了不到1 000元就买了一台热水器，而自己的热水器花了将近3 000元，他认为自己吃亏上当了，所以强烈要求退货。这个时候，小王立即拿出本公司的销售宣传册，不急不躁地向客户解释说："您买的这款太阳能热水器，所有的材料都是美国进口的最新材料，不但加热快，而且寿命长，更重要的是，它有一种特殊的过滤作用，能将自来水中的漂白粉等有害物质过滤了，减少自来水中有害物质对皮肤的刺激和伤害。"

听完小王的解释，那位先生笑着说："早告诉我呀，我总认为和别人一样的东西，却多花1 000多元，这不是明摆着坑人吗，原来是这样的！"

从此以后，这位客户再也不吵着要退货了，而是逢人就夸这家太阳能公司的销售人员服务态度好，还主动给小王介绍了不少客户。

小王的成功不是偶然，而是自己本身素质的体现：足够的倾听和耐性。在客户遇到麻烦的时候，他并没有像老李那样，对客户的问题不耐烦地躲避和敷衍了事，而是让自己静下心来认真倾听，了解客户内心的声音，在了解客户真正的想法之后，真诚地为客户解决问题！

听并不难，但是要做到把客户的每一句话都听进心里确实有一定的难度。在销售的过程中，要学做一个可以容纳"百川"的听众，并且把对客户的尊重和诚意表现在脸上，这样你将会有很多意外的收获！

倾听不仅是一个销售者素质的体现，更是对客户尊重的表现。我们可以想象，有哪个客户忍心拒绝对自己真诚而尊敬的人！在客户说话的时候，无论是你喜欢听的，还是不喜欢听的，都要认真地倾听，这在无形中就赢得客户的心，客户自然也就心甘情愿地掏出自己钱包里的钱！

诚然，客户也有不对的地方。客户常常把自己"当做上帝"，找各种理由来向销售人员无理取闹。这个时候，千万不要和客户一争高低输赢，最明智的做法就是要学会包容，以平和的心态来面对客户的对和错，真诚地倾听客户的心声。

# 做个好听众，从倾听中了解客户的需要

在和客户沟通的过程中，不要老想着自己能够赚到多少钱，而是要想想你为客户做了多少事情。在倾听的过程中，了解客户内心最真实的想法，当你站在客户的立场上思考问题，并为他作出让步的时候，客户自然就会签下订单。这也是你整个销售过程中最想达到的目的。

王军是一家机床设备的代理商。有一天早晨，他接到了客户刘先生的电话，告诉他自己的工厂急需两台设备，需要他来厂里报价，越快越好。王军放下手中的电话，就开始准备谈判所需要的合同和资料，一个小时之后，王军就赶到了客户的工厂。客户对王军这种守时的精神很赞赏，然后就开始谈判购买设备的事情。经过一个半小时的谈判，客户对王军的产品相当满意，但是在价格上却和他发生了争议。

这个客户是王军的老客户，所以在最初谈价格的时候，就已经把价格压到最低：一台设备是230万元，两台自然就是460万元，设备安装之后的一周内付款。客户给的价钱是430万元，货到一周之后付清。但是这已经是最低价了，如果按照客户说的430万元，不但自己赚不到钱，还要向里面倒贴进23万元。

这个时候，客户开始犹豫起来，有些不好意思地说："王先生，你看这样可以吗？我先要一台，剩下的过一段时间再说。"

眼看马上到手的生意要出意外，王军的心里有些不高兴，但是又不好意思表现出来，于是就有一搭无一搭地和客户聊了起来。聊着聊着，就聊到厂里最近发展的事情，客户相当感慨地说："自己创业真不容易呀，我辛辛苦苦地打拼了四五年，挣的钱又全投了进去。这不，工厂的规模在逐渐扩大，需要的投入也多了起来，我本来准备引进4台设备，现在因为资金的周转问题，也只能先引进1台设备。如果现在谁能够借我500万元，周转两个月的时间，我就太感激他了！"

王军突然想到了公司有一条规定：对于公司内的老客户，设备汇款的时间可以延后两个月。王军灵机一动，接着客户的话颇有感触地说："是呀，自己创业确实不容易，公司里的事情，样样都需要您亲自打理。如果您真的是因为资金周转的问题，影响了公司的发展，那真是划不来的事情。刘总，您看这样如何，设备您先用着，汇款的事情，我向公司申请一下，尽量给你延缓两个月的时间。"

刘总听到王军的提议后兴奋不已，对王军非常感激。第二天王军就派人把设备送到了刘总的工厂。两个月之后，刘总准时地把460万元汇到了王军公司的账户，并且给王军打电话说："真的感谢你的帮助，让我度过了资金周转的困难期。最近我还需要增加两台设备，这次全是现款。"

可以说，王军能够拿到这样一批订单，所有的功劳都在他对客户的倾听上。如果在客户确定购买1台设备之后，他没有及时地和客户聊天沟通，而是拿到1台设备的订单之后，就急匆匆走人，相信他不可能在短短两个月的时间内卖出4台设备。在谈判过程中，王军主动提议让客户延后两个月付款，对客户进行了让步。但是正是这种方法，让原来1台设备的订单变成了4台。在这次谈判中，他不但没有吃亏，反而赚得更多，他得到的不仅仅是物质上的回报，更是在人情上留住了客户。

客户和销售人员经常会在价格和付款方式上争执不休，甚至因为这种争执，让即将到手的生意丢掉，这是得不偿失的事情。此时，你需要让自己变得灵活起来，不要在这些问题上死死地僵持，而要给客户留有一定的缓和余地。比如，你如果在价格上不能够给客户让步，可以在汇款方式上有所妥协，如果你在汇款方式上没有缓和的余地，可以在产品价格上有所优惠。只要你懂得适当地向客户妥协，就可以以退为进，把客户抓得更紧。

# 及时领会客户的每一句话

成功的推销人员深知良好的倾听和沟通能力是其取胜的法宝。多数人想当然地认为倾听是一种与生俱来的技能。他们错将听见某人说话当作倾听行为。通常，他们最多吸收25%的谈话内容。实际上，倾听是有目的的听觉。这是一个相当积极的过程，人们必须专心倾听说话者所说的内容。

虽然能言善辩是一位优秀推销员必须具备的重要能力之一，但是，成功的推销员不仅仅是一位口齿伶俐的说客，而且也是一位出色的听众。

推销员良好的倾听的两个主要目标，就是要告诉客户：自己非常专心地倾听他们的说话，而且也完全了解客户所说的意思。最好的办法就是在倾听时尽量不要分心，更不要假意倾听。

在必要的时候要对客户表现出同情心。

推销员在专心倾听时，可以不时地作些反应性回答，比如"噢，是的""你是对的""我知道你的观点"，或"当然"等。这些用词都是你在倾听时偶尔插话的关键词，这样，客户就会觉得你真的在听他的话，而且相当赞同他的看法。另外一些更加具体的反应性回答包括"这一点对你很重要，不是吗？""我能想象出你当时的感受""我想多了解一些事件的细节"等。

要向客户表示你已经了解他们的心情，可以对客户说："我明白你的意思""很多人这么看""很高兴你能提出这个问题""我明白了你为什么这么说"，等等。

学会倾听其实是一件很容易的事情，只要销售员用心，在别人讲话时，给予充分的尊重与肯定，那么销售员也将会得到客户更多的尊重，与客户交流也会变得更愉快。尊重客户的需求，才能让销售员赢得发言的权利。

每个人都有自己的立场及价值观，因此，销售员必须站在对方的立场，仔细地倾听他所说的每一句话，不要用自己的价值观去指责或评断对方的想法，要想办法引发客户的共鸣。

在倾听时，不仅要听客户的言辞，还要剖析言辞中所蕴涵的真正含义，把握客户的心理，从而洞悉其需要什么、关心什么、担心什么。只有了解了客户的心理，销售才会更有针对性。不论是客户的称赞、抱怨、驳斥，还是警告、责难，都要仔细地聆听，并适时作出反应，以表示销售员的关心与重视，这样才能赢得客户的好感，进而达成交易。

当客户所说的事情，对销售可能造成不利时，销售员听到后不要立刻反驳，可先请客户针对事情做更详细的解释。

点头或者微笑可以表示销售员赞同客户说的内容，表明销售员与说话人意见相合。客户会体会到被认同的喜悦，这有利于今后的销售。

全神贯注地听，不要边听边做小动作。人们总是把乱写乱画、胡乱摆弄纸张或看手表解释为心不在焉——即使销售员很认真也是如此。在客户说话时，销售员若左顾右盼，不停地看表，翻手头的资料，或做别的小动作，销售员这笔生意估计也要泡汤了。

销售员明明没兴趣的事，就别问这问那。虽然销售员是顺着人家说的事问下来，但问得太深入，反而会让对方失去谈下去的意愿，当然，也就谈不上沟通了。

销售员的肢体语言同样向客户传送着各种信号。要做一个活跃的听众。如果客户认为销售员不感兴趣，他会中止谈话。销售员要频繁地注视着对方，作记录、坐得笔直、不断点头，以使对方知道销售员听明白了他说的是什么。

销售员对客户所说的话可能和他真正的意思有出入。"我们的计算机系统对于现在的需求来说足够了。"可能会被理解为对新系统没什么兴趣。为了进一步弄清楚，销售员可以问，"这意思是不是说您对现在的系统完全满意了呢？"这就使该客户有机会说："也不完全是，现在是足够了，但它没有给将来的扩展留下太多的空间。"通过确认销售员是否理解了对方的回答，销售员就会发现客户的需求，并且为下一步的工作创造了机会。

胸怀宽广的销售员能包容客户发泄心中的不满，倾听客户的心声。对于销售员来说是一种难能可贵的品质。因为只有善于倾听客户心声的销售员才会拉近与客户之间的心理距离，从情感上赢得客户。倾听是一种极为重要、有效的激励方法，它能促进客户主动对公司作出贡献，使公司获得更高的工作效率。要是销售员不能聆听客户的心声，客户就会因不被重视而失去购买兴趣。

# 站在对方的立场，倾听对方的需要

如何关注对方的利益呢？最简单的方法，就是使自己站在对方的立场，审视对方的主张与立场，然后问一下自己：如果站在这样的立场上，我需要什么？

某大学计划加强其中文系管理，教务主任决定新设3个客座教授的职位，打算请中国知名的作家来担任。他列了一份包括数十位作家的名单，一一发函邀请他们来应征教授的职位。为了增添这份工作的魅力，校方给了丰厚的工资，并且享有种种优厚待遇。过了1个月，应征的作家寥寥无几，而且都是名单上排名最末的几位。

于是教务主任征得上级的允许，又增加了其他优待条件，但作家们依然不是拒绝，便是毫无回音。某机构接受大学的委托调查这一状况。某机构打电话给其中几位未曾答复的作家，立刻明白原因所在。虽然他们的说法不一，但意思相同。原来问题出在"应征"两字上。这些教授在社会上都是有实力、有地位的人，有没有这份工作对他们来说影响并不是很大；即使有兴趣，最后还是很有可能被淘汰，这对他们的声誉和地位都是一种挑战，他们完全没必要去冒这个险。教务主任却有不同的看法，"应征"这个字眼不具任何负面含义，甚者他们认为被列为"应征"的候选者也相当的光荣，最起码很多人连被邀请的资格都没有。另外，教务主任按常规的思维认为应聘者看中的应该是能够得到的待遇，而这其实正是"有头有脸"的教授所不屑的。

后来，教务主任放弃寻找应征者的想法，改为选出他最想要的3位作家，分别"邀请"他们"接受"客座教授的职位，结果其中一人答应，而另外两人因已有了其他工作而婉拒。于是教务主任又另行邀请其他人，终于凑足3个名额，而且均是当初名单上的前几名作家。如果教务主任未能及时明了他与作家们之间价值观的差异，恐怕便无法有如此圆满的结局。

那么谈判者应该如何确定什么是对方的敏感处而避免触及？如何明白对方真正重视的是什么呢？

美国著名的麦凯公司在它处于创业阶段的时候，为了扩大公司的规模，决定修建一座现代化的新厂房。扩建厂房的预算出来了，需要25万美元，但当时公司手头只有17.5万美元，因为公司方面没有出具可靠的担保，于是银行拒绝了麦凯公司的贷款请求，公司经理哈维·麦凯为此伤透了脑筋。他冥思苦想，终于想出了一个办法。

麦凯找到一个在当地非常有实力的建造商，对他说："我保证，如果你以17.5万美元替我把厂房盖好，我会成为你最好的业务员。在未来的5年之内，我会充分利用我的人际关系，替你找到至少五桩大生意。我有不少朋友正处在类似我的发展阶段，而我是他们中间第一个采取行动的人，而他们正在作壁上观，希望我为他们摸索出一条可行之路，好省下他们的力气，得到现成的经验。所以，一旦我的厂房能够顺利建成，他们对我会言听计从。你想想，五桩生意可比赚我一桩好得多。"

建造商仔细权衡之后，不由得心动了，但他还是与麦凯进行了一番讨价还价。首先，他要收20万美元，其次，要麦凯先替他找两桩生意。建造商的条件比筹集25万美元的资金要容易得多，于是麦凯痛快地答应了他的要求。协议顺利地达成了。麦凯借建造商之力，既节省了一大笔资金，又成功地建好了新的现代化厂房。麦凯的公司从此蒸蒸日上，而他本人也成为世界著名的企业家。

只有真正明白了对方想要的是什么，你才能更好地销售，才能顺利地谈判成功。

# 第20章

人性有弱点，读懂客户话语中的潜台词

# 找出客户异议背后的真实意图

当客户真正对你的产品产生兴趣而又拿不定主意是买还是不买时，他们就会提出相应的异议，这些异议可能正是他们将要购买的一种信号。如果推销员对此处理得当的话，随后的成交就很有希望。

实际上，很多反对意见的背后都潜藏着客户渴望了解更多信息的真实意图。下面就是一些这样的例子：

异议：我不觉得这价钱代表着"一分价钱一分货"。

真实意图：除非你能证明你的产品物有所值。

异议：这尺寸看起来对我不大合适。

真实意图：除非你能证明我穿上大小、长短正合身。

异议：我从未听过你的公司。

真实意图：我愿意买你的货，但我想知道你的公司是否有信誉、值得信赖。

异议：我正在减少开支，所以我不想买任何新产品。

真实意图：除非你能使我确信你的产品真是我需要的，不然我是不会掏钱购买的。

异议：我只想四处逛逛，看看有没有什么别的合适产品。

真实意图：你要是能说服，我就买。否则，我就当是在散步。

客户们表达出的异议或许是出于各种不同的考虑，如果你找不出他们的真正用意，那你就会错过很多本来有可能成交的生意。

保罗是一名股票经纪人，他正试图推销ATR公司的5 000股股票。而他的潜在客户吉姆刚巧是他的邻居和好朋友。一开始，吉姆就对保罗提出了相左的意见，他说他只会对那些盈利的公司进行投资。

"ATR公司的股票今年下跌了五个百分点呢。"吉姆说。

"是的。"保罗赶紧回答说，"不过，它们的股票不会再贬值了。我们的股市分析家估计这些股票明年会上升八个百分点。"

"我不相信，除非我亲眼看到。那家公司已经有两年零三个月没有盈利了。"吉姆又说。

那么，吉姆表示出这种异议的真正原因到底是什么呢？原来，他的一个外甥也在推销股票，迫于对方的压力，他准备让外甥做他们的经纪人。但是，他又不想伤害保罗的感情，因为他们已经合作了20年之久。吉姆一味推托说明了他不知道如何去拒绝老朋友而不至于伤面子。可想而知，在这种情况下，即使保罗使出浑身解数，也是不可能说服吉姆的，因为他所说的一切都和吉姆的真正意图毫不相干。

也许辨别客户异议的最好办法就是当你提供肯定确凿的答案的时候，去留心观察对方的反应。一般来说，他们要是无动于衷的话，那就表明他们没有告诉你真正的异议。

另外需要注意的是，当客户对你提出一系列毫不相干的异议时，他们很可能是在掩饰那些真正困扰他们的原因。如果你懂得"要是不想购买的话，没有人会提出如此之多的真正异议"，那你就可以提一些问题，以便揭示出客户内心的真实意图。

# 心有灵犀：用心体会话中味

我们跟初次见面的人说话交流时有一种情况非常令人尴尬，那就是说者有心，听者无意。一方费尽心机，磨破口舌，而另一方总是不明白对方真正的意思，结果是听的着急，说的更着急，极度尴尬。当然了，我们这里所说的"意"，指的是"言外之意"。

毫无疑问，我们是需要"言外之意"的。毕竟在很多时候，我们说话不能太直接、太明了。比方说，批评人时不能伤了人的自尊；给领导提建议不能让人觉得我们比领导都能干；面对别人的提问，我们有难言之隐，但也得让人有个台阶下；事情紧急，但涉及商业机密，只有我们的亲信才能明白的"暗语"是最好的选择……

在一部反映清代官场上和珅与纪晓岚"斗法"的电视剧中，有这样一段情节：和珅为了躲开纪晓岚的监督，在赴江南考场监考之前，给江南考场的几位主考官写了这样一封信，信中说："书中自有颜如玉，书中自有黄金屋。"按理说，这些话都是古人的圣言，没什么特别的地方，但是用在特定的场合下，就另有深意了。当然，江南考场的主考官们是深知其意的。

这个例子虽然举得有些不太地道，但我们应该明白，在"说"的过程当中，"言外之意"往往具有不可替代的作用。

当然，要能听得懂"言外之意"，你自己必须首先是一个能够熟练而巧妙地运用"言外之意"的人。

例如，如果我们是上司，在一个非正式的场合我们的一个下属说起他工作量大、任务重，平时加班也干不完，等等。下属的这些话意味着什么呢？可能有的人认为下属在叫苦，由此可能要说一大通要吃苦耐劳、无私奉献的客套话，还有20世纪50年代的人们如何艰苦奋斗的"故事"。结果可想而知，那个下属气得七窍生烟，有可能愤然离去。

其实这个下属只是顺便反映一下情况，让领导知道他工作得辛苦，希望肯定和承认他在工作中的地位和作用。如果我们能体察其意，说些得体的安慰话，表示一下作为领导者对部下辛苦工作的关心和肯定，那位下属肯定会非常高兴，而且有可能更加卖力地工作。由此可见，了解说话者的意图是何等重要。

"说者有心，听者无意"是一种尴尬，"说得巧妙，听得聪明"是一种艺术，其间的界限判若云泥，看你怎么理解，怎么把握了。当然了，首要的一点，是你千万不能小看了它。

因此，听话者要能听出"字里行间的意思"，听话者要对说话者的感觉产生反应，而不是只理解他的表面意思。

有一天，一个妇女开着车到城里去，突然，有一只轮胎漏气了。她停下车来，虽然她可以自己换轮胎，可是她希望有人停下来帮助她，因为她穿得漂漂亮亮的要赶赴一场宴会。不久，一个年轻人停下车，并走过来问："车胎漏气了吗？"假如这个妇女听到的仅仅是这"语言文字"的内容，她可能会生气起来，说出类似下面的话："笨蛋！任何人一看都知道是车胎漏气了！"

如果她这样回答的话，势必会激怒那个热心帮忙的年轻人，而必须自己动手换车胎了。然而，她很聪明地体会到年轻人话里的意思是："我知道你有麻烦，我能帮助你吗？"于是，她得到了年轻人的帮助，避免了自己换车胎的苦恼。

俗话说："听话听声，锣鼓听音"，这个"声"指的就是言外之意。同样的话对于不同的人来说有不同的含义，因此，在与陌生人交谈时，我们要尽力揣摩对方话语中所隐含的意义，以做到应对自如。

# 细心聆听：知晓对方的弦外之音

每个人在说话的时候都是有一定目的的，在与陌生人的谈话中，他的语言习惯与特点会透露出什么信息？他为什么要提这个问题？他为什么总说这个词语？他说这句话是他的本意吗？有没有什么话外音？等等，找出对方要表达的意思，我们就可以采取相应的对策了。

在与人的交谈中，正确地理解对方谈话的意图是非常重要的一件事。因为在人际沟通中，有很多现象是隐藏的，比如对方讲话含蓄，不直接告诉我们，而是采用迂回策略，拐着弯暗示，这时，就需要我们有较强的理解能力。

理解能力对于人际交往而言，是一个重要的前提条件。假如不具备一定的理解力，不明白对方的意思，那么其余一切沟通都无从谈起。如果我们的猜测不准确的话，还很容易产生误会。

有一天，一个中年男人到一家零售店里买剃须刀。"先生，"店员很有礼貌地说，"你想要好一点的，还是要次一点的？""当然是要好的，"顾客有点不高兴地说，"不好的东西谁要？"店员就把最好的一种剃须刀拿了出来。

"这是最好的吗？""是的，而且是牌子最老的一种。""多少钱？""680元。""什么？为什么这样贵？我听说，最好的才200多元。""200多元的我们也有，但那不是最好的。""可是，也不至于差这么多钱呀！""差得并不多，还有十几元一个的呢。"

那位顾客一听，面露不悦之色，掉头想离去。

这时店老板急忙赶了过去。"先生，你想买剃须刀是不是？我来介绍一种好产品给你。""什么样的？"老板拿出另外一种牌子来，说："就是这一种，请你看一看，样式还不错吧？""多少钱？""186元。""照你店员刚才的说法，这不是最好的，我不要。""我这位店员刚才没有说清楚，剃须刀有好几种牌子，每种牌子都有最好的货色，我刚拿出的这一种，是同一种牌子中最好的。""可是，为什么与那种牌子差那么多钱？""这是因为制造成本的关系，你知道，每种品牌的机器构造不一样，所用材料也不同，所以在价格上会有出入。至于那种品牌的价钱高，主要还是它的牌子老，信誉好，而且它可以更换充电电池，适合在外旅行时用。"顾客痛快地买下了这个剃须刀，愉快地离开了。

店员错在没有摸清顾客的真正心理。他一进门就要最好的，这表明他优越感很强，可是一听价钱，他嫌太贵，这可能与他的经济实力有关。顾客把毛病推到店家头上，是因为他不肯承认自己舍不得买。而老板明白顾客的心理，在不损伤他优越感的情形下，让他买了一种较便宜的货。

这位老板之所以销售成功就在于他善于倾听，能从对方的谈话中巧妙地听出对方的弦外之音，打探出对方的虚实，进而达到自己的目的。讲真话需要两个人：一个人说，另一个人听。

在工作中，听懂老板和领导的弦外之音更显得十分重要。

当上司询问你"还好吗"或者"工作顺利吗"，绝大部分时间，他们并非想仔细探究你目前的状况，而是表现友善（但不是太过友善），并希望你的问答是"一切都很好"。他们并不想听到诸如工作中的不顺利、无法解决工作上遇到的问题、因失恋而心情不好或者昨晚的醉酒还没醒，等等。

你的上司也许经常会关心你的情况。因为他们喜欢借着问东问西来了解你的工作状况，或者他们闲来无事只好随口问问，又或许他们已经察觉你出了什么问题。最安全的方法是：进一步问得更明确些："您的意思是？"这比起你劈头就开口说话要好得多；否则，你该回答一些不会造成问题的答案。

你一定免不了和上司聊聊电影，或者下班时一块儿去喝一杯，而这样的关系确实让你觉得像朋友间的相处，但别忘了对方是你的上司，拥有随时可以辞退你的权力。这也是为什么在星期一早上，上司问候你"周末过得好吗"时，你都必须不露痕迹地表现出已经收心，现在正忘情于工作上的样子，尽管昨晚玩得多疯，还是得三缄其口。

和上司讨论问题的最好时机，绝非等他开口问候你之后。当上司问候你时，你最好礼貌地回答自己在任何方面都很好。

可见，上司的问话，有时并不需要你直接的答案，而是从问话中含有着更深一层的含义。作为下属，应该准确判断并领会这种弦外之音的具体指向。

# 交谈中能听出客户真实的想法

很多营销人员都将所有的精力放在如何将产品销售给客户这一方面，从而忽视了客户投机取巧的心理意图。在和客户交流的过程中，一定要听懂客户话语中最原始的信息，而不是改造后的信息，你一旦被客户制造出的购买假象所迷惑，你的生意就可能损失惨重。

在一次营销过程中，菁华陶瓷彩绘厂就因为自己的疏忽大意，缺乏辨别客户原本意图的防范之心，结果误入了客户设计的圈套，使自己跌进生意的陷阱之中。

一天，一个自称身居日本的外籍华人来到菁华陶瓷彩绘厂的营销部门，对接待人员说，自己是日本的工艺品代理商，想代理他们厂的陶瓷彩绘在日本销售，并提出了2 000万元的购买意向。营销部门很久都没有接到这么大的业务了，这突如其来的喜悦让接待人员喜上眉梢，他们立即向厂部传达了这一喜讯。

第二天，在厂方接待的晚宴上，代理商托言要向日本客户介绍陶瓷彩绘的基本知识，所以想参观陶瓷彩绘的工艺制作过程。唯恐丢了这笔大生意，厂方代表没有多想便应允了。

在厂方众人的陪同下，日本代理商参观了整整一天的时间。代理商的要求近乎苛刻，他不但仔细地察看了陶瓷彩绘制作的全过程，而且还逐字逐句地倾听厂部人员作出的解释，在接连发出赞叹，不断举起相机"咔嚓、咔嚓"拍照时，还不断询问技术熟练的操作工，凡是不清楚的地方都会——一向技术人员请教。代理商的这一举动没有遭到厂部任何人的怀疑和反对，反而称赞日本人做事认真。

经过一番谈判，代理商满载而归，从此一去不复返，留下的那张2 000万元的购买意向书，自然就成为一张没有实现的空头支票。让人不可思议的事情是，半年以后，标有英文字样的"日本制造"的陶瓷彩绘，在韩国、新加坡等国的市场上市。由于他们的产品价格低廉，而且质量也不比菁华陶瓷彩绘厂的产品差，所以他们迅速占领了国外几乎所有的陶瓷市场。直到此时，厂部的营销人员才猛然醒悟，可一切都已为时晚矣。

菁华陶瓷彩绘厂在这次的营销过程中，一味地想着销售自己的产品，想着把这单生意做成，而完全没有对客户伪装的信息进行辨别和警醒。其实，当客户提出某种要求时，我们一定要认真听取客户的每一句话，从中找到他的真正意图。

每一单生意的背后都有可能隐蔽着一个阴谋和陷阱。作为一名营销人员，我们要时刻保持清醒的头脑，避免在销售的过程中，中了客户的奸计，却还傻乎乎地被蒙在鼓中。千万不要把客户当成一个只会掏钱的傻子，说不定他就是你不久之后的竞争对手，正在偷取你的商业机密！

要想辨别客户话语中的真假，方法相当简单，你只需要将客户所说的每一句话都听进心里，并用你的大脑对这些信息进行快速的过滤，提取出客户话语中的重点部分。然后再从这些重点的话语中辨别哪些信息是真的，哪些信息是用来迷惑你的！

# 客户说"我想到别家再看看"怎么办

当销售人员刚刚向客户将产品的每项优点都解释清楚之后，客户却说："我想到别家再看看。"这实在是很令人气馁的事。不过，在面对这种情况时，优秀的销售人员会利用各种技巧，转变客户的看法，当场完成销售。

### 1. 强调产品的品质

当客户说出"我想到别家再看看"这句话时，首先要分辨出他想到别家看的究竟是什么？是价格，是质量，还是服务？只有在弄清楚这一点后，才能对症下药。如果客户是出于价格的因素，就可以这样对他说："先生，每个人都希望买到物美价廉的商品，您到别的公司去看，他们的价格可能真的比我们的价格低。但是，我可以打包票地说，绝没有第二家能以这个优惠的价格来给您提供这么高质量的商品和优良的售后服务了。"

在说完这句话后，最好给客户留下足够的反应时间。因为你所说的都是实话，客户几乎没有办法来反驳这个事实。那么接下来，你就可以这样对客户说："先生，您不认为以这个价格来购买我们的产品和服务，是一种很划算的交易吗？"

因为你的产品的品质和服务确实符合这样的价格，你的客户如果不是故意刁难，应该不会作出否定的回答。然后，你可以继续问："先生，购买商品时肯定要考虑价格，但它并不是首要的。有时多花些钱来获得真正想要的优质产品，绝对是值得的，您说是吗？就像有些公司的采购人员只是致力于从供应商那里尽量获得最低的价格，而并不考虑产品本身的质量和以后的服务。我们知道，有时低价位产品产生的问题往往比它能够解决的问题还要多。而那些资深的采购人员更愿意获得最高品质的产品，而不是那些低价位的产品。先生，我想您肯定不会为了贪图那一点便宜，而不顾产品质量的好坏和服务的优劣吧？您肯定会为了您的长期利益着想，对吗？"

### 2. 对客户的要求表示理解

某客户需要买一台笔记本电脑，以便生意上的沟通能够更方便、更快捷。他跟销售人员通了电话，听完介绍后，他说想再到别家问问。

在这种情况下，就应该设法让客户说出他真正反对的理由。此时，销售人员可以用下面的办法：

销售人员："先生，跟您一模一样，很多客户在购买我们的笔记本电脑之前，想再到别家比较比较。我肯定您也一样想以手头现有的钱买到最好的笔记本电脑，以及最好的售后服务，对吗？"

客户："那当然是肯定的啦。"

销售人员："您可不可以告诉我，您想看些什么或者比较些什么呢？"

客户："……"（这时他说的第一句和第二句话，应该都是真正的反对理由——除非他只是想摆脱你）

销售人员："在您跟别家公司做完这些方面（一个个说出来）的比较之后，发现我们的最好，我想您一定会回来跟我购买的，对吗，先生？"（好了，这会儿是让客户说出打算的时候了）

### 3. 不妨摆出一种高姿态

"不好意思，我只是想试一下，我想到别家再看看。"

"既然您对这种商品的效用有点疑虑，我现在就给您比出效果来。您看，这是50元的，我们现在来跟这100元的比一下（做演示）。您看这效果是明显的不一样。如果您还是不相信的话，也可以再到别家问问，反正我的商品不怕试，也不怕比。即使您到别家去，也还是会再来的。"

在这里，销售人员就是向客户摆出一种高姿态：我们公司的东西不论在质量方面，还是价钱方面都是最棒的，您随便到哪家问，与哪家比，都是还会回来购买的。在实际的销售中，这种方法是比较有效的。客户一听销售人员这样说，很可能就不再犹豫。

# 怎样应对"改天再来"的客户

在销售过程中，你可能经常会遇到这样的客户：

"请您改天再来吧！我今天不买。"

"我现在不需要，过几天再说吧！"

通常情况下，进行这般推辞的客户，都属于下面两种类型的人：

第一种类型：感觉敏锐，能照顾对方的立场，很讲究礼貌；

第二种类型：优柔寡断，不能给予对方明确的答复。

## 1. 对付第一种类型客户的方法

这种客户看起来沉静且易于接近，但事实上，要说服他们得花费相当多的工夫。在经过双方的简短交谈后，如果对方"请你改天再来吧"的意愿仍然未变，那你就要改变策略了。

"冒昧打扰您了，真是抱歉。那么，我就改天再来拜访您吧。"

第一次拜访的时候，吃客户的"闭门羹"是很平常的事。所以，还要再接再厉进行第二次拜访。但如果第二次得到的答复仍同第一次一样，这笔生意成功的希望也就不大了。

## 2. 对付第二种类型客户的方法

当这种类型的人在推辞的时候，你要虚心地接受其意见：

"喔，是这样的啊，也难怪，现在物价上涨，谁买东西都要计划一下的。"

如果你接着说"不过……"那么其效果就会大打折扣。遇到这种情形，经验丰富的销售人员应该这么说："考虑？这是当然的，一台空调几千元，再怎么样，也不能随随便便就决定买。国家相关部门曾经作过一项统计，统计结果表明，在咱们这里76%的家庭都有空调，这倒是相当惊人的。"

"76%"这个数字，无形之中会使客户产生"那我家就包括在剩余的24%

里头了"的心理，从而引起客户购买的欲望。

　　总而言之，访问客户要按实际情况而定，或是"坚持到底"，或是"适时告辞"。当然，最"保险"的方法莫过于先将商品的说明书交给客户，经过两天之后，再去拜访。

# 第21章

察言观色，在交谈中把握成交的契机

# 从客户谈话中掌握有用的信息

很多营销人员在营销过程中总是抱怨客户对自己的产品没有兴趣，对自己要求过于苛刻，抱怨自己在营销的过程中无从下手，处处失败。其实，只要你用心倾听客户的话，并从这些话中筛选出对自己有用的信息，你就会在销售的过程中处于有利的地位。

单单是客户话语中蕴涵的无尽的意思，就值得我们倾听，倾听他们内心种种需求和欲望；倾听他们对你的态度和意见；倾听他们对你的商品的意见和建议；倾听他们未来的购买意向……只要你用心倾听，总能得到一些对自己有用的信息。如果你能够运用技巧，旁敲侧击地诱使客户说出自己心中真实的想法和需求，你的销售就已经成功了一半。

李会营在师范大学毕业后，不甘于过平凡的数学教师的生活，决定自己下海做生意。可是他思索再三却不知道做什么生意好。于是就找到已经在装修生意上小有成就的同学史鹏飞，说要去他的公司磨炼一段时间。就这样，李会营来到史鹏飞的公司，做了一名最底层的营销人员。

李会营在工作上十分勤奋、认真，不像其他销售人员那样，仅仅是凭着一张嘴不停地向客户销售商品，试图通过客户对产品的无知来说服客户就范。在和客户沟通的时候，他很少说话，而是拿着一个本子，很细心地听客户的意见，一边听一边将客户的话记录在本子上，到了晚上再细细琢磨研究。同事都认为他这是多此一举。但李会营坚持下来了。3个月后，李会营记录了满满10个笔记本。他充分地发挥了自己的数学优势，将客户的意见进行统计汇总，然后再进行推断。

第四个月，李会营觉得时机成熟了，就向他的朋友请辞。自己回家开了一家液态涂料装饰公司。

一年半过去了，液态涂料风靡整个装饰市场，李会营成了真正的大赢家。

当李会营开着奔驰车来请同学史鹏飞吃饭的时候,史鹏飞很吃惊,他不敢相信眼前的李会营能够那么快地发家。酒过三巡,史鹏飞问出了自己心中最大的疑惑:"会营,你是怎么发现液态涂料会在未来成为一种家装趋势呢?"

李会营猛干了一杯说:"没什么其他的方法,一句话,多听听客户的心声,从客户的话语中发现商机。"

史鹏飞这时才对李会营一年半之前用本子记录客户的话的行为恍然大悟。

原来,李会营从客户的话语中了解到,大多数客户在考虑家装涂料时,都会考虑涂料里含不含甲醛,而现在大部分的涂料里都含有甲醛,而且颜色太过呆板。李会营从网上搜索发现,液态涂料是一种绿色产品,可以根据客户的要求涂成各种不同的图案。李会营瞅准商机,从而取得了成功。

客户的话语可以向我们传达很多信息,可以给我们很多帮助。它就像是游戏中的金币,谁获得的越多,谁获得的奖励也就越多。只有愚蠢的营销者才会让客户的话语从自己的耳边白白溜走。聪明的营销者是不会放过客户话语中蕴涵的无穷的意思的。

对一名营销人员而言,客户的话语是一张通往藏宝之地的藏宝图,只要你读懂了,并按照它的方向走下去,你就会找到那个取之不尽、用之不竭的藏宝之地。

# 在倾听时学会让客户跟着自己的思路走

任何事情都存在主要矛盾和次要矛盾,同样,在客户的需求上,也有主要和次要之分。当你在与客户打交道的时候,如果能够发现并抓住客户内心最主要的需求,然后再把这些需求和你自己销售的产品结合起来,这样一来,销售成功也就是水到渠成、顺理成章的事情!

电信局的老处长退休了,换了一位新处长。一家电信公司的几位销售代表多次拜访,想和该局继续进行合作,但都没有成功。原因是这位新处长想要进行革新，彻底摆脱前任留给他的任何东西。

在众人都一筹莫展的时候，新来的业务员刘盼说让他去试试。出人意料的是，刘盼见过那位处长后的第三天，那位处长就主动打来电话和该电信公司继续合作。

很多同事都去和这位处长谈过，都被他拒绝了，只有这个新来公司的刘盼，甚得电信局新处长的青睐，所有的同事都很好奇，问刘盼到底是用什么方法迷住那位处长的。刘盼说："我并没有什么过人之处，我只是用了一种最笨的方法，先听他说，然后在听他说话的过程中，找到了一个牵着他'牛鼻子'的方法，让他跟着我走。"

原来，刘盼没有像其他业务员那样，一味地说服该处长使用自己公司的产品。而是先介绍了自己公司的产品在电信局的使用情况，并询问处长对自己公司的产品和服务有什么新要求。局长对公司给予了很高的评价，不过这显然是一些不实际的客套话。

刘盼接着问处长能不能在未来电信网络建设上提些宝贵意见。这位处长在网络建设方面有自己新颖独到的计划和想法，在交谈的过程中，处长提出了要用更高端的纳米交换机代替现在的低端交换机。刘盼问处长打算多久实现这个计划。处长说大概需要两年完成。

刘盼接着问处长认为哪个牌子的纳米交换机比较合适呢？局长说了一个信誉和知名度都很好的牌子。

刘盼在这个时候话锋一转，极尽言辞赞美处长的新计划高瞻远瞩，是划时代的、是造福后代的，不但改变了我们城市的电信现状，还为未来的电信发展开辟了一条新的道路。处长很高兴，认为遇到了知己，更是将自己的新计划全盘托出。刘盼耐心倾听，并把所有的谈话内容都一一做了笔录。

回到家里，刘盼立即上网搜索处长说的那家纳米交换机厂的情况，连夜写了一份报告，第二天交到了公司老总的办公桌上。公司凭借自己的实力，用两天的时间就争取到了该纳米交换机在该市的独家代理权。

没有办法，处长要想实现自己的计划，只能还和该公司合作，只能无奈地给公司打电话要求续约。刘盼一改营销策略，不再一味地去满足客户的需求，而是反其道而行之，去找客户的弱点，他知道，有时候与其跟着客户走，不如牵着客户走。刘盼抓住了处长的"牛鼻子"，成功地达到了自己的目的。

很多人认为营销人员在营销的过程中是被动的。这种想法是错误的。只要你能用心地倾听客户说的每一句话，并善于思索，就可以从中找出客户的弱点，进而抓住客户的"牛鼻子"，牵着客户走，这个时候，你就可以在销售的过程中变被动为主动，让客户不得不按照你的思路行事。在和客户交谈的时候，找到客户的"牛鼻子"，并牢牢地抓住，到时候，他不想跟着你走都不可能，这就是成功销售的制胜法宝。

在和客户交谈的过程中，不要受到客户的牵制，而是想办法让自己处于主动地位。当自己找到客户的"牛鼻子"并牢牢地抓住之时，就是销售成功之时。

# 察言观色，在倾听中找到成交的机会

在产品销售的过程中，销售人员是一个不可替代的角色。你不要企图守株待兔，期望客户主动告诉你他们的需求，你的工作就是诱导并鼓励客户开口说话，在他说话的过程中，让自己做到用心倾听，尽可能多地了解客户的信息，然后用自己敏锐的判断力来发现成交的信号，并准确无误地把握成交的时机。

有一家汽车公司，准备出一款新车型，想要选用一种皮料，来装饰汽车的内部。经过筛选，有三家公司进入了汽车公司的考虑之中。三家皮料厂都向汽车公司提供了自己的样品。汽车公司董事会经过研究，决定请每一个厂商派一名代表，进行产品功能的讲解说明，然后决定与哪家公司签约。

三家厂商的代表都如约而至。但是，其中一名业务代表临时患了喉炎，无法长时间讲话，只能请汽车公司的采购部主任代为说明。

其他两个竞争者都滔滔不绝地介绍自己公司产品的优点、特点和市场竞争力。他们说完以后，由汽车公司各个部门的主管进行提问解答。

患喉炎的业务代表不能多说话，只能静静地听各个部门对另外两个谈判代表的提问。

在倾听中他发现，在皮料的所有问题中，汽车公司最看重的是"皮料的透气性好不好"，这个问题就是能不能成交的关键所在。汽车是奢侈品，每一个客户都希望得到最高级的享受，所以对皮料的透气性能要求得相当严格。而他所在的公司最近刚从德国引进了一种新技术，可以对皮料进行技术上的处理，极大地增强了皮料的透气性。于是他告诉替自己进行产品说明的汽车采购部长，在进行产品介绍的时候，着重讲解皮料的透气性能，并且指出，如果能够达成合作的协议，还可以根据汽车公司的需求，对皮料进行特殊处理，保证每一个买汽车的客户都能够满意！

最终这位不能说话的代表获得了1万张牛皮、总金额相当于800万元的订单，这是他有生以来获得的最大的一笔订单。正因为他不能够张口说话，所以从倾听中找到了问题的根本，也从中抓住了成交的关键机会。

在公司的表功大会上，这位谈判代表说，自己是因祸得福，如果不是目前自己患了喉炎，绝对不可能拿到这笔大单。以前和客户沟通的过程中，他总是滔滔不绝，从来不会对客户进行察言观色，更不会去揣摩客户内心真正的想法和需求，因此也就没有做成过如此大的生意。

每个人都知道如何去倾听。如果倾听真的是一种与生俱来的能力，就如同吃饭和饮水那样简单，那为什么我们常常会在倾听中走神？又为什么对别人所提供的信息只留下一些模糊的印象呢？

原因在于大多数人并不把倾听视为一种重要的能力进行训练。倾听对于大多数普通人来说也许并不算什么，但对营销人员来说，学会倾听，并在倾听中准确把握成交的时机却是销售工作中必备的能力。

营销人员不仅要了解客户的目的、意图、打算，还要及时掌握不断出现的新情况、新问题。要想得到这些，就必须认真倾听，察言观色，在倾听中找到最适合成交的机会。倾听带给你的不仅是金钱，更是一种成功的机遇。

# 倾听中抓住成交信息，获得成交主动权

在与客户谈判时，我们要随时注意观察客户的表情和肢体动作的变化，我们称为成交信息，从中判断出客户的真实想法。

赵琳从公文包里拿出各类装载机的宣传资料单，给客户一一介绍……

赵琳："这是LW600K，这是ZL60G，这是……"

客户忽然拿起其中一台装载机的宣传单页饶有兴趣地看了起来。

赵琳立刻停止对其他产品的介绍："哦，这是LW800K轮式装载机，是我们卖得最好的机子了。不知道您都注重机器的什么方面呢？"

客户："没什么特别要求，你给我介绍一下吧。"

赵琳："好的，这台机器是我们系列产品中的主导机型，采用全方位动力传动系统……我想请问，您在使用装载机时，考虑最多的是节能还是装载体积呢？"

客户："节能当然是首先要考虑的。"

赵琳："那么我们这台机器是您最理想的机型了，它是我们众多机型中最节能的。1年平均节能……"

客户认真而仔细地翻看着单页，忽然很舒服地将身体靠回椅子上，扬起手中的宣传单页轻松地道："这台要多少钱？"

赵琳："现在正在搞优惠，只需要您一次性投资16万元，您就可以把一台既省油节能，又动力强劲的装载机带回家了。"

客户："还能再优惠些吗？"

赵琳："价格已经是最低了，这样吧，等您确认了订单，我再送您一桶价值380元的机油吧。"

客户："好的。"

当客户对某件产品感兴趣时，应立刻对之进行详细介绍。在做产品介绍时，别忘了询问客户的兴趣点，寻找"樱桃树"。随时关注客户，注意发现成交信息。

此案例中，客户表现出来的其实是内心的决定：购买！请问如果你提前了解了这一重要信息，对你而言会有什么好处？没错！就是在价格上面可以不用让得太多！你会变得更有底气，因为你知道客户对产品是满意的。

对于普通人来讲，其心理活动通常都会通过表情、动作等肢体语言表现出来，除非他是心理学家，或者是一名职业演员，否则他不会去有意识地掩饰自己的表情、情绪，特别是在突然下一个决定，或者忽然看到自己非常喜欢的物件时，总会下意识地流露出一些信息。只要我们懂得做个有心人，随时注意观察，并懂得对这些肢体语言做大概的分析和判断，那么你就会很容易把握住客户的心理活动，及时采取一些积极有效的措施，以获得谈判的主动权。

# 捕捉到成交信息后，不要失去成交的机会

小郑是一家二手房交易公司的业务员，今天下午的任务是带一对夫妻去看一套郊区临湖别墅。

小郑："陈先生陈太太，看下来的感觉如何呢？"

陈先生："嗯，还可以，就是不知道价格如何呢？"

小郑："价格我们当时已经和您打过招呼了，这套别墅是独门独户，而且后面还有一个私家小码头，可以直接停靠小快艇。风景你们刚才也看过了，还有这豪华的欧式装修，因此价格可能会高一些。"

陈太太："那到底要多少钱呢？"

小郑："折算下来是每平方米1.2万元，按300平方米计算，大约只需要你们投资360万元就可以马上拥有一套这么漂亮的别墅了。"

陈先生与陈太太相互交换了一下眼色，小郑表面轻松，其实内心非常警觉，他发现陈太太的嘴角有一丝不易察觉的微笑，还有一个略点头的动作。虽

然这两个动作都很隐蔽，但终究逃不过小郑这双敏锐的眼睛，小郑心里暗暗高兴。

陈先生："这个价格太高了吧，市中心的高档住宅目前也只卖1万多元每平方米，而这套房子离市区又这么远，附近都没什么配套设施，怎么还卖这么贵啊？"

小郑："哈哈！陈先生陈太太，我相信你们买这样一套别墅也不是因为它购物方便吧？肯定是希望享受这大自然清新的空气，以及这迷人的风光吧？而这套别墅正因为它背后就是湖泊，前面又有一片小树林……"

这时，夫妇两人又交换了下眼色，两人都忽然放松了下来。小郑知道，促成交易的最好时机到了，他缓缓从公文包内抽出一份购房协议，放在了夫妇两人面前的桌子上。

小郑："最近来看这套房子的人挺多的，其中有一对也是和你们一样的年轻夫妇，所以我建议你们赶紧签一个意向性协议，否则可能就只有后悔的份了。"

成交信息有很多种，作为一名优秀的销售员，要注意随时观察客户的一举一动。在捕捉到成交信息后，销售员要加快成交步伐。

# 倾听客户的购买心理，促成交易

销售员在寻找客户的时候，除了要搞清楚他有没有购买能力，还要搞清楚他有没有决策权力。

有的人经济条件很好，但是他没有决策权。就像在一个单位中，钱都在出纳那里，但是决策权却在领导那里，销售员会找出纳推销产品吗？美国著名的金融大鳄摩根有一句很有名的话："你要找美国政府办事，最有效的办法是找美国总统。"这句话对于从事销售的人来说同样适用。

在公司里，具有决策权的肯定是老板，但在家里情况就不一样了。如一家人中，一般购买电器等大物件的时候，具有决定权的多半是男人，但是如果购买家用的物品，恐怕女主人就有决定权了。所以销售员明确不同的人所掌握的决定权不同很重要。

一家三口在某电子市场选购电脑。导购员热情地迎上去打招呼："你们需要买一台什么配置的电脑呢？"

父亲对儿子说："你看一下需要什么电脑。"

导购员很聪明，他发现这个孩子的目光总是盯着那些高价位的电脑，而他的父母却只在低价电脑旁转悠，显然他们的意见还没有达成一致。这位聪明的导购员估计到，孩子比较追求时髦，追求高品位，想要一台高配置的电脑，而他的父母却比较节约，大概是希望他买一台价格低廉的就可以了，孩子左右为难，既想要高性能的电脑，又怕父母不给自己买。

导购员对孩子的父母说："这种电脑虽然价格低廉，但是性能也会比较一般，年轻人对电脑的要求比较高，如果玩游戏、上网的话，配置显然不够。如果以后对硬件再进行升级，反而容易造成浪费。"

一席话说得孩子面露喜色。导购员又转过身来对孩子说："这种电脑虽然配置比较高，但一般的学习、娱乐还用不着，而且售价有些贵，买它可能会有点浪费了。"之后，她指着一台中间价位的电脑，对他们说："你们看看这台电脑怎么样？它的配置足以满足你学习、玩游戏、上网的需要，同样有硬件升级的空间，而且价格也适中，比较适合您家购买。"

这位导购员的一席话说得有情有理，各方面的需求都照顾到了——既满足了孩子追求高配置的要求，又满足了父母想要节省的愿望。最终，顺利地达成了这笔交易。

这位导购员的聪明之处就是能准确地找到了购买的平衡点：父母掌握着钱袋子，既想节约，又不愿让儿子失望；孩子呢，既想要一台高性能高配置的电脑，又怕掌握着财政大权的父母不给买，所以两者共同掌握决定权。导购员准确地找到了他们的平衡点，满足了双方的不同需求，使自己的销售取得了成功。

# 准确判断客户的想法和态度

产品的销售过程实际上就是销售员与客户心理较量的过程，谁先洞析到对方的心中所想，谁就能在这场较量中占得先机，谁就有较大的胜算。

一个成功的销售员，往往初与客户相见，便能敏锐地看穿客户的所想所需，能有针对性地把资讯提供给客户，使客户的心理得到满足，有利于交易的成功。比如，有些客户心中有购买意愿，但却存有某种疑虑，迟迟不肯签单，有经验的销售员会马上洞析其疑虑所在，会用诚恳、有说服力的事例来感动客户，赢得生意。

在销售的过程中，最重要的是你必须了解客户心中的想法，以及他所采取的态度。

在交谈开始时，客户所采取的态度，一般可分为下列四种情形：第一，虽然他想购买此种商品，但他仍在意价钱的高低，他正等待你告诉他确实的价格。第二，虽然他想买，而且他也知道商品的价格，可惜的是，他无法如期付款。因此，他希望你能说明商品的支付条件及方式。第三，尚未决定，不知道自己是否将购买，他正等待你做更深入的说明。第四，根本不想买。以上所述四种心理是一般客户最基本的想法及感情，而这里所谓的感情就是客户最初的怀疑、担心及兴奋等情绪的外在表现。

接近成交阶段时，他更想知道你下一句要说些什么，他想了解你将使用何种手段来达成交易。

当销售员作完示范说明或商品介绍时，客户一定会询问有关商品购买及其他疑问，这就表示他已对商品产生兴趣。

客户的态度及想法当然关系到你的工作，而客户总是在找不买的理由，这一点你必须谨记在心。

对客户来说，当他应允说"我买了"，即表示他必须负担责任与义务，因此，他宁可选择"不买"。他绞尽脑汁在找寻拒绝购买的理由，这样他就不必花掉辛苦赚来的钱。

而对销售员来说，在进行商品说明时，客户的态度非常重要。因此，若要圆满达成交易，你必须有所计划，尽可能找些具有利用价值的情报，透过语言，传达到客户的心中。

客户心中对销售员总是存在着怀疑与抗拒。他不希望被人欺骗，因此，你必须以亲切的态度赢取他的信任。

客户在交谈过程中，总是随时武装着自己，防御销售员下一步可能采取的行动。所以，在这一阶段，你必须先松弛他的紧张。客户在倾听商品说明时，有时会感到患得患失，虽然他口中询问着有关商品的问题，但心中仍然犹豫不决。有时候，在商品说明进行中，客户会流露出想购买的情绪，但临近成交时，他便又考虑再三，戒备心理也再次升起。在这种情况下销售员必须向客户提出问题，让他表达一下自己的意见，使交谈气氛保持愉快而热烈，这样才有助于成交。

# 抓住八个促成交易的信号

有家培训公司的一位销售人员，跟一个客户谈了好长时间，始终没有签下订单。让人意想不到的是，客户主动打电话到公司提出培训的要求。这让人百思不得其解，为什么他不和天天见面的销售人员签合同，偏偏要自己打电话来公司呢？

终于有一次，该公司老总和对方闲谈时提到这个问题。对方哈哈大笑："搞销售的那个小伙子很不错，要不是他讲得那么好，我也不会来找你。问题是，不是我不和他签单，而是他不和我签单。我已经数次表示了签合同的意向，可他硬是没反应过来。你想想，他不和我签，还继续讲解，我能不烦么，当然也算是和他开个玩笑！"原来，问题出在这位销售人员缺乏敏锐的"嗅觉"，险些错失了一笔生意。

有些销售人员各个环节都处理得很好，却功亏一篑，没能拿到订单。事后自己也觉得很冤，费了大半天的口舌，为什么没能成功？通常是因为这个销售人员没有发现客户成交的迹象。客户已经愿意购买商品了，销售人员还在那里喋喋不休，就很容易错过成交的机会。有些客户甚至通过你介绍的信息，从别处购买了需要的商品。

有时候，客户表面上拒绝了你的产品，实际上在内心已经同意和你成交。他们表面上拒绝，是因为他们对掏钱可能还有迟疑。对于这种情况，有经验的销售人员会立即打消客户的这种成交迟疑。

客户的购买信号很多，但很少有直接的表述，这需要销售人员观察、把握这些暗示的语言动作，以有利于成交的快速进行。下面列举的就是一些成交的信号。

### 1. 时而看着销售人员，时而看着说明书

有时候，客户会看看销售人员，再看看说明书。为什么？其实，客户心里在想：还有什么问题，我赶快问，看看说明书再挑一挑，挑出个毛病不就可以再降点价嘛。这是人在选购商品时固有的一种心态，实在挑不出问题了，那就掏钱了。

### 2. 开始大发感慨

有些客户突然就开始大发感慨了："哎呀，小伙子呀，我真说不过你！""真拿你没办法了。"这是好征兆，说明对方对销售人员个人已经认可了。我们要做的，就是要主动提出促成，直接跟他说："先生，您看是使用现金结账还是用信用卡结账？"

### 3. 向周围的人寻求看法

有些客户想要成交的时候，往往会开始寻找周围的伙伴们，征求他们的意见："你们看如何？""怎么样？还可以吧？"为什么呢？任何人作出决定都需要他人的支持，这是在寻找认同。很明显，他的心中已经认同了。

### 4. 大肆评论你的产品

客户大肆地评论你的产品（不管是正面的还是反面的）或者目光一直追随

着你的产品。

### 5. 突然开始杀价或对商品提毛病

出现这种情况，有很多销售人员第一反应是生气，接着会很纳闷——刚才不是说得好好的吗？怎么就忽然开始挑毛病了？有些急脾气的销售人员甚至会因此和客户吵起来。其实，他是想最后的一搏，即使你不给他降价，不对商品的所谓毛病作更多的解释，他也会答应你的。因此，千万不要生气，因为你就要成功了！

### 6. 喃喃自语，皱着眉头宛若难以决策的样子

就要交钱了，当然痛苦。所以，客户表现出这副样子也在情理之中。这时候，你要赶快再添一把火，主动催促成交，让他尽快摆脱痛苦，享受成交后的快乐。

### 7. 褒奖其他公司的商品，甚至列举商品的名称

这犹如此地无银三百两，既然别家商品如此好，他又为何与你费尽这些周折呢？

### 8. 开始探询产品背后的好处

对方问及市场反应如何、品质保证期、售后服务、交货期、交货手续、支付方式、保养方法、使用注意事项、价格、新旧产品比较、竞争对手的产品及交货条件、市场评价等，未必是坏事。如果他根本不想达成这项协议，又何必枉费如此多口舌问这些问题呢？这些都是客户没有其他问题的一些信号。它表明客户已经接受了产品，只要你有足够灵敏的嗅觉，就会顺利成交。培养敏锐的嗅觉，要多磨炼，要多揣摩，多回想和客户洽谈的场景，细细体会，看哪一位客户曾经流露出了购买的意向？有多少次是因为自己不够敏锐而错失良机？只要你随时想着、念着、自我训练着，用不了多久，成交的信念便会融入你的思维，融入你的气质，融入你生活的点点滴滴，你就能敏锐地捕捉到成交的机会。